Liegle · Familie und Kollektiv im Kibbutz

Ludwig Liegle

Familie und Kollektiv im Kibbutz

Eine Studie über die Funktionen der Familie in einem kollektiven Erziehungssystem

Beltz Verlag · Weinheim und Basel

1. Auflage 1971
2., durchgesehene Auflage 1972
3. Auflage 1973

Gesamtherstellung: Beltz, Offsetdruck, 6944 Hemsbach über Weinheim
Printed in Germany

ISBN: 3 407 18276 7

Inhalt

Vorwort

Die hier vorgelegte Untersuchung über die Erziehung im israelischen Kibbutz ist die stark umgearbeitete und ergänzte Fassung meiner Inaugural-Dissertation, welche unter dem gleichen Titel am 14. Juli 1967 von der Philosophischen Fakultät der Freien Universität Berlin angenommen worden ist.

Die Untersuchung basiert hauptsächlich auf einem einjährigen Forschungsaufenthalt in Israel (1965/66), der vom Institut für Bildungsforschung in der Max-Planck-Gesellschaft (Berlin) finanziell unterstützt wurde. Der Forschungsaufenthalt ermöglichte neben dem Erlernen der neuhebräischen Sprache und der Rezeption der wichtigsten Quellenliteratur und des empirischen Materials über Kibbutz-Erziehung das intensive Kennenlernen wenigstens einer Kollektivsiedlung, in welcher ich ein halbes Jahr während eines intensiven Sprachkurses („Ulpan") lebte und Gelegenheit zu zahlreichen Gesprächen und Beobachtungen und zur Mitarbeit in Kinderhäusern fand. Ein Gaststudium am Lehrerseminar der Kibbutz-Bewegung in Oranim, dem eine Child Guidance Clinic und ein Institut zur Erforschung der Kibbutz-Erziehung angeschlossen sind, bildete den zweiten Teil des Forschungsaufenthaltes.

Die Beschränkung dieser Studie auf Deskription, Interpretation und Sekundäranalyse hängt damit zusammen, daß sowohl die zeitliche Begrenztheit des Israelaufenthaltes als auch gewisse Reglements innerhalb der Kibbutzim eine systematische Feldarbeit nicht erlaubten. Da es außerdem in Deutschland bislang an einer grundlegenden Darstellung des Kibbutz unter pädagogisch-psychologischen und pädagogisch-soziologischen Aspekten fehlte, schien es gerechtfertigt, einem breiteren Publikum eine Untersuchung vorzulegen, deren hauptsächliches Anliegen weniger in einer empirischen Detailstudie oder in der Weiterentwicklung gesellschaftswissenschaftlicher Theorien als vielmehr in der Information über die Kibbutz-Erziehung und deren Erforschung besteht.

Sollte aber die informatorische Sekundäranalyse auch Anregung geben für weitere, unter anderem für empirische Forschungen über den Kibbutz, so wäre damit sehr viel erreicht. Dabei könnte die Erforschung der Kibbutz-Erziehung, wie in den USA, nicht nur aus einem Interesse an diesem besonderen „sozialen Experiment“ als solchem, sondern aus dem Interesse an der Relevanz dieses Experiments für die Lösung so aktueller Fragen wie derjenigen nach „Alternativen für die Familienerziehung“ und nach den Möglichkeiten und Grenzen der Gruppenerziehung im vorschulischen Alter motiviert werden.

Es ist angebracht, an dieser Stelle jenen Persönlichkeiten zu danken, die zur Vermittlung der notwendigen Kontakte in Israel und zum Gelingen der Studie wesentlich beigetragen haben. Der Dank gilt insbesondere Ernst Simon (Professor an der Hebräischen Universität Jerusalem), Shmuel Nagler (Dozent am Lehrerseminar Oranim und am Haifa University College), Menachem Gerson (Direktor des Forschungsinstituts in Oranim) und Moni Allon (damals Leiter der Erziehungsabteilung des Kibbutz-Artzi-Verbandes, Dozent am Lehrerseminar Oranim), daneben aber auch den Freunden, die mich an ihrem Leben im Kibbutz und an ihren Gedanken über diesen teilnehmen ließen.

Beginn und erfolgreiche Beendigung der Studie wären nicht möglich gewesen ohne die ständige Beratung und Ermunterung, die ich von Fritz Borinski (Professor am Erziehungswissenschaftlichen Institut der Freien Universität), von Siegfried Baske (derzeit Professor am Osteuropa-Institut der Freien Universität Berlin) und von Saul B. Robinsohn (Professor an der Freien Universität Berlin und am Institut für Bildungsforschung in der Max-Planck-Gesellschaft) erhalten habe, und denen ich an dieser Stelle ebenfalls meinen Dank aussprechen möchte.

Bochum, im September 1970 — Ludwig Liegle

I. Einleitung

Die Erziehung in Kinder- bzw. Jugendkollektiven ist immer wieder als eine wünschenswerte oder notwendige Alternative zur Familienerziehung bezeichnet und propagiert worden, obwohl oder vielleicht gerade weil die Familie in fast allen uns bekannten Gesellschaften die wichtigste, in den ersten Lebensjahren der Kinder häufig die einzige Institution für die Vermittlung der sozio-kulturellen Werte gewesen und bis heute geblieben ist. Angesichts der „Universalität" (*Murdock* 1960) der Familie und der „Monopolisierung" insbesondere der frühkindlichen Erziehung durch die Familie lag es nahe, daß Reformer der Gesellschaft und der Erziehung Fehlentwicklungen der Gesellschaft und der Erziehung auf den Einfluß eben dieser beharrlichen Institution auf die junge Generation zurückzuführen und alternative Lösungen zu entwerfen suchten und suchen.
Der Wunsch nach Veränderung kann dabei unterschiedlichen Motiven entspringen: dem Streben nach Verstärkung des Einflusses der Gesellschaft auf die Erziehung — Aufhebung der Isoliertheit des Individuums und der Familie gegenüber der Gesellschaft, Aufhebung des Widerspruchs zwischen „privaten" und „öffentlichen" Werten und Tugenden zugunsten eines einheitlichen verbindlichen Wertsystems, Durchsetzung einer sozialen Revolution etc.; dem Streben nach Emanzipierung des Individuums — Befreiung des Kindes von autoritärer Familienerziehung, Befreiung der Frau von patriarchalischer Autorität und von der Bindung an einen Privathaushalt etc.; dem Streben nach Verwirklichung einer sozialen Erziehung im Rahmen von kleinen Gemeinschaften und Kommunen, die außerhalb der üblichen sozialen Zwänge des Gesellschafts- und Familienlebens stehen und ihren Mitgliedern (Kindern und/oder Erwachsenen) eine Art „selige Insel" oder „Schonraum" gewähren.
Gemessen an ihren jeweils eigenen Zielsetzungen könnte man den Entwurf der „Wächter"-Erziehung in Platos utopischem „Staat", Fichtes Programm der „Nationalerziehung" und die Theorie und Praxis der kommunistischen Erziehung in den Ländern Osteuropas grob der ersten Kategorie zurechnen; das Programm von Marx und Engels zur „Vergesellschaftung" der Produktionsmittel, des Haushalts und der Erziehung sowie die Verwirklichung dieses Programms in den kommunistischen Ländern enthalten gleichzeitig

allerdings auch Elemente der zweiten und, soweit es um die Erziehung in Jugendkollektiven geht (Makarenkos Jugendkolonien, Internatsschulen), Elemente der dritten Kategorie. Demgegenüber sind die Experimente mit „antiautoritärer" Erziehung — von Vera Schmidts Kinderlaboratorium in Moskau über A. S. Neills Schule Summerhill bis hin zu den antiautoritären „Kinderläden" in der Bundesrepublik — ganz überwiegend dem Gedanken der Emanzipation des Individuums verpflichtet, wenn sie auch einerseits Elemente der gesellschaftspolitischen „Indoktrination", andererseits Elemente der „Schutzraumpädagogik" in sich aufgenommen haben. Der zuletzt genannten Kategorie schließlich sind soziale und pädagogische Utopien und Experimente wie Thomas Morus' „Utopia", Campanellas „Sonnenstaat", Robert Owens „New Harmony" und die religiösen Kommunen (Hutteriten u. a.) in Amerika, daneben auch die Landerziehungsheimbewegung in Deutschland *(H. Lietz)* und die verschiedenen Formen der „Kinderdörfer" zuzuordnen.

Im Vergleich zu den erwähnten Programmen, Utopien, Experimenten und Systemen stellt der israelische Kibbutz das bislang extremste Beispiel einer kollektivistischen Wirtschafts- und Erziehungsform dar, in welcher die ökonomische Einheit der Familie vollständig aufgelöst und die Erziehung der Kinder von der Geburt bis zur Reife grundsätzlich von der Familie auf „öffentliche" Institutionen übertragen wurde. Ähnlich wie bei den Systemen kollektiver Erziehung innerhalb kommunistischer Gesellschaften, z. B. im Rahmen einer sowjetischen Kolchose oder einer chinesischen Kommune, aber im Unterschied zu den meisten anderen Beispielen der Kollektiverziehung, handelt es sich beim Kibbutz nicht um ein spezifisch pädagogisches, sondern um ein sozial-ökonomisches Unternehmen, um eine Gesellschaft im kleinen, deren kollektivistische Wirtschafts- und Sozialstruktur die Grundlage für ein entsprechendes Erziehungssystem bildet. Im Gegensatz zu allen anderen kollektivistischen Experimenten in einer nicht-kollektivistischen Umgebung können die Kibbutzim den Anspruch erheben, daß bei ihnen „bei allem partiellen Mißlingen doch ein Nicht-scheitern zu erkennen ist" (*Buber* 1962; 984); die Kibbutzim blicken auf eine 60jährige Geschichte zurück; einige zehntausend Kinder, darunter Enkel der Gründergeneration, wurden oder werden von der Kibbutz-Erziehung geprägt.

Die besondere Eigenart der Kibbutz-Bewegung wird deutlicher, wenn man den Versuch unternimmt, sie einer der oben beschriebenen Kategorien kollektivistischer Experimente zuzuordnen. Dabei zeigt sich nämlich, daß die Kibbutzim Elemente aller Kategorien in charakteristischer Weise in sich vereinigen. Angesichts der Tatsache, daß die ersten Kibbutzim (1910—1920) aus Gruppen osteuropäischer Einwanderer entstanden, die sich auf der Flucht vor dem Antisemitismus und im Protest gegen das traditionelle Judentum mit dem Ziel zusammenschlossen, neue sozialistische Gemeinschaftsformen für eine jüdische Arbeiterklasse zu schaffen, kann man das „emanzipatorische" Element nicht übersehen; Emanzipation von gesellschaftlichen Zwängen und Abhängigkeiten, die Propagierung von Formen des Anarchismus und die Ablehnung von Ehe- und Familienbindungen traten indes mit dem „Erfolg" und der Konsolidierung der ersten Siedlungen immer mehr in den Hintergrund; trotzdem blieb der Emanzipationsgedanke wichtig, und zwar einerseits in bezug auf die Emanzipation der Frau durch die Vergesellschaftung von Haushalt und Erziehung, andererseits in bezug auf die Verwirklichung einer repressionsfreien Kindererziehung durch die Schaffung eines kollektiven Erziehungssystems, das in seiner Theorie und Praxis den Versuch einer Synthese von Marxismus und Psychoanalyse unternahm. Dieses kollektive Erziehungssystem stand aber seinerseits alsbald nicht mehr nur im Dienste der „Emanzipation", sondern — angesichts der Notwendigkeit, sich in einer andersartigen Umgebung zu behaupten — auch im Dienste einer einheitlichen politisch-ideologischen Beeinflussung des Nachwuchses, d. h. der Anpassung des Individuums an die Normen der neuen Gesellschaft. Die konsequente Verwirklichung der Kollektiverziehung wiederum — die primäre Bindung des Einzelnen an die Gruppe innerhalb einer „Kindergesellschaft" und „Jugendkultur" — zeitigte Elemente einer Schutzraumpädagogik, und zwar sowohl hinsichtlich der partiellen Verselbständigung der Kinder- und Jugendkollektive gegenüber der Erwachsenenwelt innerhalb der Kibbutzim als auch hinsichtlich der Isolierung der Kibbutz-Bewegung im ganzen gegenüber der privatkapitalistischen Gesellschaft des Staates Israel.

Was kann ein Erziehungssystem, welches aus einer so einmaligen historischen Konstellation heraus entstanden ist und unter so besonderen Bedingungen „funktioniert" wie die Kibbutz-Erziehung, für uns, für unsere Gesellschaft und für die Planung der Erziehung in unserer und in anderen Gesellschaften bedeuten? Kann die Erforschung der Kibbutz-Erziehung mehr erbringen als einen unverbindlichen Bericht über einen vielleicht interessanten Versuch, eine landwirtschaftliche Kommune durch kollektive Kindererziehung zu perpetuieren?

Die vorliegende Untersuchung ist nicht in der Überzeugung durchgeführt und veröffentlicht worden, daß konkrete Formen und Inhalte der Kibbutz-Erziehung als wegweisendes Beispiel Nachahmung finden sollten. Die Frage kann nicht darin bestehen, ob eine „Übertragung" von einer Gesellschaft auf die andere möglich und sinnvoll ist (sie ist sicher weder sinnvoll noch möglich). Die Frage ist vielmehr, ob wir aus fremden Erfahrungen lernen können, nicht nur im Sinne der Entdeckung neuer Möglichkeiten der Erziehung, sondern auch im Sinne einer Bereicherung unseres Wissens über die Entwicklung der menschlichen Persönlichkeit.

Die kulturanthropologische, soziologische und psychologische Forschung hat uns gelehrt, daß „Entwicklung“ nicht als ein gesetzmäßiger Reifungsprozeß, sondern als ein kompliziertes und krisenhaftes Zusammenwirken von zahlreichen kulturellen, sozialen und psychologischen Faktoren aufgefaßt werden muß, und daß Erziehung als ein sozialer Prozeß, durch den das Individuum in seine Umwelt eingegliedert wird, immer einen „Preis“ fordert (*Aebli* 1968, *Erikson* 1950, *Kaplan* 1961 u. a.). Unter diesen Umständen kann gerade die „Einmaligkeit“ der sozial-kulturellen Bedingungen der Erziehung im Kibbutz dazu beitragen, uns unsere Anschauungen über Entwicklung und Erziehung überprüfen zu lassen. Der amerikanische Psychologe David Rapaport hat die Bedeutung der Erforschung der Kibbutz-Erziehung treffend gekennzeichnet, wenn er mit Hinweis auf die kulturanthropologischen Untersuchungen von Erikson (1950) und unter Berücksichtigung der ersten Berichte über den Kibbutz schreibt:
„Das Erziehungssystem der Kibbutzim, das für uns immerhin leichter zu erforschen und zu verstehen sein dürfte, als das der Indianer und anderer Präliteraten, könnte uns besser über den Preis unterrichten, den *unsere* Erziehung fordert. Wir können auf Grund dieses Studiums unser Wissen über die allgemeinen Beziehungen erweitern, die Erikson zwischen (a) den historischen, institutionellen und ökonomischen Gegebenheiten von Gesellschaften, (b) ihren Formen der Kindererziehung und (c) ihren Formen der individuellen Entwicklung erschlossen hat. Schließlich könnte sich zeigen, ob es zum Wesen des „Menschseins“ gehört, daß die Erziehungsformen aller Gesellschaften unvermeidlich irgendeinen Preis für die Anpassung der nachfolgenden Generationen an ihre Lebensart fordern und bezahlen müssen, und zwar in Gestalt von Entwicklungskrisen und pathologischen Erscheinungen. — Das wissenschaftliche Problem ist nicht, ob die kollektive Erziehung gut oder schlecht ist. Selbst wenn danach gefragt würde, müßten wir erst weiterfragen: gut oder schlecht für wen und wofür? Das Problem ist vielmehr folgendes: Welche traditionellen, historischen, organisatorischen, institutionellen und ökonomischen Kräfte finden in der Form der kollektiven Erziehung ihren unbemerkten Ausdruck; und auf welche Weise führt diese Form der Erziehung zu Verhaltensweisen (sozialen Modalitäten) und Verhaltensproblemen, die in ihrer genetischen Konsequenz Individuen schaffen, die die Lebensart des Kibbutz fortsetzen?“ (*Rapaport* 1958 b; 365).
Ähnlich wie Rapaport hat A. I. Rabin die Kibbutz-Erziehung als ein „Laboratorium“ zur „Testung psychodynamischer Hypothesen“ in den Wissenschaften vom Menschen bezeichnet (*Rabin* 1957 b).
Die Bedeutung der Kibbutz-Erziehung geht aber insofern noch über das hinaus, was Rabin und Rapaport einen Testfall für Konzeptionen der Entwicklung und Erziehung nennen, als die Erziehung von Kindern in außerfamiliären Gruppen, insbesondere auch in der vorschulischen Erziehungs-

phase, in allen Industriegesellschaften zu einem wichtigen Faktor wird. Allenthalben zeigt sich die Tendenz, daß „aufgrund von Wandlungen der Familien und der Gesellschaft das Elternhaus zu einer immer weniger angemessenen Umgebung für das Kind wird, während die Vereinigung mit seiner Altersgruppe für das Kind immer größeren Einfluß gewinnt" (*Bettelheim* 1969; 59). Angesichts der Entwicklung und Verbreitung der Gruppenerziehung, die noch näher beschrieben werden wird, muß die Auseinandersetzung mit einem Erziehungssystem, in welchem die Altersgruppe schon in der frühen Kindheit einen zentralen Platz einnimmt, außerordentlich wichtig und fruchtbar werden, erstens, um Möglichkeiten und Grenzen der Gruppenerziehung zu erkennen, zweitens, um zu verfolgen, welchen Wandlungen unter diesen Bedingungen die Familienerziehung und die internen Familienbeziehungen selbst ausgesetzt werden.

Erfahrungen mit außerfamiliärer Erziehung, insbesondere wenn es sich dabei um Beispiele der kommunistischen Erziehung oder um sozialistische Experimente mit „kollektivistischen" Zügen handelt, werden jedoch in unserer Gesellschaft nur zögernd und mit einem starken Mißtrauen zur Kenntnis genommen. Dieses Mißtrauen erklärt sich aus der überwiegenden Orientierung unserer Kultur an „privaten" Werten und Tugenden, deren Bezugssystem das Individuum und die Familie, weniger aber die Gesellschaft im ganzen bilden (*Dahrendorf* 1965). Einer einseitigen Auffassung von der individuellen und autonomen „Persönlichkeit" in der deutschen Pädagogik entspricht eine traditionsreiche Aversion gegen den Begriff „Kollektiv" und gegen Formen, Inhalte und Zielsetzungen einer Erziehung, die sich selbst als „Kollektiverziehung" begreift. Dies hat sich vielleicht am deutlichsten in der Makarenko-Forschung gezeigt, die in der Auseinandersetzung mit der Kategorie des „Kollektivs" immer wieder die Grenzen der Wissenschaftlichkeit zu überschreiten drohte (*Hillig* 1964).

Demgegenüber ist von seiten der Pädagogik und Psychologie die Bedeutung der Familie für die Erziehung im allgemeinen und die Bedeutung der frühen „Mutter-Kind-Identität" im besonderen bis zu einem gewissen Grade „ideologisiert" worden, vor allem unter dem Einfluß der Ergebnisse der „Hospitalismus"-Forschung (*Spitz* 1945, 1946 a u. a.). Die negativen Folgen der praktizierten „Heimerziehung" für die Entwicklung von Kindern, die zweifellos zu beobachten sind (*Ainsworth* 1962, *Bowlby* 1965 u. a.), wurden häufig als notwendige Folgen der Trennung von der Mutter und der Heimerziehung als solcher dargestellt. Über der berechtigten Kritik an bestehenden „Heimen" geriet bisweilen in Vergessenheit, daß es entscheidend auf die konkreten Bedingungen der Erziehung — sowohl in Heimen als auch in der Familie selbst — ankommt, ob Kinder seelische Schäden und andere Entwicklungsstörungen erfahren. Allzu oft jedenfalls wurden eine „schlechte" Heimerziehung und eine idealisierte, „gute" Familienerziehung einander gegenübergestellt, während Konzeptionen einer „guten" Heim- und Gruppenerziehung bzw. einer Kooperation mehrerer „Muttergestalten" („multiple mothering") in Familie *und* Heim vernachlässigt wurden.

Die Aversion gegen jede Kollektiverziehung und die Ideologisierung der mütterlichen Erziehungsfunktionen mögen dazu beigetragen haben, daß in der deutschen pädagogischen und psychologischen Forschung der Kibbutz-Erziehung bislang kaum Beachtung geschenkt worden ist. Im Gegensatz zu den zahlreichen und zum Teil umfangreichen Veröffentlichungen amerikanischer Psychologen und Pädagogen — Bettelheim (1969), Neubauer (1965), Rabin (1965), Spiro (1958), um nur die wichtigsten zu nennen — kann man die wenigen Berichte deutscher Autoren — Biermann (1967), Heimpel (1960), Mitter (1963) und Suhren (1958) — höchstens als den zögernden Beginn einer ernsthaften wissenschaftlichen Auseinandersetzung werten. Außer diesen anregungsreichen Berichten finden sich in der Literatur nur vereinzelte Hinweise auf die Kibbutz-Erziehung, die sich zudem aufgrund des geringen Informationsgrades, der Angewiesenheit auf zufällig zur Kenntnis genommene Untersuchungen aus dem angelsächsischen Sprachbereich und der „individualistischen" Grundhaltung der entsprechenden Autoren nicht selten darauf beschränken, undifferenzierte Urteile und Vorurteile abzugeben oder weiterzugeben.

Ein beredtes Beispiel für diese mißliche Lage stellen die wenigen Sätze dar, die Wolfgang Brezinka der Kibbutz-Erziehung in seinem Werk „Erziehung als Lebenshilfe", auch in dessen sechster Auflage (1968), widmet. In einem Unterkapitel über frühe Mutter-Kind-Trennung nimmt Brezinka unter Bezugnahme auf die (nicht-repräsentativen und tendenziösen) Sekundäranalysen von Woolf (1955) und Kardiner (1955) die Kollektiverziehung als Beispiel für eine „unpersönliche", institutionalisierte und daher für das Kind schädliche Fürsorge, an deren Folgen — Retardierung der motorischen, sprachlichen und emotionalen Entwicklung etc. — sich erweise, daß eben doch „nur in der kleinen, überschaubaren und beständigen Welt der Familie soziale Gefühle entstehen (können), die zuverlässig und belastungsfähig sind" (*Brezinka* 1968; 45).

Als Gegenbeispiel eines Versuchs der differenzierten Information über die Kibbutz-Erziehung könnten demgegenüber die knappen Hinweise von Peter Fürstenau auf die Abhängigkeit des Erfolgs der Kollektiverziehung von den jeweiligen Gegebenheiten in den einzelnen Säuglings- und Kinderhäusern und von den Beziehungen der Kinder zu ihren Eltern im Rahmen der Kollektiverziehung angeführt werden. Fürstenau (1967) kommt nach einer kurzen Darstellung des Erziehungssystems und nach Referierung der wichtigsten Ergebnisse der Kibbutz-Forschung zu folgendem Resumee:

„Die Kibbutz-Erziehung weist uns darauf hin, daß es neben der uns vertrauten Familienerziehung andere organisatorische Möglichkeiten, die Aufgabe der Kleinkinderziehung zu lösen, gibt, Lösungen, die sehr viel früher und stärker von kollektiver Erziehung Gebrauch machen, ohne deshalb die Beziehung des Kindes zu seiner Ursprungsfamilie gänzlich aufzugeben oder das Kind einer unpersönlichen entbehrungsvollen Anstaltserziehung zu überantworten. Das soll nicht heißen, daß die in einer besonderen kulturellen Situation geschaffene Kibbutz-Erziehung etwa Modell der Erziehung unserer Kultur sein könnte, wohl aber meint es, daß uns die gesellschaftliche Realisierbarkeit der Kibbutz-Erziehung davor zurückhalten sollte, in der uns vertrauten ausschließlich familialen Erziehung das einzig mögliche oder einzig erforderliche oder optimale Arrangement der Frühsozialisation zu sehen und unser gegenwärtiges culture pattern der Frühsozialisation in der „Kernfamilie" soziologisch zu verabsolutieren und zu dogmatisieren. Zwischen der traditionellen ausschließlich familialen Früherziehung und der traditionellen mit Hospitalismusschäden einhergehenden unpersönlichen Anstaltserziehung gibt es offenbar eine Skala weder im einzelnen durchdachter noch bisher praktizierter organisatorischer Möglichkeiten" (*Fürstenau* 1967; 111).

Die extrem unterschiedlichen Urteile von Brezinka und Fürstenau über die Kibbutz-Erziehung bieten charakteristisches Anschauungsmaterial dafür, wie gesellschaftliche Phänomene ihr Erscheinungsbild unter dem Einfluß der „Ideologie" des Sozialwissenschaftlers, der sie analysiert, verändern können. Ein Verfechter ausschließlicher Familienerziehung in der frühen Kindheit wird immer eine Fülle von Beispielen finden, die beweisen, daß Kinder unter einer außerfamiliären Erziehung gelitten haben. Mindestens ebenso leicht dürfte es aber allen Verfechtern der Kollektiverziehung fallen, zahllose Beispiele „familiengeschädigter" Kinder zu finden, an denen sie die Notwendigkeit einer außerfamiliären Erziehung nachweisen können. Die Schlußfolgerung, das kritisierte Erziehungsmedium als solches (einmal das Kollektiv oder Heim, das andere Mal die Familie) könne die „Bedürfnisse" des Kindes nicht befriedigen, wäre in beiden Fällen nichts anderes als ein kulturell oder ideologisch bedingtes Vorurteil.

Die Tatsache, daß die zeitgenössische Sozialisationsforschung in den westlichen Gesellschaften die Familie als den eindeutig wichtigsten oder sogar einzigen Träger der Sozialisierung der Kinder bis zum Alter von etwa sechs Jahren betrachtet und beschreibt, deutet darauf hin, daß die Gesellschaftswissenschaften grundsätzlich dem jeweiligen gesellschaftlichen Wertsystem verpflichtet sind und das allgemeine Bewußtsein der jeweiligen Gesellschaft reproduzieren. Noch in den jüngsten Darstellungen des Sozialisationsproblems (*Goslin* 1969, *McCandless* 1969, *McNeil* 1969, *Rheingold* 1969) wird die Altersgruppe als wesentlicher Sozialisationsfaktor im allgemeinen erst im Zusammenhang mit der Schule und bei der Beschreibung des Jugendalters erwähnt und analysiert. Nur wenige Forscher, unter ihnen vor allem jene, die aus dem Rahmen ihrer „selbstverständlichen" Kultur herausgetreten und in die Wertsysteme anderer Gesellschaftsformen eingedrungen sind, haben das Potential der Altersgruppe als Sozialisationsfaktor in der Kindheit gewürdigt (*Bronfenbrenner* 1962). Im übrigen erscheint in der Theorie der Sozialisation die Familie (insbesondere die mütterliche Pflege und Erziehung) als der „vermittelnde Faktor zwischen dem kleinen Kind und der Umgebung" (*Rheingold* 1969), gilt die Familie als „‚sozialer Raum' eigenartiger sozio-kultureller Unabhängigkeit, ‚Eigendynamik' *und* besonderer Toleranz und damit als soziales Medium optimaler Art für die elastische Transmission von ‚Werten'" (*Claessens* 1962; 153) oder, kritisch gewendet, als der entscheidende Funktionsträger bei der „Produktion gesellschaftlich erwünschter seelischer Strukturen" (*Horkheimer* 1936; 87 f.).

Mit dem Hinweis auf die allgemeine Unterschätzung der Altersgruppe in der zeitgenössischen Sozialisationsforschung soll nicht gesagt sein, daß in der Altersgruppe eher als in der Familie ein ideales oder optimales Medium der Sozialisierung gesehen werden sollte. Auch in bezug auf autoritäre Strukturen und Erziehungsmethoden garantiert kollektive Kindererziehung nicht etwa notwendigerweise Emanzipation und Fortschrittlichkeit. Bei einer generellen Verbreitung der Gruppenerziehung, wie sie im Kibbutz zu beobachten ist, könnte sich vielmehr zeigen, daß aus dem Problem von „Autorität und Familie" (*Horkheimer* 1936) ein Problem von „Autorität und Gruppe" wird. Wo Kollektiverziehung nicht dem fragwürdigen Konzept einer „antiautoritären", jegliche Autorität ablehnenden Erziehung folgt — und dies ist in keinem größeren und längeren Experiment der Kollektiverziehung, weder in den kommunistischen Gesellschaften noch im Kibbutz, der Fall —, könnte sich erweisen, daß die gleiche Dialektik von „Autorität" und „Mündigkeit", von Identifizierung mit, Verinnerlichung von und Loslösung von Autorität im „Prozeß der Mündigwerdung", die Adorno (1970; 147) am Beispiel der Familienerziehung und der „Vaterfigur" aufgezeigt hat, mit veränderten Vorzeichen auch in der Auseinandersetzung des kollektiv erzogenen Kindes mit der Autorität der Gruppe zu beobachten ist.

Da in unserer Gesellschaft in naher Zukunft keine alternative Entscheidung zwischen ausschließlicher Familienerziehung und ausschließlicher Gruppenerziehung zu erwarten ist, besteht die Frage nicht darin, ob Gruppenerziehung grundsätzlich „besser" oder „fortschrittlicher" sein könnte als Familienerziehung, sondern ob und unter welchen Bedingungen Gruppenerziehung für die Kinder und für die Gesellschaft „gut" sein kann, ob und wie eine fruchtbare Vereinigung der Sozialisationsfaktoren Familie und Gruppe bei der Suche nach einer fortschrittlichen Erziehung möglich ist. Dies ist keine theoretische, sondern längst eine praktische Frage von weitreichender Bedeutung geworden. Mit der Ausdehnung der Vorschulprogramme und mit der Tendenz, immer jüngere Kinder in diese Erziehungsprogramme einzubeziehen, werden wir unweigerlich mit einem „neuen Sozialisationsfaktor" konfrontiert, der „wegen des sehr frühen Alters, in dem er das Kind erreicht, für die kommenden Generationen von beträchtlicher Wichtigkeit werden dürfte" (*F. H. Palmer* in *Goslin* 1969; 50).

Die Verbreitung der vorschulischen Erziehung ist eine internationale Entwicklung (*Trouillet* ²1968), an welche jedoch die Bundesrepublik nur zögernd Anschluß findet, obgleich Deutschland als das Ursprungsland der Kindergartenpädagogik *(Froebel)* gelten kann. Während in unseren Nachbarländern Frankreich, Holland und Belgien Mitte der sechziger Jahre drei Viertel aller drei- bis sechsjährigen Kinder einen Kindergarten, eine andere entsprechende Vorschulinstitution oder eine Schule besuchen, bedeutet es für die Bundesrepublik eine äußerst fortschrittliche Perspektive, wenn der Deutsche Bildungsrat in seinem „Strukturplan für das Bildungswesen" (Bonn 1970) entsprechende Quoten des Besuchs von Kindergärten und anderen Vorschulinstitutionen für 1980 projektiert — Mitte der sechziger Jahre waren es 30 Prozent aller drei- bis sechsjährigen Kinder (*W. Schultze* in *Trouillet* ²1968; XV) —, und wenn dementsprechend die Bundesregierung in ihrem „Bildungsbericht '70" als Zielvorstellung erklärt, daß die Kindergartenstufe als „Elementarbereich" in das Bildungssystem einbezogen und ausgestaltet werden soll, so daß grundsätzlich alle Kinder im Alter von drei und vier Jahren eine Einrichtung im Elementarbereich besuchen können sollen.

Der Ausbau eines außerfamiliären Elementarbereichs der Erziehung und Bildung steht nicht etwa im Zeichen einer „Verschulung der Kindheit", sondern wird durch eine Reihe von ökonomischen, sozialen und pädagogischen Faktoren des gesellschaftlichen Wandels bestimmt und gefördert.

Zu den wichtigsten Faktoren ist die ständig zunehmende außerhäusliche Berufstätigkeit von Frauen und Müttern in allen Industriegesellschaften zu rechnen, die es notwendig macht, immer mehr Kinder im vorschulischen Alter halb- oder ganztägig außerhalb der Familie zu betreuen; die außerhäusliche Berufstätigkeit darf ihrerseits nicht nur als Ausdruck privat- und volkswirtschaftlicher Bedürfnisse, sondern muß auch als ein Mittel zur Emanzipierung der Frau gesehen werden; es ist kein Zufall, daß das Ausmaß der Berufstätigkeit statistisch mit der Höhe des Bildungsgrades der betreffenden Frauen korrelliert (*Ulshoefer* 1969; 415 ff.).

Auch die Umsetzung der Erkenntnisse der Entwicklungspsychologie und Begabungsforschung, daß im vorschulischen Alter im Prozeß eines komplizierten Zusammenwirkens von Anlage, Umwelt und Erziehung die entscheidenden Grundlagen für die geistigen Fähigkeiten (Intelligenz, Sprachschatz etc.) der Kinder gelegt werden (*Roth* 1968), in die Forderung nach Verbreitung systematischer Vorschulprogramme darf nicht nur als eine „Vorverlegung der Schule“ gewertet werden (*Flitner* 1968, *Schultze* 1970). Vielmehr dient die Organisierung eines „Anregungspotentials“ dem sozialpolitischen Anliegen, allen Kindern die gleichen Chancen zur Entwicklung ihrer Fähigkeiten zu geben. Dabei ist selbst für die „kompensatorische“ Bildung von Kindern aus sozial unterprivilegierten und anregungsarmen Elternhäusern kennzeichnend, daß es nicht nur um Förderung der sprachlichen und kognitiven Fähigkeiten, sondern um Anregungen im sozialen und emotionalen Bereich geht; die Programme zur „kompensatorischen“ Erziehung und Bildung, wie zum Beispiel das ausgedehnte „Head-Start“-Programm in den Vereinigten Staaten, haben gezeigt, daß soziale Bestätigung und Motivierung von seiten einer Kindergruppe und verständnisvoller Erzieher für den Ausgleich der „kulturellen Deprivation“ mindestens ebenso wichtig sind wie die Bemühungen um das „Lehren kognitiver Fertigkeiten und faktischen Wissens“ (*Zigler/Butterfield* 1968).

Unabhängig von den spezifischen Problemen des Ausgleichs unterschiedlicher Erziehungs- und Bildungsanregungen in der Familie können Vorschulinstitutionen für alle Kinder „einen wesentlichen Beitrag zur Entwicklung der charakterlich-sozialen Reife“ leisten, indem sie die Kinder in eine größere Gemeinschaft einführen und ihnen ihren Platz in dieser Gemeinschaft zu finden verhelfen; der Kindergarten kann dadurch neben der Familie zu einem „sozialen Rahmen“ werden, in dem das Kind sich „eine neue Erlebenswelt gestaltet und als soziales Wesen sein Bedürfnis nach gesellschaftlichen Bindungen und Aktivitäten befriedigt“ (*Trouillet* ²1968; 6). Die Funktionen der Vorschulinstitutionen, soziale Kontakte mit Kindern gleichen Alters zu vermitteln und körperliche, spielerische und musische Aktivitäten im Rahmen kleiner Gruppen anzuregen, erhalten eine immer größere Bedeutung angesichts der Tatsache, daß nicht nur immer mehr Frauen im Beruf ein außerhäusliches Betätigungs- und Bestätigungsfeld suchen und dadurch den Umgang mit ihren Kindern auf wenige tägliche Stunden begrenzen, sondern daß die meisten Eltern durch die Beschränkung auf ein einziges Kind diesem die Möglichkeit nehmen, innerhalb der Familie in ständigem Kontakt mit anderen Kindern zu stehen.

Im Zusammenhang mit der Verbreitung vorschulischer Programme und vorschulischer Gruppenerziehung und im Zusammenhang mit der Diskussion über die damit verbundenen Probleme der Entwicklung und Erziehung der betroffenen Kinder und der Zukunft der Familie und der Familienerziehung in unserer Gesellschaft kann die Auseinandersetzung mit einem Beispiel der extremen Gruppenerziehung wie der Kollektiverziehung im Kibbutz von einer gewissen Bedeutung sein, und zwar in mehrfacher Hinsicht.

Erstens hat die Kibbutz-Erziehung durch die jahrzehntelange Praktizierung einer Altersgruppenerziehung von frühester Kindheit an ein „Modell" geschaffen, an dem die Entwicklung von gruppenerzogenen Kindern von der Geburt bis zur Reife beobachtet werden kann. Die Erforschung der spezifischen Formen, Inhalte, Ziele und Errungenschaften dieser Gruppen- bzw. Kollektiverziehung könnte zur Klärung der Frage beitragen, ob und unter welchen Bedingungen die Altersgruppe auch in der vorschulischen Entwicklungs- und Erziehungsphase zu einem die seelische Gesundheit und soziale Reife der Kinder fördernden Sozialisationsfaktor werden kann. Den Aspekten der Gruppenerziehung als solcher kann in der vorliegenden Untersuchung allerdings nur am Rande Aufmerksamkeit geschenkt werden.

Zweitens ermöglicht es die Tatsache, daß die Kibbutz-Erziehung trotz ihrer kollektivistischen Orientierung die Familie als Sozialisationsfaktor nicht ausgeschaltet hat — während der ganzen Kindheit und Jugend, insbesondere aber in der frühen Kindheit, bleibt sie ein wesentliches Feld sozialer Erfahrungen —, den bleibenden und den wandelbaren Charakter der Erziehungsfunktionen der Familie und der Eltern-Kind-Beziehung zu analysieren, und zwar in einer Mikrogesellschaft, welche die ökonomischen Grundlagen der Familie aufgelöst und die allgemeine Tendenz zur „Vergesellschaftung" und „Professionalisierung" der Erziehung zu einem extremen Punkt vorangetrieben hat. Der Beantwortung solcher Fragen wie: Was haben Eltern in einem derartigen Erziehungssystem eigentlich noch zu sagen? Welche Beziehungen können Kinder unter derartigen Bedingungen eigentlich noch zu ihren Eltern haben? Wie kann sich ein Kind unter dem ständigen Einfluß einer Gruppenerziehung zu einer individuellen, lebensfrohen und liebesfähigen Persönlichkeit entwickeln? etc. sind große Teile der vorliegenden Untersuchung gewidmet. Da die traditionelle Skepsis gegen frühe Gruppenerziehung in unserer Gesellschaft häufig gerade durch Angst vor dem Verlust intimer Familienbindungen und individueller Persönlichkeitsbildung gespeist werden, sind diese Fragen angesichts der Ausdehnung der vorschulischen Gruppenerziehung auch für unsere Gesellschaft relevant.

Drittens wird durch den Versuch der Kibbutz-Erziehung, Familie, Altersgruppe und professionelle Erzieher nicht als einzelne Faktoren wirken, sondern als Faktoren *eines* Erziehungssystems eng miteinander kooperieren zu lassen, eine Situation geschaffen, in welcher die gesellschaftliche „Kinderinstitution" aufhört, ein isolierter Bereich der Kinderpflege und -erziehung zu sein, dem die Eltern mit einer Mischung von distanzierter Bewunderung, Mißtrauen, Angst und Eifersucht gegenüberstehen. Dieser Versuch einer kooperativen Erziehung kann vielleicht auch außerhalb des Kibbutz Anregung dafür geben, die Fronten zwischen „individueller" und „sozialer", zwischen Familienerziehung und gesellschaftlicher Erziehung zu entschärfen, und zu einem Konzept der „emanzipatorischen Erziehung" (*Mollenhauer*

1968) beitragen, welches nicht nur den Kindern, sondern auch deren traditionellen Erziehern, den Frauen, einen neuen Status ermöglichen könnte. Schließlich kann das Beispiel des Kibbutz mit seinem Versuch, ein Ehe- und Familienleben und eine Familienerziehung ohne die ökonomische Grundlage eines Privathaushalts und gegenseitiger Abhängigkeit zwischen Mann und Frau, Eltern und Kindern zu fördern, dazu beitragen, Vorurteile über den notwendigen „Untergang" von Ehe und Familie im kollektivistischen Wirtschafts- und Erziehungssystem abzubauen. Am Beispiel des Kibbutz könnte sich vielmehr zeigen, daß der Ausbau einer mit der Familie kooperierenden Altersgruppenerziehung und daß die ausschließliche Gründung von Ehe und Familie auf emotionale und soziale (und nicht auf ökonomische) Elemente der gegenseitigen „Bindung" dem „Patient Familie" (*Richter* 1970) selbst zugute kommen und neue Perspektiven der Familienerziehung und des Familienlebens eröffnen kann.

II. Kibbutz — Kibbutz-Familie — Kibbutz-Pädagogik

1. Charakterisierung des Kibbutz

Der Kibbutz ist, wie ein Kenner des internationalen Genossenschaftswesens festgestellt hat, praktisch die „einzige vollkommene, integrale, allumfassende Genossenschaft . . ., die in der Welt existiert, und hat ihresgleichen nirgendwo, jedenfalls nicht als Massenerscheinung. In keinem anderen Land existieren über 200 Siedlungen mit Zehntausenden von Mitgliedern, in denen jede Einzelheit des Lebens (Produktion, Konsum, Verteilung, Absatz, Wohnwesen, Unterricht etc.) kollektiv gehandhabt wird" (*Preuss* 1958; 66).
Die Kibbutzim stellen neben den mehr auf der Grundlage der Familienwirtschaft und des Familienhaushalts organisierten „Moshavim" den wichtigsten ländlichen Siedlungstyp des Staates Israel dar. Ein Kibbutz ist ein vorwiegend durch Landwirtschaft geprägtes Dorf mit durchschnittlich 200 bis 300 ständigen Mitgliedern (nur die Erwachsenen gerechnet), das eine wirtschaftliche (eigenes Jahresbudget) und verwaltungsmäßige Einheit bildet.
Das äußere Erscheinungsbild eines Kibbutz wird einerseits durch die umliegenden, kollektiv bewirtschafteten Nutzflächen, die sich wie aller jüdischer Boden im Besitz der Nation befinden, und durch die großen Gebäude der Stallungen und Fabriken, der Dienstleistungsbetriebe (Küche und Speisesaal, Wäscherei etc.) und Erziehungsinstitutionen (Kinderhäuser, Schulklassenhäuser etc.), andererseits durch die verstreuten, meist einstöckigen Reihenwohnungen der Mitglieder bestimmt. Die kleinen, im allgemeinen mit einem Ziergarten umgebenen Wohnungen sind das einzige äußere Zeichen dafür, daß Familien auch im Kibbutz die kleinsten sozialen Einheiten darstellen.
In den meisten Kibbutzim leben allerdings die Kinder nicht bei ihren Eltern. Sie sind vielmehr vom Zeitpunkt ihrer Entlassung aus der Entbindungsanstalt an innerhalb von Gruppen gleichaltriger Kinder in den Erziehungsinstitutionen des Kollektivs untergebracht, wo sie von pädagogisch ausgebildeten Kibbutz-Mitgliedern betreut werden. Nur für einige Stunden vereinigt sich die ganze Familie täglich in der Wohnung der Eltern.
Produktion und Konsum sind im Kibbutz, wenn man von kleinen Ausnahmen im Bereich des Konsums (Kaffeemahlzeiten etc.) absieht, vollkommen

vergesellschaftet. Männer und Frauen arbeiten gleichermaßen in den verschiedenen Wirtschaftszweigen etwa 50 Stunden pro Woche an sechs Arbeitstagen. Für diese Arbeit wird kein Lohn bezahlt, ihre „Vergütung" besteht vielmehr in der umfassenden ökonomischen Versorgung jedes Einzelnen einschließlich Wohnung, Kleidung, Ernährung, Krankenschutz und Altersversorgung. Nur ein geringes jährliches Taschengeld zur Anschaffung kleiner persönlicher Dinge ist als Relikt privater Verfügung über Geldmittel erhalten geblieben. Das jedem Mitglied bzw. Ehepaar zustehende Budget für verschiedene Gebrauchsgüter garantiert allerdings eine individuelle Auswahl.

Der vollen Arbeitstätigkeit der Frau entspricht im Kibbutz ihre Befreiung von den Pflichten eines privaten Haushalts und von der Pflege und Erziehung der Kinder. Alle Haushalts- und Erziehungsfunktionen werden grundsätzlich von kollektiven Institutionen erfüllt.

Um neben der Gleichberechtigung der Geschlechter und ökonomischer Gleichheit auch soziale Gleichheit zu garantieren, wird im Kibbutz, allerdings unter wachsenden Schwierigkeiten, der Versuch unternommen, die Positionen innerhalb des wirtschaftlichen und sozialen Systems dem Prinzip der Rotation zu unterwerfen; dies bedeutet, daß einerseits jene Tätigkeiten, die Ansehen und eine gewisse Macht mit sich bringen, nicht immer von denselben Personen wahrgenommen, daß andererseits die „unangenehmen" Tätigkeiten (z. B. Dienstleistungen in Küche und Speisesaal) abwechselnd von allen ausgeführt werden. Der einzige ökonomische Anreiz für den Arbeitseinsatz des einzelnen Kibbutz-Mitgliedes bildet im übrigen die unmittelbare Rückwirkung der Arbeitsproduktivität des Kollektivs auf den Lebensstandard aller; alle Mitglieder bekommen dementsprechend z. B. größere Zimmer, bessere Möbel, einen Kühlschrank oder ähnliches.

Jedes Kibbutz-Kollektiv verfügt über eine demokratische Selbstverwaltung. Das höchste Organ ist die Vollversammlung der Mitglieder, die in der Regel einmal wöchentlich zusammentritt und über alle wichtigen, die Gemeinschaft betreffenden Fragen entscheidet. Daneben bestehen Komitees für alle wesentlichen Bereiche des Kibbutz-Lebens (Arbeit, Erziehung, Kultur etc.), deren Mitglieder auf beschränkte Zeit gewählt werden und der Vollversammlung verantwortlich sind. Die Spitze des Managements wird durch einen „Sekretär" (Maskir) verkörpert, der das aus fünf bis zehn Mitgliedern bestehende „Sekretariat" leitet; er wird für eine Amtsperiode von jeweils zwei Jahren von der Vollversammlung gewählt.

Die Aufnahme in einem Kibbutz kann von jedem jüdischen Bürger Israels beantragt werden. Der Antrag muß von der Vollversammlung des jeweiligen Kibbutz bewilligt werden; auch nach dieser formalen Aufnahmebestätigung tritt jedoch für jene Anwärter, die nicht im Kibbutz geboren oder aufgewachsen sind, die volle Mitgliedschaft erst nach einer gewissen Probe-

zeit in Kraft. Auch für die im Kibbutz Geborenen ist die Mitgliedschaft nicht einfach „angeboren“, sondern muß formal bestätigt werden, im allgemeinen nach der Rückkehr der jungen Erwachsenen vom Militärdienst in ihren Heimat-Kibbutz. Im übrigen bleibt die Mitgliedschaft im Kibbutz von seiten des Kollektivs — als höchste Form der sozialen Sanktion — sowie von seiten des Einzelnen aufkündbar. Mit der vollen Mitgliedschaft im Kibbutz erlischt das Recht auf privaten Besitz; dies gilt z. B. auch für die persönlichen Wiedergutmachungszahlungen, die einzelne Kibbutz-Mitglieder als Verfolgte des Naziregimes aus Deutschland erhalten haben, wenn sie in ihrem Kibbutz bleiben; andererseits wird bei einer späteren Aufkündigung der Mitgliedschaft ein gewisser Teil des eingebrachten Vermögens, in allen Fällen aber eine angemessene Überbrückungshilfe ausbezahlt.
Alle Kibbutzim, mit Ausnahme von drei unabhängigen Siedlungen, gehören einer Dachorganisation an. Diese Kibbutz-Verbände, deren es drei große und drei kleine gibt, sind ihrerseits einer politischen Partei affiliert, welche die ideologische Ausrichtung des jeweiligen Kibbutz-Verbandes bestimmt; eine persönliche Parteimitgliedschaft des einzelnen Kibbutz-Siedlers ist damit nicht notwendig verbunden. Ein großer Teil der Führungskräfte und Parlamentarier der Arbeiterparteien Israels rekrutiert sich aus den drei großen Kibbutz-Verbänden „Ichud Hakibbutzim Vehakvutzot“ (angeschlossen an die „Mapai“-Partei), „Kibbutz Hameuchad“ (angeschlossen an „Achdut Haavodah“) und „Kibbutz Artzi Hashomer Hatzair“ (angeschlossen an „Mapam“), denen gegenwärtig jeweils 60 bis 80 Siedlungen angehören. Die kleineren Kibbutz-Verbände sind in ihrer Mehrzahl religiös orientiert und religiösen Parteien affiliert; ihre Zahl beträgt gegenwärtig etwa 20.
Die Kibbutz-Verbände helfen den einzelnen Siedlungen im Sinne der genossenschaftlichen „gegenseitigen Hilfe“ mit Krediten, Investitionen, kulturellen Programmen und Beratung in der Planung. Seit Mitte der sechziger Jahre sind überdies alle Kibbutz-Verbände organisatorisch in der „Union der Kibbutz-Bewegungen“ zusammengefaßt. Dadurch ist eine noch stärkere Koordinierung der wirtschaftlichen Planung und der mit ihr zusammenhängenden Verhandlungen mit den Staatsbehörden und Gewerkschaften ermöglicht worden. — Der Einkauf und der Absatz von Gütern werden durch große Kooperativen bewerkstelligt.
Die Aufgabe, die der Kibbutz sich gestellt hat, wurde im Programm eines der drei großen Kibbutz-Verbände folgendermaßen zusammengefaßt: „1. Genossenschaftliche Ansiedlung der Mitglieder in großen, für Aufnahme offenen kommunistischen Siedlungen; 2. Ständiger Ausbau der Siedlung und Erweiterung ihres Aufgabenbereiches durch Eindringen in viele Wirtschafts- und Arbeitszweige; 3. Ständige Neuaufnahme von Arbeitern . . .; 4. Gegenseitige Hilfe und Verantwortung aller Mitglieder und Gruppen für alle

Aktionen und Werke; 5. Ausgleichung der Lebens- und Arbeitsbedingungen, Beseitigung aller Löhne und Befriedigung der Bedürfnisse der Mitglieder aus der gemeinsamen Kasse; 6. Nationale Dienstpflichterfüllung im Rahmen des Staates und der Gesamtorganisation der Arbeiterschaft; 7. Zielbewußte, zionistisch-soziale Erziehungstätigkeit im Lande und in den Vorbereitungsgruppen in der Diaspora" (Zit. in *Preuss* 1958; 75).
Im Programm eines anderen Kibbutz-Verbandes wird die einzelne Siedlung innerhalb des Verbandes folgendermaßen charakterisiert: „Eine Gemeinschaft, gegründet auf ein Maximum an Zusammenwirken bei Arbeit, Besitz und Verbrauch und auf das ständige Bemühen, dieses Zusammenwirken in allen Gebieten von Leben und Werk noch zu vertiefen. Die Gemeinschaft verwirklicht ihre Lebensform durch Erziehung ihrer Mitglieder, ständige Verbesserung der menschlichen Beziehungen und größtmögliche Teilnahme des Einzelnen an allen Angelegenheiten des Kibbutz. Sie ergreift die Maßnahmen, die der Verwirklichung dieser Grundsätze förderlich sind, und sie legt die Größe des Kibbutz fest gemäß der wirtschaftlichen Kapazität und gemäß ihrem Ziel, die besten Beziehungen zwischen Mitglied und Gruppe sicherzustellen und die Entwicklung jedes einzelnen zu fördern" (Zit. in *Baratz* o. J.; 137).
Die hier vorgelegte Charakterisierung und die zitierten Selbstcharakterisierungen des Kibbutz — für gründlichere Informationen sei auf Darin-Drabkin (1967), Pallmann (1965), Shatil (1960, 1968) und Viteles (1968) verwiesen — deuten auf einige besondere Merkmale dieser Mikrogesellschaft hin, die für die folgende Analyse von großem Belang sind und die deshalb systematisch zusammengefaßt werden sollen:

a) Es handelt sich beim Kibbutz um eine extrem kollektivistische Gesellschaft. In weit stärkerem Maße als etwa in der sowjetischen Kolchose oder in der chinesischen Kommune sind Produktion, Konsum und Erziehung im Kibbutz vergesellschaftet worden. Für eine Analyse der Erziehung bedeutet dies, daß einerseits die außerfamiliäre, „kollektive" Erziehung im Falle des Kibbutz vollständig der ökonomischen Basis dieser Gesellschaft entspricht, daß andererseits der Familienerziehung die traditionelle ökonomische Basis eines gemeinsamen Haushalts und gegenseitiger wirtschaftlicher Abhängigkeit fehlt. Daraus ergibt sich die Möglichkeit, die Eltern-Kind-Beziehung mehr, als es sonst möglich ist, auf ihre ausschließlich psychologische und pädagogische Relevanz hin zu untersuchen.

b) Die kollektivistische Struktur des Kibbutz bringt neben der Geschlossenheit und Einheitlichkeit im Innern, die sich nicht nur auf ökonomische und soziale Gleichheit, sondern auch auf die ideologisch-politische Ausrichtung bezieht, einen Widerspruch nach außen, gegenüber der nicht-kollektivistischen Gesellschaft Israels, hervor. Möglicherweise trägt gerade diese Situation zur inneren Konsolidierung und zur Bewahrung eines gewissen Sendungsbewußtseins der Kibbutz-Bewegung bei. Andererseits wird die Unterschiedlichkeit der sozialen Systeme und des ideologischen Bewußtseins durch die Identifizierung der Kibbutz-Bewegung mit den nationalen Interessen des Staates Israel und durch den wachsenden Einfluß der israelischen Gesellschaft auf die junge Kibbutz-Generation abgemildert. Die Möglichkeiten für Konflikte der jungen Kibbutz-Generation aufgrund der Spannungen zwischen unterschiedlichen „Wertsystemen" werden dadurch aber nur noch verstärkt.

c) Der Kibbutz stellt eine Kommune auf der Grundlage freiwilliger und kündbarer Mitgliedschaft dar. Im Gegensatz zur sowjetischen Kolchose oder chinesischen Kommune handelt es sich beim Kibbutz nicht um eine Veranstaltung des Staates, der die Form landwirtschaftlicher Produktion verbindlich festlegt, sondern um eine Form freier genossenschaftlicher Vereinigung neben anderen Formen. Der stärkeren kollektivistischen Orientierung des Kibbutz entspricht daher gleichzeitig eine größere Freiheit des Einzelnen, die sich im Verhältnis zwischen Individuum und Kollektiv, in der Identifizierung mit dem Kollektiv, im persönlichen Arbeitseinsatz und in der sozialen Integration bemerkbar machen muß und die deshalb auch für die Erziehung relevant ist.

d) In engem Zusammenhang mit dem Prinzip der freiwilligen Mitgliedschaft ist das Prinzip der demokratischen Selbstverwaltung zu sehen. Ein Kibbutz unterliegt zwar einer gewissen Planung innerhalb seiner Dachorganisation, nicht aber einer zentralen staatlichen Planung. Alle wichtigen Angelegenheiten werden entweder von der Vollversammlung oder von auf Zeit gewählten Vertretern entschieden und verantwortet. Ohne die gesellschaftspolitische Aktivität eines großen Teils der Mitglieder könnte der Kibbutz in seiner gegenwärtigen Form einer „direkten" Demokratie nicht lange existieren. Für die Erziehung im Kibbutz bedeutet dies, daß die Lösung aller pädagogischen Fragen auf den mehrheitlichen Konsens der Mitglieder angewiesen ist, und daß der Erziehung zu gesellschaftspolitischem Bewußtsein und zu gesellschaftspolitischer Aktivität besondere Wichtigkeit zukommen muß.

e) Der einzelne Kibbutz ist Teil des Ganzen der Kibbutz-Bewegung, die ihrerseits in verschiedene ideologisch-politische Richtungen gespalten ist. Innerhalb einer Dachorganisation kann man von einer gewissen Einheitlichkeit des Wertsystems, unter anderem auch der Erziehungsideologie, ausgehen. Demgegenüber begründen verschiedene Faktoren, wie z. B. die Herkunft der Siedler, der Zeitpunkt der Gründung, die Höhe des Lebensstandards etc. den „individuellen“ Charakter jedes Kibbutz. Verallgemeinerungen von einem auf „den“ Kibbutz, wie sie des öfteren in der Sekundärliteratur über Kibbutz-Erziehung vorgetragen wurden (vgl. z. B. *Spiro* 1958), müssen deshalb mit Skepsis aufgenommen werden.

f) Die Kibbutz-Bewegung ist historisch nicht zu trennen von der praktischen zionistischen Bewegung, also der nationalen Bewegung zur Errichtung einer „Heimstätte“ des jüdischen Volkes in Palästina-Israel. Diese Tatsache ist zunächst deshalb von Bedeutung, weil „ohne die Unterstützung der ‚kommunistischen Experimente‘ durch die organisatorische und finanzielle Kraft der zionistischen Bewegung die Kibbutzim aller Wahrscheinlichkeit nach ein weitaus periphereres Phänomen geblieben (wären) als die kommunitären Siedlungen in den USA des 17. bis 19. Jahrhunderts“ (*Meier-Cronemeyer* 1969b; 8). Andererseits läßt der starke Einsatz für die zionistische Bewegung die Kibbutzim an der Problematik des Zionismus selbst teilhaben, die darin besteht, daß dieser zwar zu einer für das Judentum äußerst wichtigen Befreiungsbewegung im Zusammenhang mit der Verstärkung des Antisemitismus in Ost- und Westeuropa seit dem Ende des 19. Jahrhunderts bis hin zu den Menschheitsverbrechen im Dritten Reich wurde, daß er aber auch den Gefahren eines engen Nationalismus und einer Machtpolitik zuungunsten der in Palästina-Israel lebenden arabischen Bevölkerung nicht entging. Der Gerechtigkeit halber muß allerdings angemerkt werden, daß Vertreter des linksgerichteten Kibbutz-Arzti-Verbandes zu den Vorkämpfern einer jüdisch-arabischen Verständigung gehört haben; davon legen unter anderem die Aktivitäten der Herausgeber und Mitarbeiter der Zeitschrift „New Outlook“, zu denen auch Martin Buber gehörte, Zeugnis ab.

2. *Skizze der Entwicklung der Kibbutzim*

Die ersten Siedler der Kibbutzim wanderten mit den ersten jüdischen Einwanderungswellen aus Osteuropa in den Jahren 1882, 1904 und 1920 nach Palästina ein, dessen Bevölkerung noch 1920 nur zu zehn Prozent jüdisch war. Das ghettoähnliche jüdische „Shtetl“ (Städtchen) mit seiner religiösen Tradition und patriarchalischen Familienstruktur bildete den sozialen Hintergrund, aus dem die Einwanderer heraustraten (*Diamond* 1957). Eine jüdische Arbeiter- und Jugendbewegung, deren Anhänger sich in einem scharfen Generationskonflikt gegen die traditionellen Lebensformen im „Shtetl“ auflehnten und sozialistische und zionistische Ideale verbanden, bildete den ideologischen Hindergrund (*Diamond* 1957, *Meier-Cronemeyer*

1969 a). Die Anhänger dieser sozialistisch-zionistischen Ideologie sahen die Möglichkeit einer Erneuerung des Judentums nur in einer radikalen Wandlung der jüdischen Sozialstruktur, d. h. in der Schaffung einer jüdischen Arbeiterschaft, die auf eigenem Boden in produktiver Arbeit die kolonisatorische und soziale Grundlage eines autonomen jüdischen Staates in Palästina legen sollte (*Baratz* o. J., *Borochow* 1932, *Darin-Drabkin* 1967). Die Rückkehr aufs Land, die „Eroberung" der Arbeit, die produktive Selbstarbeit eines jüdischen Proletariats erschienen als die einzige Möglichkeit der Lösung der „Judenfrage", der Rettung aus der Erstarrung in einer traditionellen, von einer feindseligen Umwelt abhängigen Gesellschaftsform einerseits, der Rettung vor der Preisgabe jüdischer Identität durch Assimilation andererseits. Symbolisch für die stark von Tolstoi beeinflußte „Religion der Arbeit", die in den Gründerjahren des Kibbutz verbreitet war, steht die von J. Baratz (*Baratz* o. J.) beschriebene Gestalt von A. D. Gordon. Die kollektive Siedlungsform des Kibbutz paßte in die Vorstellungen von einem „gerechten" sozialen Leben in gemeinsamer Produktion und Konsumtion, die in der mosaischen Agrargesetzgebung über den Gemeinbesitz des Bodens und in der „Essener Kommune" gewisse Vorformen im historischen Judentum besaßen, die aber gleichzeitig auch den sozialistischen Ideen der Zeit entsprachen. Die ökonomische Situation in Palästina, der Gemeinbesitz des wenigen, spärlichen Bodens, die Unmöglichkeit großer privater Investitionen und die geringe Erfolgschance rein privater Initiative sowie der beschränkte Erfolg der bisherigen, philanthropisch unterstützten Siedlungen begünstigten den Versuch einer genossenschaftlichen Kommune. Ein Experiment dieser Art wurde nach einem Entwurf des Sozialwissenschaftlers Franz Oppenheimer unternommen; diese 1911 gegründete Gemeinschaftssiedlung in Merchavia (*Oppenheimer* 1914) scheiterte jedoch, u. a. deshalb, weil die Siedler mit der Einschränkung der Selbstverwaltung in Form der vorgesehenen Einsetzung eines leitenden und relativ hoch bezahlten Agronomen nicht einverstanden waren. Auch die ersten Kibbutzim begannen als Experimente; der erste Kibbutz, Dagania, dessen Geschichte J. Baratz als eines der Gründungsmitglieder niedergeschrieben hat (*Baratz* o. J.), entstand 1909; seine Errichtung wurde vom Palästinabüro des Jüdischen Nationalfonds und von dessen Leiter, dem deutschen Agronom Arthur Ruppin, politisch und finanziell unterstützt. Der wirtschaftliche und soziale Erfolg der ersten Kollektivsiedlungen führte zur Entstehung der Kibbutz-Bewegung. Zu einem entscheidenden Faktor wurde der organisatorische Zusammenschluß einzelner Siedlungen zu umfassenden Verbänden und die Einführung der gegenseitigen Hilfe zwischen ihnen, der Entwurf politischer Programme und die Gründung von Parteien — diese Politisierung führte allerdings zur Aufspaltung der Kibbutz-Bewegung — sowie die Schaffung umfangreicher Organisationen wie der Wächter-Organisation, die der Selbstverteidigung der Siedlungen diente und den Kern späterer militärischer Untergrundorganisationen und der Armee des Staates Israel bildete.

Im Jahre 1927 bestanden bereits drei Kibbutz-Verbände mit über zwanzig Kibbutzim und einer Bevölkerung von über 3000. Die Kibbutzim wurden zu einer der entscheidenden Grundlagen des 1948 gegründeten Staates Israel. Sie waren wesentlich beteiligt an der landwirtschaftlich-kolonisatorischen Grundlegung des Staates: sie hatten durch ihre geographische Lage, z. B. an den Grenzen des Landes, und durch die Ausbildung einer militärischen Organisation eine unersetzliche Funktion für die Sicherheit; sie beteiligten sich durch ihre „Gesandten" aktiv an der Organisation der illegalen Einwanderung bis zur Staatsgründung und der Absorbierung der Einwanderer; sie bildeten Aktivisten aus, die einerseits in den zionistischen Jugendbünden außerhalb Palästinas arbeiteten und Gruppen zur Einwanderung vorbereiteten, andererseits die Führungskader der Arbeiterbewegung und der politischen Parteien in Palästina bildeten, die entscheidend an der Gründung des Staates Israel beteiligt waren. Bis zur Staatsgründung (1948) erfüllte die Kibbutz-Bewegung die Funktion einer starken politischen Elite. Zu dieser Zeit lebten in 115 Kibbutzim 47 000 Menschen, d. h. 7,5 Prozent der damaligen jüdischen Bevölkerung Palästinas.

Seit der Staatsgründung wurden viele der Elitefunktionen der Kibbutz-Bewegung abgeschwächt oder aufgehoben durch die Neugründung staatlicher Organe, die frühere Aufgaben des Kibbutz, z. B. im Bereich militärischer Sicherheit, übernahmen. Die quantitative Entwicklung der Kibbutz-Bewegung ist mit etwa 220 Siedlungen und einer Bevölkerung von über 82 000 seit dem Ende der fünfziger Jahre zum Stillstand gekommen; andere Siedlungsformen, wie die kooperativen „Moshavim", schienen der Mentalität der Neueinwanderer mehr zu entsprechen. Die Masseneinwanderung, die seit der Staatsgründung einsetzte, brachte ganz überwiegend Menschen aus den Ländern des Islam nach Israel, die an Werten der Tradition und der Familie orientiert und daher zu einer kollektivistischen Lebensführung nicht bereit waren.

Die Masseneinwanderung und die gleichzeitige Stagnation der Kibbutz-Bewegung haben außerdem zu einer rapiden Abnahme des prozentualen Anteils der Kibbutz-Bevölkerung an der jüdischen Gesamtbevölkerung Israels, und zwar auf 3,5 % im Jahre 1966, geführt (*Shatil* 1968). Im gleichen Jahr bildete die in Moshavim angesiedelte Bevölkerung 5,4 % der jüdischen Gesamtbevölkerung Israels. Die geringe demographische Bedeutung der Kibbutzim steht indes auch nach der Einbuße vieler Elitefunktionen mit der Gründung des Staates Israel in keinem Verhältnis zu ihrer wirtschaftlichen und politischen Bedeutung. 1966 erarbeiteten die Kibbutzim 30 % der landwirtschaftlichen Produktion (*Shatil* 1968), ihr Anteil an der industriellen Produktion lag 1959 bei 5,8 % (*Darin-Drabkin* 1967; 241) und dürfte mittlerweile zugenommen haben. Im israelischen Parlament waren 1960 von 120 Abgeordneten 22, in der Regierung von 16 Ministern und vier stellvertretenden Ministern sieben Angehörige der Kibbutz-Bewegung (*Ben-David* 1964; 56). Innerhalb der Arbeiterparteien, der Gewerkschaften und des Offizierskorps steigt der Anteil der Kibbutz-Mitglieder bis auf 50 %.

Aktuellen Informationen zufolge sind in den letzten Jahren einige neue Kibbutzim entstanden, so daß man gegenwärtig eine Zahl von 232 Kibbutzim mit einer Gesamtbevölkerung von etwa 90 000 konstatieren kann (*Meier-Cronemeyer* 1969 b). Die Neugründungen liegen entweder an militärisch wichtigen Punkten und werden dann zum Teil unmittelbar von der Armee betreut oder in den wichtigen Entwicklungsgebieten der Negev-Wüste (*Talmon-Garber/Cohen* 1964).

Der Gegensatz zwischen der revolutionären, kollektivistischen Gesellschaftsstruktur der Kibbutzim und der privatkapitalistischen Sozialstruktur der israelischen Gesamtgesellschaft hat sich ständig vergrößert; zugleich steigert die Diskrepanz zwischen den im Kibbutz bewahrten Werten der Pionierzeit und den Werten der komplexen israelischen Gesellschaft nach der Staatsgründung die Gefahr der ideologischen Isolierung der Kibbutzim (*Cohen* 1966, *Pallmann* 1966). Der ursprüngliche ideologische Antrieb in der Kibbutz-Bewegung, die israelische Gesamtgesellschaft entscheidend nach dem Bilde der kollektiven sozialistischen Einheiten zu beeinflussen, hat in der pluralistischen israelischen Gesellschaft kaum mehr eine Chance der Verwirklichung. Umgekehrt wächst der Einfluß der Gesamtgesellschaft und ihrer heterogenen Werte auf die Kibbutz-Bewegung durch die Massenmedien und durch die zeitweilige Einbeziehung der Kibbutz-Jugend in die militärischen und sozialen Institutionen des Staates. Obwohl dieser Einfluß die Gefahr der Relativierung der kollektiven Werte mit sich bringt, wird der enge Kontakt der Kibbutz-Bevölkerung mit der Außenwelt von den Führern der Kibbutz-Bewegung grundsätzlich bejaht, da sich die Kibbutzim nicht als utopische „Inseln“ in der Gesellschaft, sondern als aktive gesellschaftliche Kraft begreifen (*Allon* 1965).

Nicht nur in der israelischen Gesamtgesellschaft, sondern auch innerhalb der Kibbutz-Gesellschaft selbst haben sich während ihres fünfzigjährigen Bestehens soziale Wandlungen vollzogen, die zur inneren Krise und zur Relativierung der Werte führten. Die Kibbutzim haben sich von kleinen, intimen Siedlergruppen — 1922 betrug die durchschnittliche Mitgliederzahl 18, 1931 bereits 67 — zu großen Siedlergemeinschaften, von landwirtschaftlichen Arbeitsgruppen zu Industriedörfern, von primitiven Pioniergruppen zu wohlhabenden Siedlungen mit steigendem Lebensstandard entwickelt. Die unmittelbare gegenseitige Vertrautheit und Hilfe und die vollständige Gleichheit wurden durch das quantitative Wachstum der Gemeinschaften und durch die Notwendigkeit der Spezialisierung in der Arbeit differenziert. Die soziale Differenzierung in den Kibbutzim betrifft sowohl die Abschwächung des Prinzips der Rotation, die Fixierung beruflicher Positionen und die Ausbildung gewisser Funktionseliten (*Etzioni* 1959, *Rosenfeld* 1957, *Schwartz* 1955) als auch die Konzentrierung traditionell weiblicher Arbeiten auf die Frauen, vor allem innerhalb des kollektiven Dienstleistungsbereichs (*Rosner* 1967, *Shepher* 1969). Durch die Mechanisierung der landwirtschaftlichen Arbeit, durch die Industrialisierung und durch das Anwachsen der Dienstleistungen wurde der ideologische Wert der körperlichen Arbeit abgeschwächt. Zudem fehlte der neuen Generation, die bereits in den Kibbutz hineingeboren wurde, der ideologische, revolutionäre Antrieb, von dem die Gründergeneration inspiriert war.

Die genannten Wandlungen, verbunden mit dem Wandel der Stellung der Kibbutz-Bewegung in der Gesamtgesellschaft, haben dazu geführt, daß das Verhältnis des in den Kibbutz hineingeborenen Einzelnen zum Kollektiv nicht mehr von der gleichen Unmittelbarkeit und Wertverbundenheit bestimmt ist wie in der revolutionären Phase der Kibbutz-Bewegung, so daß die überzeugte Fortsetzung des Kibbutz durch die im Kibbutz geborene Generation zum Existenzproblem dieses seit 50 Jahren erfolgreichen sozialistischen Experiments wurde.

Aus der kurzen Darstellung der Entwicklung der Kibbutzim — gründlichere Informationen finden sich bei Darin-Drabkin (1967), Meier-Cronemeyer (1969 b) und Viteles (1966, 1967) — geht hervor, daß es sich beim Kibbutz nicht um ein statisches „Experiment", sondern um eine dynamische Mikrogesellschaft handelt. Die quantitative Entwicklung dieser Gesellschaft ist insofern auch für die Analyse des Erziehungssystems und seines „Erfolgs" von Bedeutung, als im Gegensatz zu isolierten Experimenten kollektiver Erziehung (z. B. *Neills* Schule „Summerhill") nicht nur kleine Gruppen, sondern insgesamt etwa 30 000 Kinder — Kaffman (1963) spricht von 20 000 Kindern und Jugendlichen bis zum Alter von 17 Jahren in den 130 Kibbutzim zweier Kibbutz-Verbände — von dieser Erziehung geprägt wurden. Die festgestellte Gegensätzlichkeit zwischen Kibbutz und Gesamtgesellschaft und interne soziale Prozesse haben im Laufe der Jahrzehnte das Erscheinungsbild der Kibbutzim verändert. Die Ideologie selbst hat sich insbesondere da, wo sie radikale Formen angenommen hatte, wie z. B. im sowjetisch orientierten „ideologischen Kollektivismus" des Kibbutz-Artzi-Verbandes, den gewandelten Verhältnissen angepaßt. Aufgrund dieser Tatsache kann es geschehen, daß Untersuchungen über Kibbutzim aus den fünfziger Jahren außerhalb Israels als allgemeine Informationsquellen dienen, obwohl sie bereits zu historischen Dokumentationen geworden sind*. Gerade bei der Erforschung psychologischer und pädagogischer Aspekte der Kibbutz-Bewegung muß es darauf ankommen, deren dynamischen Charakter zu berücksichtigen. Die Stellung der Familie im Kibbutz und in der Kibbutz-Erziehung bietet dafür das beste Beispiel.

3. Die Einstellungen zur Familie und ihr Wandel in der Geschichte der Kibbutz-Bewegung

Eines der wichtigsten sozialen Probleme, mit dem sich die Kibbutzim konfrontiert sahen, bestand darin, ob hier, wie in den meisten historischen Kommunen, nach der Überwindung der Notzeiten, die das Gemeinschaftsbewußtsein verstärkten, die Eigeninteressen des Einzelnen und der einzelnen Familie immer mehr Gewicht erhalten, ob das individuelle Gewinnstreben und der individuelle Freiheitswille sowie die familiale Identifizierung die Oberhand über die kollektive Identifizierung gewinnen und so zur allmählichen „Reprivatisierung" führen würden, oder ob ein Ausgleich zwischen individuell-familialen Interessen und Werten und den Interessen und Werten der Gemeinschaft eine Bestätigung für die Lebensform des Kibbutz bringen und seine Zukunft ermöglichen würde. Das Erscheinen einer neuen Generation innerhalb einer kollektivistischen Gesellschaft, die selbst aus der Diskontinuität der Werte, aus einem Generationskonflikt und aus der Auflösung der traditionellen Sozialformen (wie der Familie) erwachsen war, forderte als Garantie für die Zukunft dieser Gesellschaft die Lösung des Konflikts zwischen familialer und kollektiver Identifizierung.
Am Beginn der Kibbutz-Bewegung konnte mit dem Gelingen und mit der Fortsetzung des „Experiments" über mehrere Generationen, d. h. mit einer zugleich familialen und kollektiven Kontinuität noch nicht gerechnet werden. Viele der Pioniere brachen gegen den Willen ihrer Väter nach Palästina auf. Die natürliche Folge der Generationen stellte für sie nicht mehr einen positiven Wert an sich dar, da sie die Fortsetzung der bestehenden Gesellschaft verkörperte. Das Band von „Gesinnungsgenossen" in der revolutionären Bewegung wurde wesentlicher und enger als das „natürliche" Band zwischen Vater und Sohn. Die Loslösung von den traditionellen, individualistischen Werten der patriarchalischen Familie wurde zur Vorbedingung für die Hingabe an die neuen Werte der kollektivistischen Bewegung, die zunächst eine „Jugendbewegung" war (*Talmon-Garber* 1965 a).

---

* Vgl. z. B. die Studie von Spiro (1958), die in einer einzelnen Siedlung des Kibbutz-Artzi-Verbandes in dessen doktrinärer Phase erarbeitet wurde.

Die Atmosphäre der Pioniereinwanderung nach Palästina läßt sich am besten wiedergeben durch das Zeugnis eines Beteiligten, eines Historikers des „Hashomer Hatzair" („Junger Wächter"), des größten sozialistisch-zionistischen Jugendbundes Osteuropas, der zur Grundlage eines Kibbutz-Verbandes (Kibbutz Artzi Hashomer Hatzair) und einer Arbeiterpartei (Mapam) wurde: „Im Zentrum der Bewegung, wie sie damals war, stand in erster Reihe der Mensch als solcher, nicht so sehr als Individuum, sondern als ein Glied der Kette, der Mensch, der die neue Fähigkeit, sich in eine Gemeinschaft einzureihen, zu erwerben und dem kollektivistischen Gedanken neuen Inhalt zu geben sucht. Auf diese Weise gelang es der Bewegung, sich zu einen und zu vervollkommnen ... Die Grundpfeiler bilden der Kibbutz als wirtschaftliche und soziale Zelle, der gedankliche Zusammenschluß, die Vereinigung der Siedlungstätigkeit unter Ausschluß der Lohnarbeit ..., die Vereinigung der Ideen von Klassenkampf und Kolonisation, ständiges Wachstum sowie ständige Entwicklung im Rahmen der Gesamtbevölkerung und der zionistischen Bewegung; in Kürze — die Integrierung aller dieser Faktoren im ‚gedanklichen integralen Kollektivismus' ..." (Zit. in *Preuss* 1958; 76).

Die ersten Siedlungskollektive hatten den Charakter eines intimen, charismatischen „Bundes" (*Talmon-Garber* 1965a) mit einer durchschnittlichen Mitgliederzahl von 18 großenteils jungen und unverheirateten Männern und Frauen. Die Mitglieder lebten wie eine große Familie; Produktion und Konsum waren gemeinschaftlich, Entlohnung und privates Eigentum gab es nicht. Ehe und Familie wurden in dieser ersten Pionierperiode als Überbleibsel der bürgerlichen, kapitalistischen Gesellschaft abgelehnt, die das Engagement des Einzelnen in der Gemeinschaft und die Gleichheit der Geschlechter verhinderte. Die Gemeinschaft selbst galt als Ersatz der Familie; im Verhältnis der Geschlechter galt die freie Liebe als die einzige der kollektiven Lebensform entsprechende Form der individuellen Bindung. Kinder wären in dieser Anfangszeit des produktiven Aufbaus schon aus wirtschaftlichen Gründen eine zu große Belastung gewesen. Das folgende Zeugnis aus dem Jahre 1918 charakterisiert die Anschauungen dieser revolutionären Phase der Kibbutz-Bewegung:

„Die Familie gehört der Vergangenheit an, und die Kvutzah (ein Modus des Kibbutz) ist in der Zukunft unseres Lebens das ständige wahre Refugium, das die Seele des Menschen in ihrem schweren Kampf gegen die Wertlosigkeit rettet. Im Leben der Kvutzah muß man die besondere Atmosphäre sehen, in der die Eigenschaften des neuen Menschen entstehen werden ... Die Familie ist zerstört, die Religion ist tot. Aber die entscheidenden Werte des Lebens werden bestehen bleiben und nur ihre Form verändern, denn das Bedürfnis nach einer familiären Umgebung ist tief und organisch ... Auf der Grundlage geistiger, nicht Blutsbande wird die Familie wieder erstehen — in der Form kleiner, bescheidener Arbeitsgruppen" (Zit. in *Horowitz* 1956).

Die Radikalität der Ablehnung der Familie als biologisch und emotional begründeter Einheit war nur für eine sehr beschränkte Zeitperiode kennzeichnend, und es ist kein Zufall, daß diese Periode zeitlich zusammenfällt mit den Tendenzen zur „Abschaffung" der Familie in radikalen Kreisen der Bolschewiki und mit der Verkündung eines liberalen Ehescheidungsrechts im nachrevolutionären Rußland (vgl. *Liegle* 1970), dem Herkunftsland eines großen Teils der Kibbutz-Pioniere. Bereits in den Jahren 1923/24 regte sich jedoch in den Kibbutzim die öffentliche Kritik an der übertriebenen Ablehnung der Familie, nachdem in einer Reihe von Siedlungen sich Paare gebildet hatten und Kinder geboren waren. Man erkannte, daß der von Marx übernommene Grundsatz: „Jeder nach seiner Fähigkeit, jedem nach seinem Bedürfnis" auch auf das Bedürfnis des Einzelnen nach Liebe und Intimität ausgedehnt werden mußte, und daß Liebe nicht geplant werden konnte. Diese ersten Zugeständnisse führten dazu, daß Familienbildungen zwar geduldet, aber zunächst doch noch als ein Fremdkörper im Kollektiv des „Bundes" empfunden wurden. Aus dem Jahre 1924 stammt das folgende Zeugnis, das am Übergang von der „antifamilialen" zur „familialen" Periode der Kibbutz-Bewegung steht: „Bis heute kämpfen die Kibbutzim mit der Familie wie mit einem schwierigen Gegner ... Verglichen mit der Liebe überhaupt ist die Liebe zweier Menschen zueinander eine Angelegenheit persönlichster Wahl. Dies ist es, was Paare von den übrigen Mitgliedern trennt und sie wie auf einer Insel der Seligen abschließt, gegen deren Gestade die Wellen des kollektiven Lebens schlagen" (Zit. in *Horowitz* 1956).

Während so die Familie als ein emotionales Refugium des Einzelnen allmählich anerkannt wurde, hatte sie doch im kollektiven Leben in dieser gemäßigt antifamilialen Phase eine schwierige Stellung. Nicht immer konnten den Paaren abgeschlossene Zimmer zur Verfügung gestellt werden; die Möglichkeit, Kinder zu haben, hing von der wirtschaftlichen Situation des Kibbutz ab; die Freizeit wurde in der Regel im Kollektiv verbracht; das gemeinsame Erscheinen eines Paares in der Öffentlichkeit wurde ungern gesehen (*Talmon-Garber* 1965a). Diese isolierte Stellung der Familie im Kollektiv drückte sich auch in der gebräuchlichen Familienterminologie aus: Heiraten hieß „in ein Zimmer ziehen" und geschah ohne Zeremonie; die Worte „Ehemann" und „Frau" waren durch unkonventionellere Wendungen („mein Junge", „mein Mädchen") ersetzt; Kinder pflegten ihre Eltern, wie auch alle übrigen Kibbutz-Mitglieder, mit dem Vornamen anzureden (*Lucas* 1949, *Talmon-Garber* 1965a).

Das Erscheinen der ersten Kinder führte zu neuen Problemen. Die Mütter konnten schon aus wirtschaftlichen Gründen sich nicht der Pflege der Kinder widmen, da das Kollektiv ihrer vollen Arbeitskraft bedurfte. Die Diskussion der Probleme führte zu der Entscheidung, die Kinder von einem ausgebildeten Mitglied des Kibbutz in gemeinschaftlichen Institutionen betreuen zu lassen und das Familienzusammensein auf die Stunden nach Arbeitsschluß zu beschränken. Das Zimmer der Eltern und das gemeinschaftliche Kinderhaus waren deutlich getrennte Lebensbereiche, wobei das Hauptgewicht auf den kollektiven Erziehungsinstitutionen lag, zu denen die Eltern wenig Zugang hatten. Dieses System der außerfamiliären Erziehung und Pflege entsprach in der besprochenen Phase offenbar auch den Bedürfnissen der weiblichen Mitglieder, die sich dem „Bund" ebenso unbedingt verpflichtet fühlten wie die Männer und sich von ihrer Rolle als Hausfrau und Mutter befreien wollten, deren abschreckendes Beispiel ihnen in der Rolle der Frau in der patriarchalischen Familie des „Shtetl" deutlich vor Augen stand. Man kann die Lebensform des antifamilialen Bundes überhaupt als eine „Überreaktion" der Pioniersiedler auf die Lebensform des „Shtetl" und seine Werte interpretieren (*Diamond* 1957).

Als Werte des „Bundes", die im Gegensatz zu den häufig nicht frei gewählten, sondern von der umgebenden Gesellschaft auferlegten Lebensnormen des „Shtetl" standen, galten unter anderen: „Gleichheit" — Gleichberechtigung der Geschlechter statt patriarchalischer Autorität, Gleichheit von Besitz und Arbeit statt ökonomischer Abhängigkeit von einer Klassengesellschaft —, „Produktivität" — „Selbstarbeit" statt „Schmarotzertum" —, körperliche Arbeit (statt Händlerberufe etc.) und „Pioniergeist" (statt Festhalten an den traditionellen Lebensformen). Vor diesem Hintergrund einer geistigen und sozialen Revolution des Judentums mußte gerade für die Frau die Lebensform des Bundes im Kibbutz einen großen Fortschritt bedeuten. So wurden oft die Frauen selbst zu Vorkämpfern eines Systems außerfamiliärer Pflege und Erziehung der Kinder. Folgende Zeugnisse sind charakteristisch für die Einstellung vieler Frauen in dieser Phase der Kibbutz-Bewegung.

„Man hält es für richtig, daß ich meine ganze Zeit der Sorge für mein Kind widme. Ich kämpfe mit all meiner Kraft gegen diese Vorstellung ... Ich sah ein, daß ich mich als Ergebnis davon vom öffentlichen Leben des Kibbutz zurückziehen müßte ... Vielleicht werden mein Kind und meine mütterlichen Gefühle darunter leiden, aber ich bin dazu bestimmt, an der Arbeit und dem sozialen Leben des Kibbutz teilzunehmen." — „Es gab für mich keinerlei Zweifel daran, daß ein Kollektiv von Eltern nicht anders bestehen konnte, als indem seine Kinder gemeinschaftlich erzogen werden" (Zit. in *Ron-Polani* 1965; 333).

Jedoch erhoben sich zur Zeit der Diskussion über das Erziehungssystem auch Gegenstimmen wie die folgenden:
„Das Leben im Kibbutz zerstört das seelische Leben der Frau ... Sie hat kein vollständiges häusliches und Familienleben." — „Die grundlegenden Instinkte der Mutter sollten nicht unterdrückt werden ... Sicher gehört doch die Zeit einer Mutter ihrem Kind ... Wir dürfen das Kind nicht um seine Familie bringen" (Zit. in *Ron-Polani* 1965; 334 f.).

Zwischen diesen beiden extremen Einstellungen — der bewußten Identifikation mit dem Kollektiv unter Vernachlässigung der Familie einerseits und der Forderung nach „vollständigem Familienleben", die vor allem von den weiblichen Mitgliedern erhoben wurde (*Talmon-Garber* 1959c), andererseits, suchte der Kibbutz in der Folgezeit seinen Weg zu finden. Die wirtschaftliche Notwendigkeit und zugleich auch die gemeinsame Ideologie der Kibbutz-Bewegung machten es unmöglich, auf die volle Arbeitstätigkeit der Frau und ihre Teilnahme am sozialen Leben zu verzichten; mindestens ebenso wichtig war das Festhalten an dem Grundsatz, daß eine kollektivistische Gesellschaft die Kindererziehung nicht der einzelnen Familie überlassen, sondern speziellen Institutionen und Vertretern der Gesellschaft übertragen sollte. Dem Bedürfnis nach ausgedehnterem Familienleben konnte indes stattgegeben werden nach dem Grundsatz: „Die primäre Grundlage des Kinderhauses muß ein Maximum an Kontakt zwischen Eltern und Kind sein" (Zit. in *Ron-Polani* 1965; 333).

Neben der Einsicht in die „private" Notwendigkeit der Familie begann sich, nach dem Durchgang durch die beschriebene revolutionäre Entwicklungsphase des „Bundes", in den Kibbutzim die Erkenntnis durchzusetzen, daß private wie kollektive Bedürfnisse sich in der Institution der Familie ergänzen konnten: wie dem Einzelnen das Familienleben ein emotionales Bedürfnis war und ihm das aufopfernde Leben im Kollektiv erleichterte, so konnte andererseits das Kollektiv nur mit der Mitarbeit und dem Verbleiben derer rechnen, die auch ihre emotionalen Bedürfnisse innerhalb des Kollektivs befriedigen konnten; und nur in der natürlichen Generationsfolge der Mitgliedfamilien konnte der Kibbutz sich selbst auf längere Sicht zu erhalten hoffen. Diese Einsicht, die allmählich zur allgemeinen und offiziellen Anschauung aller Kibbutzim werden sollte, wurde zum erstenmal 1923 von Tabenkin, dem Führer eines der großen Kibbutz-Verbände, formuliert: „In Kibbutzim, die seit einiger Zeit gegründet wurden, gibt es fast keine Familien. Mit dem Erscheinen jeder Familie erhebt sich das Problem: wird sie (im Kibbutz) bleiben oder nicht? Die unsichere Existenz der Familie in dieser Form und innerhalb dieser Beziehungen ist kein gutes Omen für die Zukunft. Der Kibbutz, wie er heute ist, wird zu einer Vision, die nur mit dem Jugendalter in Verbindung steht. Eine Gesellschaft, die ihre

Kinder herausnimmt und ihre Alten und Schwachen, ist überhaupt keine Gesellschaft" (Zit. in *Horowitz* 1956).

Die allmähliche Wandlung der ideologischen Einstellung zur Familie, die sich in den zitierten Sätzen ankündet, wurde unterstützt und beschleunigt durch die veränderte kolonisatorische Wirklichkeit zu Anfang der dreißiger Jahre. Die Kibbutzim mußten sich, um produktiv arbeiten zu können, vergrößern. Sie konnten sich auf längere Sicht nicht mehr mit dem Reservoir der Jugendbewegung begnügen, sondern mußten Verheiratete und ganze Familien aufnehmen, die auf ihr Familienleben nicht vollständig verzichten wollten. Der größere Teil der Neueinwanderer kam außerdem nicht mehr aus Osteuropa, sondern aus Deutschland; diese Einwanderungswelle entsprang nicht mehr nur dem Pioniergeist und dem Protest gegen Eltern und Familie, sondern glich der Rettungsaktion vor einer Katastrophe. Die Kibbutzim beteiligten sich an der Organisation der illegalen Einwanderung und der Absorption der Einwanderer. Die Einwanderer dieser Periode kamen zwar auch zum großen Teil aus der jüdischen Jugendbewegung und waren Gegner der patriarchalischen Familie, doch kamen sie nicht selten verheiratet und mit Kindern, u. U. sogar mit ihren Eltern, in den Kibbutz und glaubten an die Möglichkeit der Vereinigung von kooperativem Gemeinschaftsleben und Familienleben. Sie wollten nicht die Familie überhaupt abschaffen, sondern sie durch die Gleichstellung der Frau und durch die Auflösung der gegenseitigen ökonomischen Abhängigkeit auf ihren emotionalen und erzieherischen Gehalt zurückführen. Ihr Zugang zu den Problemen der Gesellschaft und der Erziehung war rationaler als derjenige der ersten Pioniere und beeinflußt von den Ergebnissen der modernen Gesellschaftswissenschaft, Psychologie und Psychoanalyse. Es begann die Ausbildung einer Theorie der Kibbutz-Erziehung, die deutliche Einflüsse der Psychoanalyse (vor allem Freuds) und der internationalen Reformpädagogik zeigt. Die gesamte seitdem entwickelte Theorie und die auf ihr aufgebaute Praxis der Kibbutz-Erziehung trägt, wie die vorliegende Arbeit zeigen wird, die Züge angewandter Psychoanalyse, und dies in einem Ausmaß, wie es in keinem bekannten Erziehungssystem einer Gesellschaft zu beobachten ist.

Die Familie ist gemäß der Theorie der Kibbutz-Erziehung die Grundzelle der Gesellschaft, auch der Gesellschaft des Kibbutz; ihre Grundlagen und ihre Funktionen für die Erziehung werden in ihrem emotionalen Aspekt betont, gleichzeitig aber werden Abhängigkeitsverhältnisse abgelehnt: „Die Grundlage der Familie im Kibbutz ist die Liebe, die auf Nicht-Abhängigkeit beruht" (*Gerson* 1947a). Diese Forderung hängt aufs engste mit der Gleichstellung der Frau in Arbeit und sozialem Leben zusammen. Wie das Verhältnis der Ehepartner, so soll auch das Verhältnis zwischen Eltern und Kindern vor allem von der Kraft der emotionalen Bindung bestimmt werden; die Bedeutung der Eltern, besonders für das kleine Kind, wird stark hervorgehoben. Als organisatorische Grundlage dieser Anschauungen soll allmählich ein System der „erzieherischen Kooperation" zwischen Elternhaus und kollektiven Erziehungsinstitutionen entwickelt werden. Der uralte Konflikt zwischen Vätern und Söhnen, von den Kibbutz-Gründern selbst in der schärfsten Form erfahren, soll entschärft werden durch die Auflösung der formalen väterlichen Autorität und der ökonomischen Abhängigkeit der Kinder; die Pflicht des Gehorsams und des „Ehre deinen Vater!" soll durch die Kontinuität der gegenseitigen Liebe abgelöst werden (*Gerson* 1947a).

Für die neue Konzeption des erzieherisch-emotionalen Verhältnisses zwischen Eltern und Kindern sind folgende Zeugnisse der Kibbutz-Pädagogik besonders charakteristisch:

„Für die Liebe der Eltern gibt es keinen Ersatz ... Diese ruhige und sichere Liebe ... ist es, die im Kind Selbstsicherheit und innere Ruhe schafft. Diese Liebe der Eltern ist in Wirklichkeit die erste Bedingung für die Entstehung eines geistigen Charakters." — „Die Funktionen der Eltern in der Kollektiverziehung ändern sich mit dem Erwachsenwerden der Kinder ... Aber die erste Funktion, die besonders im Kleinkindalter hervorragt, ist: auf das Kind Liebe zu übertragen" (*Gerson* 1947a). — „Die Erfahrung hat die Überzeugung bestätigt, daß die Eltern der wichtigste Faktor in der Erziehung und in der wünschenswerten Entwicklung der Kinder sind, und daß es für sie keinen wirklichen Ersatz gibt. Daher stellt die Kollektiverziehung das besondere und starke Band zwischen Eltern und Kind und seine Bedeutung für die normale Entwicklung des Kindes nicht in Frage. Das Problem bestand nicht darin, wie dieses Band zu lockern sei, sondern wie es zu einer zuverlässigeren und stetigeren Quelle der Sicherheit gemacht werden könnte, und doch vereinbar mit Erziehung zum kollektiven Leben (des Kibbutz) ... Die Einschränkung des Zusammenseins mit den Eltern verändert die Eltern-Kind-Beziehungen wesentlich. Die Kinder in den Nachmittagsstunden, ungestört von anderen Aktivitäten, zu treffen, befähigt die Eltern, ihnen in den meisten Fällen ungeteilte Aufmerksamkeit zu schenken und eine harmonische Zeit mit ihnen zu verbringen" (*Golan* 1959; 168, 172).

Die allmähliche Verwurzelung der Familie im Kibbutz führte dazu, daß sie nicht mehr nur als der „private" Gegenpol zum Kollektiv galt. Die Familie wurde grundsätzlich zum Verbündeten des Kollektivs: die Kinder erschienen als die Garantie für die Fortsetzung des Kibbutz in der Generationsfolge; die Identifikation der Kinder mit ihren Eltern konnte als ein wesentlicher Teil ihrer Identifizierung mit dem Kollektiv gelten; die kollektive Erziehung sollte den elterlichen Einfluß nicht ersetzen, sondern

ergänzen; die kollektiven Erziehungsinstitutionen sollten den Eltern offenstehen und sie an der Erziehungsaufgabe beteiligen.
Diese veränderte Einstellung zur Familie in der Periode der Konsolidierung der Kibbutz-Bewegung fand auch im täglichen Leben des Kibbutz ihren Ausdruck. Jede Eheschließung wurde Anlaß eines großen Festes des ganzen Kibbutz, die Geburt jedes Kindes wurde von allen freudig begrüßt; demgegenüber wurde häufiger Partnerwechsel vor der Ehe und Ehescheidung von der öffentlichen Meinung verurteilt. Jedes Paar bekam eine abgeschlossene Wohnung; in vielen Kibbutzim wurde statt des Budgets für den Einzelnen ein Familienbudget eingeführt. Es wurde üblich, einen großen Teil der Freizeit in der Familie zu verbringen, Familienfeste zu feiern und in der Öffentlichkeit als Familiengruppe aufzutreten (*Talmon-Garber* 1965a).

Ebenso drückt sich die veränderte Stellung der Familie in der Familienterminologie aus: die Wendungen „mein Mann" und „meine Frau" wurden besonders in der älteren Generation wieder häufig verwendet; vor allem aber wurde es zur Selbstverständlichkeit, daß ein Kind Vater und Mutter mit „Abba" und „Imma" anredete und von ihnen als „mein Vater" und „meine Mutter" sprach; von den Kindern wird ein erwachsenes Kibbutz-Mitglied oft mit der Beifügung „der Vater von . . ." näher gekennzeichnet. Das Denken und Empfinden in familialen Bindungen geht so weit, daß man bei der Bezugnahme auf einen Erwachsenen ohne Familie von Kindern die Wendung „X., der Vater von niemand" hören kann (*Lucas* 1949).
Es zeugt für die grundsätzliche Spannung zwischen Familie und kollektivistischer Gesellschaft, daß die Verwurzelung der Familie im Kibbutz die Konflikte zwischen Familie und Kollektiv nicht beenden konnte, wenn diese Konflikte ihren Charakter und Inhalt auch ganz veränderten. Im Gegensatz zu den Konflikten der familienfeindlichen Pionierperiode zeigten sich nach der Konsolidierung der Kibbutzim — zusammen mit dem steigenden Lebensstandard und der Abschwächung des Pioniergeistes der ersten Jahrzehnte — individualistische, familiale Tendenzen, die ihrerseits geeignet waren, das Kollektiv und seine ursprünglichen Werte zu gefährden und seine Desintegration zu fördern. „Heute besteht eine gewisse Berechtigung für die Befürchtung, die der Kibbutz am Anfang gegenüber der Familie hegte. Manchmal sind wir Zeugen einer Abschließung der Familie in ihrem Zimmer, der Übertreibung des Interesses an der Ausstattung des Zimmers, der Fernhaltung vom allgemeinen Leben, des Versäumens der Mitgliederversammlungen . . . Die Familie (tritt zuweilen auf) als Interessent innerhalb des Kibbutz, z. B. in Fragen der Festlegung der Arbeit für die Kinder und in Fragen der Ausbildung. In einem gewissen Ausmaß stößt die Identität der Familie mit dem Kibbutz-Ganzen und seinen Bedürfnissen zusammen" (*Horowitz* 1956).

Die in der zitierten Stellungnahme einer zentralen Funktionsträgerin der Kibbutz-Erziehung angedeuteten familialen Tendenzen hängen auf das engste mit der veränderten Einstellung der Kibbutz-Mitglieder zum Kollektiv zusammen. Während in der Pionierzeit die Gemeinschaft aller Mitglieder in Arbeit und Freizeit der selbstverständliche Lebensmittelpunkt des Einzelnen war, während man sich fast täglich abends im Gemeinschaftssaal zu Besprechungen, Berichten, Gesang und Tanz traf und in diesem Kreise auch seine innere Erfüllung fand, verlagerte sich in der Periode der Konsolidierung und des quantitativen Wachstums der Siedlungen der Hauptteil der Freizeit und der Schwerpunkte der emotionalen Befriedigung in den Kreis der Familie. Siedlungen mit Hunderten von Mitgliedern lassen nur in den seltenen Augenblicken gemeinsamer Feste und Feiern, Krisen und Gefahren jenes unmittelbare Gemeinschaftsbewußtsein lebendig werden, das charakteristisch war für den charismatischen „Bund" der revolutionären Periode. Gerade die ausschließliche Betonung der Liebe und konfliktlosen emotionalen Bindung innerhalb der Familienbeziehungen, wie sie die Theorie der Kollektiverziehung proklamierte, konnte die Tendenz der Konzentration des Einzelnen auf den intimen Familienkreis nur unterstützen.

Die Diskussion um die angemessenste Vereinigung von familialen und kollektiven Interessen und Werten ist bis in die Gegenwart hinein nicht zur Ruhe gekommen, grundsätzlich haben jedoch alle Kibbutzim der Familie und ihren emotionalen Bedürfnissen viele Zugeständnisse gemacht. In den drei großen bestehenden Kibbutz-Verbänden und auch in einzelnen Kibbutzim sind verschiedene Lösungsversuche zu beobachten, so etwa in der Frage der Übernachtung der Kinder; einige Kibbutzim sind, vorwiegend auf Wunsch ihrer weiblichen Mitglieder, zur familialen Übernachtung übergegangen. Eine allgemeine Erweiterung des Einflußbereichs der Familie ist zu beobachten (*Gerson* 1961). Die Grundsätze der kollektiven Organisation von Produktion, Konsum und Erziehung sind jedoch in keinem Kibbutz umgestoßen worden.

Die „Tendenzen zu einem mehr familienbetonten System", die für den Ichud-Kibbutz-Verband bereits zu Beginn der fünfziger Jahre konstatiert wurden (*Talmon-Garber* 1956), haben sich in den anderen Kibbutzim, insbesondere im Kibbutz-Artzi-Verband, erst in den sechziger Jahren so deutlich gezeigt. So kommt es, daß erst in neueren Untersuchungen und Darstellungen, die nicht auf Spiros (1958) und andere Informationen angewiesen sind, sondern den letzten Entwicklungsstand erfassen, die Stärkung der Familie und ihrer Position im Kollektiv als eine der entscheidenden Wandlungen des Kibbutz gebührend berücksichtigt wird (*Irvine* 1966, *Wilson* 1969). Es ist aufschlußreich festzustellen, daß im Kibbutz, ähnlich wie in der Sowjetunion (*Liegle* 1970), die kollektivistische Organisation der Gesellschaft auf die Dauer nicht zur Schwächung, sondern zur inneren Konsolidierung der Familie geführt hat, so daß man im Gegensatz zu den pluralistischen Industriegesellschaften nicht von einer Abschwächung, sondern — auf dem Hintergrund einer familienfeindlichen, revolutionären Gründungsphase kollektivistischer Gesellschaften — von einer allmählichen Verstärkung des erzieherischen Einflusses der Familie auf die junge Generation sprechen könnte.

4. *Theorie und Praxis der Kibbutz-Erziehung*

Die Geburt der ersten Kinder stellte die Siedler der Kibbutzim, wie bereits kurz erwähnt, vor zahlreiche Probleme. Sie hatten „keinerlei Erfahrung mit wirtschaftlichem Management oder der Regulierung des sozialen Lebens, ganz gewiß aber nicht mit der Erziehung von Kindern unter den Bedingungen einer Kommune" (*Golan/Lavi* 1965; 323 f.). Die Anfangszeit der Kibbutz-Erziehung kann daher als eine Periode pragmatischer, oft spontaner Versuche bezeichnet werden, die von grundsätzlichen Auseinandersetzungen der Mitglieder über Fragen wie die Rolle der Eltern bei der Erziehung der Kinder begleitet waren. Ami Horowitz (1956, 1965), J. Ron-Polani (1965) und Nelly Wolffheim (1963) führen eine Fülle von Zeugnissen an, die dokumentieren, wie schwierig die Anpassung der Erziehung an die kollektivistische Gesellschaftsstruktur vor allem den weiblichen jüdischen Einwanderern fiel, und wie unsicher die konkreten Formen und Inhalte der „neuen" Erziehung erschienen. Das Festhalten am Grundsatz demokratischer Meinungsbildung und Entscheidung innerhalb jedes einzelnen Kollektivs trug zur Komplizierung und Verzögerung des Planungsprozesses, andererseits auch zu einer differenzierten Gestaltung der Praxis bei (z. B. entschieden sich die Siedler des ersten Kibbutz, Dagania, von allem Anfang an für die Unterbringung der Kinder im Elternhaus während der Nacht).
Golan und Lavi (1965; 324) haben die Entwicklung der Kibbutz-Erziehung folgendermaßen gekennzeichnet: „Zusammen mit der Kibbutz-Bewegung wuchs und entwickelte sich auch deren pädagogisches Werk — die Kollektiverziehung ... So nahmen die pädagogischen Versuche der Kibbutz-Bewegung Stufe um Stufe, unter Fehlschlägen und Rückschritten, bisweilen auch unter schmerzlichen Kämpfen ihre Gestalt an. Selbst heutzutage hat die Kollektiverziehung nicht alle Probleme gelöst; in der Praxis gibt es immer noch Unterschiede, mitunter sogar ziemlich erhebliche, zwischen den Hauptrichtungen der Kibbutz-Bewegung."
Der unsichere und von pragmatischen Versuchen bestimmte Anfang der Kibbutz-Erziehung ist nicht verwunderlich, wenn man bedenkt, daß der Kibbutz selbst als eine neue Gesellschaftsform erst Konturen annehmen

mußte, bevor ein dieser Gesellschaft entsprechendes Erziehungssystem gefunden werden konnte; der Kibbutz hat nicht (wie „Summerhill“ oder *Makarenkos* Jugendkollektive) als das „Experiment“ eines Pädagogen in einer Kindergemeinschaft, sondern als eine Arbeitskommune erwachsener Neusiedler begonnen. Eine ähnliche Verzögerung pädagogischer Theoriebildung läßt sich auch in anderen revolutionären Gesellschaften, z. B. in der Sowjetunion beobachten; die frühsowjetische Pädagogik wurde weitgehend durch eine am neuen gesellschaftlichen Wertsystem ausgerichtete Rezeption geeigneter Lehren der russischen und internationalen Pädagogik und durch praktische Versuche im Geiste der zeitgenössischen internationalen Pädagogik bestimmt (*Anweiler* 1964). Im allgemeinen pflegt am Beginn einer revolutionären Bewegung das, was bekämpft werden soll, eindeutiger artikulierbar zu sein als das „Neue“, das erstrebt wird, und die Wege, die dahin führen. Kibbutz-Pioniere rechtfertigten diesen Zustand der Unsicherheit auf einem Treffen im Jahre 1923 mit folgenden pathetischen Worten: „Die erste Kvutzah erstand nicht aus Menschen, die kamen und entschieden: ‚Wir wollen uns auf dem Land niederlassen und wir werden es in dieser oder jener bestimmten Art und Weise tun‘. Wie aber kam sie sonst zustande? Es gab den Traum der Kommune, den Traum des kollektiven Lebens, eines Lebens der Freundschaft und Gleichheit, es gab die sozialistische Idee . . .“ (Zit. in *Ron-Polani* 1965; 336).

Es bedarf außerdem der einzelnen hervorragenden Persönlichkeiten, die durch Denken und Erfahrung den „Geist“ und das Wertsystem einer neuen Gesellschaft in eine pädagogische Theorie einbringen. Es deutet auf die bereits angedeutete Ähnlichkeit der Ausgangsbedingungen in der Sowjetunion und in den Kibbutzim, wenn Shmuel Golan, einer der profiliertesten Kibbutz-Pädagogen, von den ersten Bemühungen in Beit Alpha (eine der Gründungssiedlungen des Kibbutz-Artzi-Verbandes) als von einer „Pädagogik des Lebens“ und von einem „‚pädagogischen Poem‘ eigener Art“ spricht (*Golan* 1961; 319 f.) und damit auf A. S. Makarenko und dessen Werk hinweist.

Shmuel Golan gehörte zu jenen Persönlichkeiten, die fähig waren, fremde und eigene praktische Erfahrungen mit zeitgenössischen wissenschaftlichen Lehren zu verbinden und diese schöpferisch weiterzuentwickeln und auf die Gesellschaft des Kibbutz zu beziehen. Eigene pädagogische Erfahrung erwarb sich Golan durch seine jahrelange Tätigkeit als Lehrer in Schulen des Kibbutz-Artzi-Verbandes und als Dozent am Lehrerseminar in Oranim (1939—1956). Für die Auseinandersetzungen mit zeitgenössischen Ideen über Erziehung lassen sich im wesentlichen drei Richtungen nennen, die für Golan — und Golan steht hier stellvertretend für einen großen Teil der Kibbutz-Pädagogen — besondere Bedeutung erlangten.

Wie viele Intellektuelle seiner Zeit stand Golan unter dem Einfluß der internationalen, vor allem der deutschen und amerikanischen Reformpädagogik mit ihren Ideen einer freien und sozialen Erziehung, insbesondere aber unter dem Einfluß des Gedankengutes der deutschen Jugendbewegung und der Vorstellungen von Wyneken und Lietz von einer autonomen „Jugendkultur".
Zu einem wichtigen Anregungspotential wurde für Golan auch die fortschrittliche russische (*Tolstoi, Schatzki, Uschinski,* u. a.) und die sowjetische Pädagogik, insbesondere letztere, und zwar vor allem zu der Zeit (etwa seit Ende der zwanziger Jahre), als diese nach dem Durchgang durch ein Stadium der Richtungskämpfe zwischen liberaler Reformpädagogik und extremer „Sozialerziehung" unter Ausschluß der Familie die Züge einer eigenständigen, marxistisch orientierten Pädagogik (*Krupskaja, Makarenko* u. a.) annahm.
Entscheidenden Einfluß gewann schließlich die wissenschaftliche Psychologie, insbesondere aber die Psychoanalyse Sigmund Freuds und seiner Schule, mit der Golan in Berlin konfrontiert wurde; die allgemein starke Wirkung Freuds auf die Pädagogik seiner Zeit erreichte bei Golan eine außergewöhnliche persönliche Tiefe, da er in den Jahren 1929—1933 Mitarbeiter des Psychoanalytischen Instituts in Berlin war.
Die kurze Beschreibung der praktischen Erfahrungen und der theoretischen Auseinandersetzungen eines wichtigen Vertreters der Kibbutz-Pädagogik macht noch einmal deutlich, daß eine Theorie der Kibbutz-Erziehung erst auf einem relativ späten Stand der Entwicklung der Kibbutz-Bewegung (zur Zeit der konzentrierten Einwanderung deutscher und anderer mittel- und westeuropäischer Juden nach Palästina) Gestalt annahm.
Die erste systematische Darstellung der Grundlagen der Kibbutz-Erziehung wurde unseres Wissens im Jahre 1947 mit einem Sammelband unter dem Titel „Hachinuch Hameshutaf" — wörtlich „Die gemeinschaftliche Erziehung", ein Terminus, der sich zur Bezeichnung der Kibbutz-Erziehung allgemein durchgesetzt hat und von Golan (1958, 1959) mit „Collective Education" ins Englische übersetzt wurde — vorgelegt (*Zohar* 1947). Neben Menachem Gerson, der bis zu seiner Emigration nach Palästina als prominenter Führer der deutsch-jüdischen Jugendbewegung in Berlin tätig war, und einigen anderen war Shmuel Golan der Hauptautor dieses Bandes. In den vierziger und fünfziger Jahren hat Golan eine Reihe weiterer Aufsätze veröffentlicht, die 1961 als Teil einer Werkausgabe zusammengefaßt wurden, der wiederum unter dem Titel „Hachinuch Hameshutaf" stand (*Golan* 1961) und zweifellos das grundlegende Kompendium der Theorie der Kibbutz-Erziehung geblieben ist, zumindest innerhalb des linksgerichteten Kibbutz-Artzi-Verbandes. Von den anderen Werken und von Autoren anderer Kibbutz-Verbände, die zur Weiterentwicklung des „Chinuch Ha-

meshutaf“ beigetragen haben, seien hier stellvertretend nur der Sammelband „Probleme der Kollektiverziehung“ (Tel Aviv 1951) und das Buch von J. Ron-Polani „Über die Erziehung im Kibbutz“ (Tel Aviv 1954) genannt. Darüber hinaus dienen eine Reihe von Zeitschriften der einzelnen Kibbutz-Verbände der ständigen Erörterung pädagogischer Fragen und dient ein zentrales Institut der großen Kibbutz-Verbände — gegenwärtig in Oranim unter der Leitung von M. Gerson, früher in Tel Aviv unter der Leitung von Shmuel Golan — der wissenschaftlichen Erforschung des „Chinuch Hameshutaf“.
Wenn sich die folgende kurze Charakteristik der Theorie der Kibbutz-Erziehung vorwiegend auf Shmuel Golan und andere Autoren des Kibbutz-Artzi-Verbandes stützt, so deshalb, weil hier in gesellschaftspolitischer und ideologischer Hinsicht am stärksten am Prinzip des „gedanklichen Kollektivismus“ festgehalten und am ehesten eine einheitliche Auffassung entwickelt worden ist.
Man könnte den „Chinuch Hameshutaf“ als den Versuch der Verwirklichung einer wissenschaftlich gelenkten und kontrollierten Kollektiverziehung und man muß ihn als einen der wenigen theoretischen und praktischen Versuche — neben Siegfried Bernfelds und Vera Schmidts Versuchen — einer Synthese von Marxismus (Sozialismus) und Psychoanalyse bezeichnen.

Unter dem Aspekt einer marxistischen Pädagogik sind unter anderem die folgenden Zielvorstellungen des „Chinuch Hameshutaf“ zu nennen: die „Vergesellschaftung“ der Erziehung durch die Befreiung der Frau von Haushalts- und Erziehungspflichten und Übertragung dieser Funktionen auf Institutionen der Gesellschaft; die Verwirklichung einer Einheit von Erziehung, Unterricht und produktiver Arbeit — von Golan (1961; 287 ff.) als Ideal der „synthetischen Erziehung“ bezeichnet —, wobei die Erziehung durch und zur Arbeit und zur „Disponibilität“ für gesellschaftliche Funktionen eine besondere Stellung einnimmt (vgl. das Prinzip der „Rotation“); die Herstellung einer Einheit von gesellschaftlichen und individuellen Interessen durch die Erziehung der jungen Generation zum freiwilligen Einsatz für und zur bewußten Identifizierung mit der Arbeiterklasse im ganzen und mit einer Gesellschaft ohne Privatbesitz und Klassengegensätze im besonderen, Aufgaben, die Golan (1961) mit den Begriffen der „sozialen Erziehung“ und der Erziehung zum „ideologischen Kollektivismus“ zu erfassen suchte.
Unter dem Aspekt einer psychoanalytisch orientierten Pädagogik sind unter anderen folgende Zielvorstellungen des „Chinuch Hameshutaf“ zu nennen: die Auflösung autoritärer Beziehungen zwischen Eltern (als Erziehern) und Kindern durch die Auflösung der ökonomischen und autoritativen Abhängigkeit der Kinder von den Eltern, insbesondere vom „patriarchali-

schen“ Vater, und durch die Emanzipation der Frau; die Abschwächung des ambivalenten Verhältnisses zwischen Eltern und Kindern durch eine Trennung zwischen Trägern „affektiver“ Funktionen (Eltern) und Trägern „disziplinierender“ Funktionen (Erzieher), insbesondere durch die Übertragung der konfliktbeladenen „Trieberziehung“ auf „objektive“, ausgebildete Erzieher (*Golan* 1959); die Verwirklichung einer optimalen Vermittlung zwischen möglicher Triebbefriedigung und notwendiger Frustration der Kinder durch Organisierung einer repressionsfreien Erziehung, durch eine „möglichst geringe Einschränkung der Aktivität“ der Kinder (*Freud*-Zitat in *Gerson* 1947), durch Anregung einer positiven Haltung der Kinder zu ihrem Körper, durch weitgehende Vermeidung von Strafen (*Zohar* 1947; 77—160) und durch die Ermöglichung „legitimer“, nicht mit Angst verbundener Aggression innerhalb der Kindergruppe (*Golan* 1958); schließlich die besondere Sorge um und prophylaktische Behandlung von schwierigen, emotional gestörten Kindern (*Golan* 1961, *Zohar* 1947).

Die Umsetzung der marxistischen (sozialistischen) und der psychoanalytisch orientierten Zielvorstellungen des „Chinuch Hameshutaf“ in die Praxis der Kibbutz-Erziehung ist, wie noch zu zeigen sein wird, nicht ohne gewisse Widersprüche vor sich gegangen. Trotzdem wird man ohne Übertreibung feststellen können, daß die Umsetzung marxistischer Zielvorstellungen in die Praxis im Kibbutz radikaler verwirklicht worden ist als in jenen Staaten, welche den Marxismus-Leninismus zu ihrer offiziellen „wissenschaftlichen Weltanschauung“ erklärt haben, und daß die Anwendung psychoanalytischer Erkenntnisse in der Erziehung im Kibbutz zum Teil mit einer Konsequenz durchgeführt wurde, die von den meisten Vertretern der Psychoanalyse nicht nachvollzogen oder etwa empfohlen wurde oder wird, insbesondere wo es um die frühe „Trennung“ des Kindes von der Mutter geht (*Fürstenau* 1967).

Zum zuerst genannten Aspekt der marxistisch orientierten pädagogischen Praxis seien nur die folgenden Punkte angeführt: die „Vergesellschaftung“ der Erziehung ist im Kibbutz durch die Organisierung eines Systems, das Kindergruppen auf allen Altersstufen von der Geburt bis zur Reife umfaßt, in einem Ausmaß vorangetrieben worden, das in kommunistischen Staaten schon aus ökonomischen Gründen schwer und jedenfalls erst nach vielen Jahrzehnten erreicht werden kann; die Einheit von Erziehung, Unterricht und produktiver Arbeit ist im Kibbutz durch die Schaffung einer „Kindergesellschaft“ und „Jugendgesellschaft“ mit unmittelbarem Kontakt zum Wirtschaftsleben des Kollektivs bis zu einem Grade verwirklicht worden, wie es vermutlich nur in einer kleinen, wenig komplexen Gesellschaft möglich ist; die Garantierung einer Einheit von individuellen und gesellschaftlichen Interessen ist im Kibbutz trotz zahlreicher Konflikte in einem Aus-

maße gegeben, wie es vermutlich nur in einer sozial homogenen, voluntativen und demokratischen Kommune denkbar ist.
Zum Komplex der psychoanalytisch orientierten pädagogischen Praxis sollen abschließend zwei Fragen erörtert werden: die Professionalisierung der Erziehung und die Widersprüchlichkeit der Trieberziehung.
Die Verlagerung der Erziehung von der Familie ins Kinderhaus und die Übertragung der meisten Erziehungsfunktionen von den Eltern auf pädagogisches Personal haben die beruflichen Erzieher zu den wichtigsten verantwortlichen Trägern der Erziehung gemacht. Die Erziehung ist dadurch zu einer öffentlichen Angelegenheit geworden, und die Kibbutz-Pädagogen sehen gerade in dieser Tatsache und in der damit verbundenen Kontrollierbarkeit der Erziehungsvorgänge einen großen Vorteil der Kollektiverziehung gegenüber der (isolierten) Familienerziehung (*Golan* 1959). Gleichzeitig mit der Professionalisierung der Erziehung wird diese von der Qualität der Ausbildung der Erzieher abhängig, und ein Problem besteht nicht nur im Kibbutz darin, daß die Ausbildung — nicht zuletzt wegen ihrer hohen Kosten — unzureichend ist, und daß Kinder darunter zu leiden haben; weitere Probleme bestehen unter anderem darin, daß Erzieher — und vor allem unzureichend ausgebildete — persönliche Konflikte in die berufliche Arbeit hineintragen oder die Spannung zwischen beruflicher „Rolle“ gegenüber fremden und elterlicher „Rolle“ gegenüber den eigenen Kindern nicht verkraften. Diese Probleme werden im Kibbutz nicht übersehen, und es sind neben den allgemeinen Bemühungen um bessere Ausbildung der Erzieher insbesondere zwei Wege, auf denen versucht wird, die Professionalisierung zu einem positiven Element der Erziehung zu machen. Der eine Weg besteht in der Anregung eines Systems der engen und vertrauensvollen Zusammenarbeit zwischen Eltern und Erziehern und der Vermittlung einer breiten pädagogischen Bildung an alle Erwachsenen (vgl. Kap. III, 4). Der zweite Weg besteht in dem intensiven Anschluß der Kibbutz-Pädagogik an die „Child-Guidance“-Bewegung; die Aktivitäten der Child-Guidance-Clinics der Kibbutz-Bewegung — eine dieser Kliniken ist dem Lehrerseminar in Oranim angeschlossen — und ihrer Mitarbeiter, die ihrerseits Verbindungsleute unter den Erziehern in zahlreichen Kibbutzim haben, gelten sowohl der Beratung und dem „in-service-training“ der Erzieher selbst als auch der Überwachung der Kibbutz-Kinder, der Früherkennung und prophylaktischen Behandlung emotionaler und anderer Entwicklungsprobleme. Auf diese Weise ist in der Kibbutz-Bewegung ein ausgedehnter psychologischer und psychotherapeutischer Beratungsdienst im Entstehen, der, wenn man die Größenverhältnisse berücksichtigt, nirgendwo in der Welt seinesgleichen hat (*Nagler* 1969).
In einem gewissen Zusammenhang mit dem Problem der Professionalisierung steht auch das Problem der Trieberziehung. Die Kibbutz-Pädagogik erhofft

sich, wie erwähnt, von der Übertragung der Reinlichkeitserziehung und der sexuellen Erziehung auf „objektive" Erzieher und von der konsequenten Koedukation der Kinder in Altersgruppen eine optimale Verwirklichung einer „natürlichen" Trieberziehung durch deren Befreiung von emotionalen Konflikten und autoritären Praktiken, die in der Familienerziehung nicht kontrollierbar sind. Wer allerdings im Kibbutz die Verwirklichung einer „antiautoritären" Sexualerziehung im Stile von Wilhelm Reich erwartet, wird enttäuscht (*Zentralrat* 1969). Es gab unseres Wissens innerhalb der Kibbutz-Bewegung nur vereinzelte Versuche einer radikal uneingeschränkten Trieberziehung, die nicht weiter verfolgt wurden, weil sie zeigten, daß die Vernachlässigung des „sozialen Lernens" die Kinder von einem bestimmten Alter an („Latenzperiode") in Schwierigkeiten und Konflikte mit sich selbst und mit den Normen eines an „Kooperation" orientierten Gruppenlebens brachten; über einen derartigen Versuch berichtet Lizzi Rosenberger (1965; 53 f.). Im übrigen war es gerade die Lehre Freuds (und auch die Lehre des jungen W. Reich), die es den Kibbutz-Pädagogen geraten erscheinen lassen konnte, einen mittleren Weg zwischen „Befreiung" und „Sublimierung" der kindlichen Sexualität zu suchen. Die vorliegenden Forschungsberichte — Faigin 1958, Irvine 1952 und 1966, Spiro 1958 u. a. — bestätigen, daß die Reinlichkeitserziehung im Kibbutz liberal gehandhabt wird, und daß Onanie und Exhibitionismus, heterosexuelle Aktivitäten und Daumenlutschen von den Erziehern als zur normalen Entwicklung der Kinder gehörige Erscheinungen betrachtet und nur minimal (vor allem durch Ablenkung auf andere Aktivitäten) eingeschränkt werden, wie es die Theorie der Kibbutz-Erziehung verlangt.
Dennoch ist die Praxis der Trieberziehung im Kibbutz nicht ohne innere Widersprüche geblieben, die in zwei Richtungen hin charakterisiert werden können. Kurzweil (1964; 156) hat festgestellt, die Kibbutz-Erziehung habe Freuds Warnungen vor den negativen Folgen der Triebunterdrückung mehr berücksichtigt als dessen Überzeugung, daß Erziehung Restriktionen notwendig mache. Bettelheim (1969; 149) hat diese Feststellung dahingehend zugespitzt, daß er vielen Kibbutz-Erziehern die Erkenntnis des grundsätzlich ambivalenten Charakters aller menschlichen Emotionen absprach und meinte, die Unsicherheit und Ängstlichkeit von Eltern und Erziehern in bezug auf bewußte Hilfestellung für Kinder bei der Beherrschung oder Sublimierung ihrer „Triebe" führe zu einer Belastung der Persönlichkeitsentwicklung. Die Unsicherheit von Eltern und Erziehern, die zweifellos verbreitet ist, könnte man allerdings auch ganz anders deuten, indem man argumentiert, daß sie die geringe Überzeugtheit vieler Erwachsener von der Richtigkeit einer repressionsfreien Trieberziehung spiegelt. Diese Interpretation könnte unter anderem mit dem Hinweis auf die puritanischen Züge des Lebens im Kibbutz und der Anschauungen seiner Mitglieder unter-

stützt werden (*Talmon-Garber* 1965a); in der Tabuisierung der Jugendsexualität (vgl. Kap. IV, 6) wird dieses Problem besonders deutlich. In diesem Zusammenhang ist es auch aufschlußreich festzustellen, daß trotz der im allgemeinen liberalen Trieberziehung in der vorschulischen Erziehungsphase Kibbutz-Kinder im Alter von vier bis fünf Jahren in ihren Vorstellungen über Sexualität und Geburt, d. h. in ihrer weitgehenden Unwissenheit über biologisch-physiologische Tatsachen, vollständig übereinstimmen mit familienerzogenen Kindern in Israel (*Kreitler/Kreitler* 1966).

Man könnte die Frage stellen, ob der „Chinuch Hameshutaf" eine nachträgliche Rechtfertigung einer ökonomisch und ideologisch bedingten Praxis oder einen einheitlichen „Entwurf" für eine zukünftige Praxis darstellt. Die voraufgegangenen Darlegungen haben jedenfalls deutlich gemacht, daß das Verhältnis zwischen Theorie und Praxis in der Kibbutz-Erziehung von einer gewissen Spannung und von zahlreichen Problemen bestimmt wird. Im übrigen ist die Kibbutz-Pädagogik nie mit dem Anspruch aufgetreten, ein „Modell" für andere Gesellschaften zu schaffen, und es ist auch nicht die Absicht dieser Darstellung, sie als Modell vorzuführen. Kibbutz-Pädagogen erhoffen sich allerdings von dem entwickelten System der Kooperation zwischen den drei Erziehungsfaktoren Altersgruppe, Berufserzieher und Eltern die Verwirklichung eines „glücklicheren Lebens für die Kinder" (*M. Segal* in *Neubauer* 1965; 4).

Wenn im folgenden versucht wird, die Auswirkungen der marxistisch und psychoanalytisch orientierten Kibbutz-Erziehung insbesondere am Beispiel der Familienerziehung und der Beziehungen zwischen Eltern und Kindern zu analysieren, so muß bei allem Interesse für die Frage der Alternativen zur traditionellen Familienerziehung in unserer Gesellschaft immer bewußt bleiben, daß der Kibbutz aus einer einmaligen historischen Konstellation heraus entstanden und zu nicht übertragbaren Formen der Organisierung sozialer und erzieherischer Prozesse im Rahmen einer homogenen ländlichen Kommune gelangt ist.

III. Die Familie als Erziehungsfaktor in der frühen Kindheit

1. Der äußere Rahmen für die Eltern-Kind-Beziehung im kollektiven Erziehungssystem

Im Kibbutz ist die Auflösung der formalen Organisation der Familie in einem Ausmaße fortgeschritten, wie es nur in einer Gesellschaft möglich ist, die auf der Gemeinsamkeit von Besitz, Produktion und Konsum aufbaut. Eine wirtschaftliche Abhängigkeit besteht nur zwischen Einzelnem und Kollektiv, nicht aber zwischen Mann und Frau; der ökonomische (und soziale) Status einer Frau verändert sich nicht, wenn sie unverheiratet oder geschieden ist. Ebensowenig hängt das Kind direkt von seinen Eltern ab; ein Kind geschiedener oder verstorbener Eltern verliert nichts von der Versorgung, Ausbildung und Erziehung, die der Kibbutz allen Kindern im gleichen Ausmaß und in der gleichen Qualität gewährt. Man könnte höchstens von einer indirekten Abhängigkeit des Kindes von der Mitgliedschaft der Eltern im Kibbutz und ihrer Arbeit für den Kibbutz sprechen; ein unmündiges Kind folgt grundsätzlich seinen Eltern, wenn sie den Kibbutz verlassen. Andererseits kann man in Kibbutzim auch elternlose Kinder und Kinder, deren Eltern in der Stadt leben, finden — nach Angaben der Erziehungsabteilung des Kibbutz-Artzi-Verbandes waren 1969 unter den 3858 Schülern der 26 Sekundarschulen dieses Kibbutz-Verbandes 219 Kinder der Jugendaliyah (Organisation für minderjährige Neueinwanderer) und 265 andere auswärtige Kinder —; sie genießen die gleichen Rechte wie die im Kibbutz geborenen Kinder, werden im allgemeinen von einer bestimmten Familie „adoptiert" und können sich als Erwachsene für die Mitgliedschaft im Kibbutz entscheiden. Die Propagierung einer (allerdings nur pädagogischen, nicht juristischen) Adoption im Kibbutz spricht für die große Bedeutung, die man der individuellen Bindung zwischen Erwachsenen und Kindern im Rahmen einer Familie auch innerhalb eines Systems der kollektiven Altersgruppenerziehung zuweist; vergleichbare Tendenzen lassen sich in der Sowjetunion beobachten (*Liegle* 1970; 24).

Die Unabhängigkeit der Kibbutz-Familie von wirtschaftlichen Faktoren drückt sich auch in der Bestimmung der Familiengröße aus; der Lebensstandard aller Familien ist gleich hoch, unabhängig von der Kinderzahl;

er hängt nur von der Produktionskraft der Siedlung ab; Kinder stellen daher für die Eltern keine wirtschaftliche Belastung dar; die Geburtenkontrolle ist von wirtschaftlichen Erwägungen unabhängig. Da in der Periode der Konsolidierung der Kibbutz-Bewegung das Hauptreservoir des Migliederzuwachses nicht mehr die Jugendbewegung, sondern der natürliche Nachwuchs der Kibbutz-Familien ist, hat sich im Zusammenhang mit der familienfördernden Einstellung des Kibbutz, der Steigerung des kollektiven Lebensstandards und der Unabhängigkeit der einzelnen Familie von wirtschaftlichen Erwägungen die Tendenz zur großen Familie (mit drei und mehr Kindern) entwickelt (*Talmon-Garber* 1959b). Nach Angaben des israelischen Zentralen Büros für Statistik lag die Geburtenrate in den Kibbutzim mit 27 auf 1000 Einwohner höher als der Durchschnitt (22,8), der vor allem von der Großstadtbevölkerung Tel Avivs (14,5 Geburten auf 1000 Einwohner) heruntergedrückt wird (The Israel Economist, 1969, Nr. 11, S. 313). Die Auflösung der wirtschaftlichen Einheit der Kibbutz-Familie findet einen weiteren Ausdruck in den Wohnverhältnissen; jedem Elternpaar steht, unabhängig von der Kinderzahl, eine kleine Wohnung mit ein bis zwei Zimmern zur Verfügung; die Kinder wohnen — außer in einigen wenigen Kibbutzim — nicht in der Wohnung der Eltern, sondern in den gemeinschaftlichen Kinderhäusern. Während im ersten Lebensjahr des Kindes die Pflege der Mutter — im Rahmen des Kinderhauses — überwiegt, verbringt das Kibbutz-Kind grundsätzlich die meisten Stunden des Tages und die Nacht in den kollektiven Erziehungsinstitutionen in kleinen Gruppen (vier bis sechs Kinder) gleichaltriger Kinder unter der Pflege ausgebildeter Kibbutz-Mitglieder.

Um ein Bild vom täglichen Leben des Kibbutz-Kindes zu vermitteln, wird im folgenden ein Schema des Tagesablaufs gegeben, zunächst für den Säugling bis zum sechsten Monat, dem Ende der Stillperiode:

Um sechs Uhr morgens kommen die Mütter ins Säuglingshaus; sie stillen ihr Kind, legen es trocken und bringen es wieder ins Bett; um neun Uhr werden die Säuglinge von der „Metapelet" (Kinderpflegerin) oder von der Mutter gebadet und gewickelt. In Abständen von drei bis vier Stunden folgen die nächsten Mahlzeiten mit anschließenden Schlafperioden. Gegen fünf Uhr kommen die Eltern ins Säuglingshaus, um ihr Kind für zwei Stunden nach Hause zu nehmen und sich dort mit ihm zu beschäftigen. Gegen sieben Uhr bringen die Eltern das Kind ins Säuglingshaus zurück und zu Bett; für die jüngsten Kinder folgt um zehn Uhr eine fünfte Mahlzeit. Für die Nacht ist ein System der Wache mit einem zentralen Abhörgerät entwickelt worden, das jeden Laut aus den Kinderhäusern auffängt und der Wache haltenden Metapelet die Möglichkeit gibt, jedem Kind im Falle der Not zu helfen.

Nach der Entwöhnung ändert sich der Tagesablauf folgendermaßen: Die drei Hauptmahlzeiten um acht, zwölf und fünf Uhr werden im Kinderhaus vorwiegend von der Metapelet gegeben. Bis zum Abschluß der Entwöhnung besuchen die Mütter morgens und mittags ihr Kind im Kinderhaus. Die Perioden des Spiels sind sehr ausgedehnt, vor allem bis zum Mittagessen, wobei jedoch auf das Schlafbedürfnis des einzelnen Kindes Rücksicht genommen wird. Das Spiel der jüngsten Kinder ist meistens „freies Spiel“, während bei den älteren Kindern ein ebenso großer Teil beaufsichtigtes Einzel- und Gruppenspiel üblich ist. Nach dem Mittagessen folgt für alle Kinder ein zweistündiger Mittagsschlaf. Die Zeit vom Abendbrot (17.00 Uhr) bis zum Schlafengehen (19.00 Uhr bzw. 20.00 Uhr) verbringen die Kinder im Zimmer ihrer Eltern; bis zum Alter von eineinhalb Jahren bringen in allen Kibbutzim die Eltern ihre Kinder im Kinderhaus selbst zu Bett, während die älteren Kinder in einem Teil der Kibbutzim von der Metapelet zu Bett gebracht werden; in einigen dieser Kibbutzim ist es üblich geworden, daß Eltern ihre Kinder, nachdem sie von der Metapelet zum Schlafen gelegt wurden, noch kurz besuchen und verabschieden. Grundsätzlich ist jedoch vom zweiten Lebensjahr des Kindes an der Kontakt mit den Eltern auf wenige Stunden am Tage beschränkt. Am Schabbath und an Feiertagen allerdings ist der Kontakt zwischen Eltern und Kindern auch auf den Vormittag und die Mahlzeiten (im Speisesaal des Kibbutz) ausgedehnt, und an Werktagen können auch außerhalb der angegebenen Zeiten die Mutter oder der Vater, wenn sie in die Nähe des Kinderhauses kommen, das Kind besuchen.

Die beschriebene Auflösung der formalen Familienorganisation kennzeichnet die Kibbutz-Familie als ein extremes Beispiel einer Freizeitfamilie; das Zusammensein der Familie beschränkt sich wirklich auf die täglichen Freizeitstunden, während die ökonomische Einheit der Familie und die Wohngemeinschaft von Eltern und Kindern aufgelöst sind. Es handelt sich beim Kibbutz um eine Gesellschaft, in der jede Frau — außer im ersten Lebensjahr ihres Kindes — voll arbeitstätig ist; neuere Tendenzen gehen allerdings dahin, Frauen mit mehreren Kindern eine reduzierte Arbeitszeit einzuräumen. Im übrigen wird aber das Maß der Arbeitstätigkeit der jungen Mutter und des Kontakts zwischen Mutter und Kind im Kibbutz nicht von der einzelnen Familie, sondern für alle Mitglieder gleichermaßen bestimmt; diese Anordnung schränkt die Handlungsfreiheit des Einzelnen ein, sie ermöglicht andererseits eine „öffentliche“ Kontrolle der Kinderpflege zugunsten des Kindes, die dazu geführt hat, daß der Kibbutz keine Fälle von Vernachlässigung der Kinder, Verwahrlosung und Grausamkeit kennt und im internationalen Vergleich die niedrigste Quote der Säuglingssterblichkeit aufweist (*Nagler* 1963).

Das Gelingen des Systems der kollektiven Erziehung setzt die Identifikation der Eltern mit dem Kibbutz und mit der Kollektiverziehung voraus, und auch bei grundsätzlicher Identifikation hängt die Befriedigung der Eltern von vielen Faktoren ab, ebenso, wie die gesunde Persönlichkeitsentwicklung des Kindes von der Qualität der außerfamiliären Pflege und Erziehung etc. abhängt. Gerade das Problem der weitgehend außerfamiliären Pflege und Erziehung des kleinen Kindes und seiner Übernachtung im Kinderhaus ist eine der am meisten diskutierten Fragen bei Eltern und Erziehern im Kibbutz, der ein eigenes Kapitel (III, 3) gewidmet werden soll. Es wurde bereits darauf hingewiesen, daß der Stellung der Familie im Kollektiv und ihrer Beteiligung an der Kindererziehung kein feststehendes Programm, sondern eine dynamische gesellschaftliche Entwicklung zugrunde liegt. Wenn im folgenden die Bedeutung der Familie für die Erziehung des kleinen Kindes und die Probleme der außerfamiliären Erziehung beschrieben werden, so gibt diese Beschreibung den heute weitgehend charakteristischen Entwicklungsstand wieder und weist daneben auf einige der bestehenden Unterschiede in den verschiedenen Kibbutz-Verbänden hin. Es kann jedoch kein Zweifel daran bestehen, daß gerade bezüglich des Kleinkindalters weitere Veränderungen in Richtung auf eine Erweiterung des Einflußbereiches der Familie zu erwarten sind. Hohe Funktionsträger der Kibbutz-Erziehung, bislang allerdings nur Vertreter des der Mapai angeschlossenen Ichud-Verbandes, haben die Möglichkeit nicht ausgeschlossen, daß die Kleinkinderziehung in die Familie zurückverlegt werden könnte (*Horowitz* 1963). In diesem Kibbutz-Verband wird zur Zeit (1966) eine repräsentative Untersuchung durchgeführt, die die Familienprobleme aufs neue erforschen und aufgrund von Elternbefragungen und anderen Erhebungen zu neuen Lösungsvorschlägen führen soll.

2. Die Mutter-Kind-Beziehung im ersten Lebensjahr und Probleme der frühkindlichen Kollektiverziehung

Die junge Kibbutz-Mutter ist nach der Geburt ihres Kindes sechs Wochen lang von jeglicher Arbeit befreit; ohne die Belastung eines Familienhaushalts kann sie ihre ganze Zeit und Kraft dem neugeborenen Kind widmen, allerdings vorwiegend im Rahmen des Säuglingshauses, wo ihr Kind mit drei bis fünf weiteren Säuglingen unter der Aufsicht einer ausgebildeten Säuglingspflegerin lebt. Nach diesen sechs Wochen arbeitet die Mutter bis zum sechsten Monat nur vier Stunden, so daß sie fast die ganze Zeit, in der der Säugling wacht, mit diesem verbringen kann.

Der wichtigste Kontakt zwischen Mutter und Kind besteht in dieser Periode im Stillen; mit Vorbereitungen und zusätzlichem „Gespräch“, mit anschließendem Wickeln und anderen Aktivitäten zieht es sich jedesmal (am Anfang sind es fünf Mahlzeiten) über etwa eine Stunde hin. In vielen Kibbutzim war es üblich, daß alle jungen Mütter einer Gruppe von Säuglingen gemeinsam in einem Raum des Säuglingshauses stillten; man sah darin eine Erlösung für die Mutter gegenüber der Einsamkeit und Anspannung der Mutter im Einzelhaushalt und sah im gemeinsamen Gespräch zwischen den stillenden Müttern, das manchmal auch von dem Besuch eines Vaters unterbrochen wurde, einen Ausdruck der partnerschaftlichen, kooperativen Gesellschaft. Heute zeigt sich, vor allem bei den Müttern der zweiten Generation, der Wunsch nach größerer Intimität und nach Ruhe für den Säugling, der durch den umgebenden Lärm bei der Nahrungsaufnahme abgelenkt werden kann; man gibt auf Wunsch den stillenden Müttern in einem bestimmten Rhythmus einen abgeschlossenen Raum, zu dem nur der Vater des Säuglings Zutritt hat. — Die Stillperiode wird im allgemeinen so lange wie möglich hingezogen und gilt als Grundlage für die gesunde Entwicklung des Kindes und die Entstehung eines engen Bandes zwischen Mutter und Kind, das durch keine andere Bindung ersetzt werden kann. In einem offiziellen Programm für die Erzieher im Kibbutz-Artzi-Verband, der grundsätzlich am stärksten an kollektivistischen Zügen der Erziehung festhielt, heißt es über die Mutter-Kind-Beziehung im ersten Lebensjahr:

„Das seelische Band, das im ersten Lebensjahr zwischen Mutter und Kind geschaffen wird, bildet die ständige Basis für das Gefühl der Sicherheit des Kindes. Die Erziehung im Säuglingshaus muß alles tun, um dieses Band sich entwickeln zu lassen. Zu diesem Zweck ist die Mutter zu ermuntern, ihr Kind so lange wie immer möglich zu stillen.“ Wenn eine Mutter nicht stillen kann, sind ihr zeitlich und räumlich die gleichen Bedingungen für den Kontakt mit dem Säugling einzuräumen. Weiter heißt es in dem Programm: „Es ist Aufgabe des Säuglingshauses, für das Alleinsein der Mutter mit ihrem Kind während der Stunden des Stillens möglichst bequeme Bedingungen zu garantieren“ (*Arachot Hachinuch Hameshutaf* 1965).
Im Gegensatz zu aus Nordamerika bekannten Zahlen scheint der überwiegende Teil der Kibbutz-Mütter wirklich an einer ausgedehnten Stillperiode von etwa sechs Monaten festzuhalten (*Bettelheim* 1962). Eine neuere Vergleichsuntersuchung in 46 Kibbutz-Familien und 85 Stadtfamilien in Israel ergab, daß im Kibbutz in keinem Fall, in der Stadt jedoch in 12 Fällen auf das Stillen ganz verzichtet wurde; demgegenüber wurden 34 Kibbutz-Kinder — fast drei Viertel der Untersuchungsgruppe —, aber nur 21 Stadtkinder — weniger als ein Viertel der Untersuchungsgruppe — drei und mehr Monate lang gestillt (*Kohen-Raz* 1968; 500).

Auch während der Zeit der Entwöhnung wird der jungen Mutter möglichst viel Gelegenheit gegeben, ihr Kind zu besuchen, zu füttern, zu wickeln und zum Schlafen zu legen. Bis zum Ende des ersten Lebensjahres des Kindes kehrt die Mutter stufenweise zu ihrem vollen Arbeitstag zurück, und die Pflege des Kindes geht allmählich in die Hände der Metapelet über; bis zu diesem Zeitpunkt werden der Mutter außerhalb der täglichen „Familienstunden" morgens und mittags Arbeitspausen zu Besuchen im Kinderhaus eingeräumt, und bis zum Alter von eineinhalb Jahren bringt die Mutter ihr Kind abends selbst zu Bett. Grundsätzlich jedoch beschränkt sich vom zweiten Lebensjahr des Kindes an der Kontakt mit der Mutter vorwiegend auf die täglichen Familienstunden am Nachmittag.
Dieser Übergang von der intensiven und ausgedehnten Stillperiode über die Entwöhnung zum auf zwei Stunden beschränkten Kontakt mit der Mutter und zur Übernahme der Pflege durch die Metapelet — ein Übergang, der sich im Laufe von etwa sechs Monaten vollzieht — gilt allgemein als die schwerste Belastungsprobe für das kleine Kind und für die junge Mutter, und von der Bewältigung dieser „Krise" hängt in nicht geringem Maße die gesunde Persönlichkeitsentwicklung des Kindes und die innere Befriedigung der Mutter innerhalb des Systems der Kollektiverziehung ab.
Um den Übergang von der mütterlichen Pflege zur Pflege des Kindes durch die Metapelet zu erleichtern, werden folgende Maßnahmen getroffen: a) man trägt Sorge dafür, daß die Kontinuität der Metapelet von der Zeit der Entwöhnung bis zum Ende des zweiten Lebensjahres gewahrt wird, so daß neben der Mutter auch die Metapelet innerhalb einer längeren Zeitspanne für das Kind zu einer vertrauten Gestalt werden kann; der häufige Wechsel der Metapelet, der in vielen Kibbutzim wegen des Arbeitskraftmangels und des damit zusammenhängenden Einsatzes ungelernter Aushilfskräfte üblich gewesen war, hatte sich nachteilig auf die Entwicklung der Kinder ausgewirkt (*Nagler* 1963b) und war zum Gegenstand der Kritik vieler junger Mütter geworden; b) man betont die Einrichtung des „offenen Kinderhauses", die das Kinderhaus dem ständigen Zutritt der Mutter und der übrigen Familienmitglieder öffnet, so daß diesen ein Gefühl der Zugehörigkeit und der Teilnahme am täglichen Leben des Kindes und dem Kind ein Gefühl des „Zuhause" leichter vermittelt werden kann. „Das Säuglingshaus erfüllt seine Pflicht nicht, wenn es nur allein für den Säugling sorgt; nicht weniger muß es für die Mutter sorgen. Die Entwicklung des Säuglings hängt über die Maßen von der Beziehung zu seiner Mutter ab ... Wenn wir wollen, daß es dem Säugling gut geht im Kinderhaus, so ist es notwendig, daß sich auch die Mutter selbst (dort) wohlfühlt ... Das Säuglingshaus im Kibbutz ist kein Krankenhaus und keine Institution — es ist ein Haus, ein ‚Zuhause' für Säugling und Mutter zugleich." Dieses Programm der Kibbutz-Erziehung (*Golan* 1961; 147) zeigt das Bestreben, trotz

der Übertragung der Pflegefunktionen auf die Metapelet die Beziehung zwischen Mutter und Kind so eng wie möglich zu erhalten; zu diesem Zweck wird die Kooperation zwischen Eltern und Erziehern zum ersten Grundsatz der Kibbutz-Erziehung gemacht. Das Kinderhaus im Kibbutz ist keine unpersönliche „Institution", in der Eltern ihre Kinder „abliefern", sondern einer seiner ständigen Lebensmittelpunkte, der mit dem Elternhaus in einer engen Verbindung steht.

Auch außerisraelische Psychologen, Kinderpsychiater und Soziologen haben nach eingehendem Studium der Kibbutz-Erziehung den grundsätzlichen Unterschied festgestellt, der zwischen dem Kinderhaus im Kibbutz und den „Institutionen" für Kinder in anderen Gesellschaften besteht: sie haben die reichen Möglichkeiten des Kontaktes mit den Eltern, die enge und systematische Zusammenarbeit zwischen Eltern und Metapelet, die Hingabe, Wärme und individuelle Pflege der Metaplot, die außergewöhnliche Kleinheit der Kindergruppen (vier bis sechs Kinder), die Mannigfaltigkeit der Umgebung des Kinderhauses und seine Hygiene, die Zugehörigkeit von Eltern und Erziehern zur selben voluntativen, kooperativen Gesellschaft des Kibbutz und andere Merkmale des Kinderhauses betont und davor gewarnt, im Falle des Kibbutz-Kindes von einer „Institutionalisierung" zu sprechen (*Eisenberg/Neubauer* 1965, *Irvine* 1952 und 1966, *Rabin* 1965, *Spiro* 1958). Der bekannte amerikanische Verhaltensforscher Fritz Redl hat den Kibbutz-Pädagogen bescheinigt, daß „allein schon die Kleinheit Ihrer Kindergruppen in sich eine Errungenschaft ist, die alles übertrifft, was ich jemals erlebt habe. Es spricht beredter als alles andere für die ungemeine Redlichkeit, mit welcher Sie die Bedürfnisse geistig-seelischer Gesundheit Ihrer kleinen Kinder berücksichtigen" (Zit. in *Neubauer* 1965; 41). Einen der deutlichsten Beweise für das unterschiedliche Verhältnis zwischen Kibbutz-Familie und Kinderhaus einerseits, Familie und „Institution" in anderen Gesellschaften andererseits mag man schon darin erblicken, daß die Kibbutz-Mutter im Kinderhaus sogar ihr Kind stillt, wie es oben beschrieben wurde.

Trotz dieser unterscheidenden Merkmale des Kinderhauses im Kibbutz von anderen „Institutionen" der öffentlichen Kinderpflege bleibt jedoch die Tatsache bestehen, daß das Kibbutz-Kind von Geburt an nicht in der ausschließlichen Pflege seiner Mutter aufwächst, und daß es, besonders vom Zeitpunkt der Entwöhnung an, in zwei Lebensmittelpunkten, nämlich Elternhaus und Kinderhaus, lebt und von mehreren Muttergestalten, nämlich der biologischen Mutter und der Metapelet, betreut wird. Es stellt sich die Frage, ob das Kibbutz-Kind innerhalb dieses Erziehungssystems eine „normale" psycho-physische Entwicklung durchmacht, oder ob es aufgrund der teilweisen Trennung von der Mutter, der Aufteilung der Mutterrolle in mehrere Gestalten und aufgrund des früheren Gruppenlebens Züge

der „Institutionalisierung" oder des „Hospitalismus" zeigt, wie z. B. Entwicklungsretardierungen in Sprache, Intelligenz, Reinlichkeit, motorischer Fähigkeit, Soziabilität, Emotionalität. Bei dieser Fragestellung sollte unterschieden werden zwischen unmittelbaren Wirkungen des Systems selbst, Auswirkungen, die auf die verschiedene Qualität der Ausführung und Erfüllung des Systems zurückgehen, und mittelbaren Wirkungen auf das Kind über die positiven bzw. negativen Einstellungen der Eltern. Mit diesen Unterscheidungen wird auf die Ergebnisse interkultureller Untersuchungen hingewiesen, denen zufolge auch die Krisen der Persönlichkeitsentwicklung kulturell bedingt sind, und denen zufolge der „Erfolg" eines Erziehungssystem entscheidend von dessen Einbettung in einen sozial-kulturellen Sinnzusammenhang abhängt (*Erikson* 1950, *Rapaport* 1958). Die Einstellung der Kibbutz-Eltern, insbesondere der Mütter, zum Kibbutz und zur Kollektiverziehung wird daher einen wichtigen Faktor in der Persönlichkeitsentwicklung des Kibbutz-Kindes darstellen, der in einem eigenen Kapitel beschrieben werden soll. Wenn man von der psychologisch gesicherten Tatsache ausgeht, daß die frühe Kindheit und insbesondere das erste Lebensjahr eine entscheidende Bedeutung für die Entwicklung der Persönlichkeit haben, und daß eine mangelhafte Verwirklichung der „Mutter-Kind-Identität" (*Erikson* 1950) und sicherer „erster Objektbeziehungen" (*Spitz* 1959) diese Entwicklung im ganzen — und nicht nur während der frühen Kindheit selbst — negativ beeinflussen, so muß man das entscheidende Problem des Systems der Kibbutz-Erziehung in der zeitlichen und räumlichen Einschränkung der Mutter-Kind-Beziehung und in der Vielfalt der sozialen Objekte vom Zeitpunkt der Geburt an sehen. Bei einer gründlicheren Analyse der Kibbutz-Erziehung wird man allerdings zu der Überzeugung gebracht, daß die „selbstverständliche" Anwendung von Vorstellungen über die notwendige „Identität" bzw. die schädliche „Trennung" in den Bereich der kulturell bedingten Urteile und Vorurteile gehört. Im Hinblick auf den Kibbutz hat selbst John Bowlby, sonst ein entschiedener Verfechter einer ausschließlich mütterlichen Pflege kleiner Kinder, mit Zustimmung die Feststellung amerikanischer Forscher zitiert, daß „Trennung" (separation) ein „relatives Konzept darstellt, und daß die Trennung, wie sie im Kibbutz in Erscheinung tritt, nicht mit der Trennung von Kindern identifiziert werden sollte, welche in Pflegeheimen oder Institutionen ohne Verbindung mit ihren Eltern erzogen werden" (*Bowlby* 1965; 49).
Eine konkrete Veranschaulichung dieser Feststellung findet sich in den Untersuchungen von H. B. und J. L. Gewirtz (1968, 1969). In einer Analyse der Quantität sozialer Kontakte zwischen Kindern und Erwachsenen in der „Pflegesituation" des Kibbutz kamen die Autoren zu dem Ergebnis, daß Kleinkinder zwar 25 bis 40 % ihrer Wachzeit „allein" waren (d. h. ohne Erwachsene im Rahmen der Kindergruppe), daß sie jedoch während der

ersten acht Monate ihres Lebens ihre Mutter doppelt so viel Zeit sehen wie die Metapelet (*Gewirtz/Gewirtz* 1968). Bei ihrer zweiten Analyse, welche in einem Vergleich von Kibbutz, Kinderinstitution und Privatfamilie (innerhalb Israels) die entscheidenden Formen des „sozialen Lernens" des Kindes im Kontakt mit Erwachsenen — Füttern, sprachliche Anregung und Lächeln — zu quantifizieren suchte, gelangten die Autoren zu folgendem Ergebnis: „Die durchschnittlichen Häufigkeiten im Lächeln und Vokalisieren liegen bei institutionalisierten Kindern um etwa die Hälfte niedriger als in den anderen Umgebungen (einschließlich des Kibbutz; Anm. d. Verf.). Umgekehrt sind Kinder in Institutionen ihrerseits der niedrigsten Rate des Sprechens und Lächelns von Erwachsenen ausgesetzt. Mütter von Einzelkindern scheinen die höchste allgemeine Häufigkeit des Sprechens zu ihren Kinder zu zeigen, während Kibbutz-Mütter ihre Kinder mehr anzulächeln scheinen als Mütter in städtischen Familien" (*Gewirtz/Gewirtz* 1969; 244). Da sozialpsychologische Vorgänge wie die des „smiling" (von seiten Erwachsener) und des „smiling response" (von seiten der Kinder) gerade von den Verfechtern einer ausschließlich mütterlichen Kleinkinderziehung zu einem wesentlichen Faktor der Sozialisierung des Kindes erklärt wurden (*Spitz* 1946b), müssen umgekehrt die zitierten Forschungsergebnisse über den Kibbutz die immanente Schlußfolgerung von Spitz u. a. erschüttern, nur die ausschließliche Familienerziehung bzw. eine ausschließliche Ich-Du-Beziehung könne eine Pflegesituation garantieren, die den Bedürfnissen kleiner Kinder nach Umgang und Identifizierung mit Erwachsenen entspreche. Vielmehr scheinen die Bedürfnisse des Kindes unter bestimmten günstigen Bedingungen auch von mehreren Pflegepersonen („multiple mothering") befriedigt werden zu können, insbesondere dann, wenn diese Pflegepersonen bewußt und ständig kooperieren und das Kind, wie Eisenberg und Neubauer (1965) vermutet haben, in die Lage versetzen, in seinem Bewußtsein eine widerspruchsfreie Einheit der „Muttergestalten" herzustellen.
Die Annahme der Möglichkeit für das kleine Kind, mehrere Muttergestalten in die Persönlichkeitsentwicklung zu integrieren, widerspricht der einseitigen Betonung der ausschließlichen Bedeutung der Beziehungen zwischen Kind und biologischer Mutter in der Kinderpsychologie; sie bestätigt dagegen eine Bemerkung von M. Mead, derzufolge interkulturelle Untersuchungen zu dem Schluß führen, „daß die Eingliederung (in eine Kultur) sich am leichtesten gestaltet, wenn das Kind von mehreren warmherzigen Personen (einschließlich der biologischen Mutter, zu welcher der tägliche Kontakt erhalten bleibt) betreut wird" (*Mead* 1954; 477). Im übrigen wächst auch in der gewöhnlichen Familiensituation das kleine Kind nicht in einer ausschließlichen Beziehung zur Mutter auf; neben Vater und Geschwistern gehören Verwandte und Bekannte der Eltern, Hauspersonal oder wechselnde „Babysitter" zu seiner täglichen Erlebniswirklichkeit; selbst das Stillen

wurde um die letzte Jahrhundertwende noch in vielen bürgerlichen Familien von einer Amme übernommen, zu der sich eine gleich starke emotionale Beziehung wie gegenüber der biologischen Mutter entwickeln konnte.
Die Beurteilung eines Erziehungssystems ist nicht möglich, wenn sie allein auf einer Analyse der äußeren Bedingungen und der internen sozialen Prozesse basiert. Es ist vielmehr notwendig, die Auswirkungen des Erziehungssystems auf die geistig-seelische Entwicklung derjenigen zu untersuchen, die von ihm geprägt werden, und die „Produkte" dieses Erziehungssystems mit den systemimmanenten Zielvorstellungen, aber auch mit den „Produkten" andersartiger Erziehungssysteme — nach Möglichkeit innerhalb derselben Kultur — zu vergleichen. Die gegenwärtige Forschungslage erlaubt es, auch unter dem zuletzt genannten Gesichtspunkt zu einer ersten objektiven Beurteilung der Kibbutz-Erziehung zu gelangen.
Bis vor etwa zehn Jahren ist eine Reihe von unsystematischen und nichtrepräsentativen Untersuchungen und Berichten außerisraelischer Forscher und Journalisten veröffentlicht worden, die den Eindruck entstehen ließen, daß Kibbutz-Kinder in ihrer psycho-physischen Entwicklung hinter familienerzogenen Kindern zurückbleiben und Züge der Institutionalisierung und des Hospitalismus zeigen, die auf das kollektivistische System der Erziehung, insbesondere auf einen Mangel an mütterlicher Pflege der Kinder zurückzuführen seien (*Caplan* 1954, *Kardiner* 1955, *Merlin* 1957, *Woolf* 1955 u. a.). Demgegenüber zeitigten neuere Untersuchungen, die zum Teil auf repräsentativem und vergleichendem klinischen Material (*Kaffman* 1961, 1963, 1965a, 1965b; *Nagler* 1963b, 1969), zum Teil auf der Anwendung verschiedener psychologischer Testverfahren in Vergleichsgruppen von Kibbutz- und Nicht-Kibbutz-Kindern beruhten (*Rabin* 1957 a, 1958 a, 1965, 1968 a; *Kohen-Raz* 1968), wesentlich differenziertere und den früheren Untersuchungsergebnissen im ganzen entgegengesetzte Ergebnisse.
In einer systematischen Untersuchung von 403 Kibbutz-Kindern, die in der Child Guidance Clinic zweier Kibbutz-Verbände behandelt wurden, stellte Kaffman (1961) fest, daß diese in ihrer Sprache, Motorik, Reinlichkeit, Aggression, Furcht etc. einen den städtischen Kindern im allgemeinen vergleichbaren Entwicklungsstand aufwiesen; der einzige auffallende Unterschied zeigte sich im häufigeren und längeren Daumenlutschen der Kibbutz-Kinder, das auf die im Kibbutz übliche, gewährende Haltung von Eltern und Erziehern zurückgeführt werden konnte; die Kibbutz-Kinder zeigten andererseits, dank der Gruppenerziehung, weniger Eßschwierigkeiten.
Vier Prozent aller Kibbutz-Kinder bedurften bis 1962 klinischer Beratung und Behandlung; mit dieser Zahl sind dank der öffentlichen Gesundheitskontrolle fast alle Fälle von pathogenen Störungen der Persönlichkeitsentwicklung bei Kibbutz-Kindern erfaßt. Vergleichszahlen aus städtischen Umgebungen schwanken zwischen ein und vierzig Prozent, da eine öffentliche

Kontrolle fehlt und die Inanspruchnahme eines Nervenarztes oder einer Child Guidance Clinic dem Ermessen der Eltern weitgehend überlassen bleibt (*Kaffman* 1963). Das gesamte klinische Erfahrungsmaterial zeigt, daß die Lebensbedingungen und die menschlichen Beziehungen innerhalb der kollektiven Erziehungsinstitutionen fast nie einen pathogenen Faktor für das Kibbutz-Kind darstellen (*Horowitz* 1963, *Nagler* 1963 a/b). Die wenigen feststellbaren pathogenen Wirkungen des Systems der kollektiven Erziehung scheinen auf einen häufigen Wechsel des Pflegepersonals einerseits, auf problematische Beziehungen zwischen Eltern und Erziehern andererseits zurückzuführen zu sein.

Die Ergebnisse einer außerklinischen, empirischen, wenn auch nicht repräsentativen Untersuchung, die sich mit der Persönlichkeitsentwicklung des Kibbutz-Kindes beschäftigt, scheinen in einem gewissen Widerspruch zu den erwähnten repräsentativen klinischen Befunden zu stehen: A. I. Rabin (1958a) untersuchte 24 Kleinkinder im Alter zwischen 9 und 17 Monaten mit Hilfe der Griffiths Scales for Infants und 40 Kinder im Alter von 9 bis 11 Jahren mit Hilfe der Vineland Social Maturity Scale, beide ergänzt durch kurze case-stories jedes Kindes. Rabin kam zu dem Ergebnis, daß die Kibbutz-Babies in bezug auf „motorische" und „persönlich-soziale" Fähigkeiten, auf „Sprache und Hören" und auf die „Hand-Auge-Koordination" gewisse Entwicklungsretardierungen aufwiesen im Vergleich zu einer Kontrollgruppe von Nicht-Kibbutz-Babies (familienerzogene Kinder aus den israelischen Moshavim); die zehnjährigen Kibbutz-Kinder zeigten dagegen eine entsprechende, ja zum Teil überlegene Persönlichkeitsentwicklung im Vergleich zu einer Kontrollgruppe zehnjähriger Nicht-Kibbutz-Kinder. Rabin sieht einen Kausalzusammenhang zwischen der Entwicklungsretardierung des kleinen Kibbutz-Kindes und dem vielfältigen Erwachsenenumgang, der vor allem durch den Wechsel der Metaplot verursacht wird; andererseits betont Rabin nachdrücklich die von einer Institutionalisierung bzw. „deprivation" deutlich abweichenden Züge des Erziehungssystems im Kibbutz, die dieser mehr der Familiensituation als der „Institution" annähern; unter anderem nennt Rabin als Faktoren die geringe Größe der Kindergruppen, Kontinuität der Interaktion zwischen Erwachsenen und Kind, Wärme und Intensität der emotionalen Reaktionen der Erwachsenen, Mannigfaltigkeit der Anregungen in der Umgebung des Kindes, insbesondere aber die starke und kontinuierliche emotionale Bindung des Kibbutz-Kindes an seine Eltern. Zudem stimmen die Untersuchungsergebnisse Rabins bezüglich der älteren Kibbutz-Kinder mit den oben mitgeteilten klinischen Befunden und auch mit den Untersuchungen von *Caplan* (1954) und *Spiro* (1958) überein und zeigen, daß nachhaltige Wirkungen der teilweise außerfamiliären Erziehung in der späteren Persönlichkeitsentwicklung des Kibbutz-Kindes nicht festzustellen sind. In einer später veröffentlichten testpsychologischen Studie gelangte Rabin zu dem Ergebnis, daß Kibbutz-Kinder nicht erst im Alter von 10, sondern bereits im Alter von fünf Jahren „das intellektuelle Defizit der frühen Jahre überwunden haben“ (*Rabin* 1968; 423); ihre sprachliche Produktivität in der Abfassung der Geschichten im Children-Apperception-Test und die Aktivität, die sie den Helden ihrer Geschichten zuschrieben, lagen im Niveau teilweise sogar höher als bei den Moshav-Kindern gleichen Alters, die als Kontrollgruppe dienten.

Aufgrund der widersprüchlichen Befunde in verschiedenen Phasen der Entwicklung des Kibbutz-Kindes stellt sich die Frage, ob für das Kibbutz-Kind die Anfangsperiode der Identifizierung mit mehreren Muttergestalten, insbesondere aber die Periode des Übergangs von einer überwiegend mütterlichen Pflege zur überwiegenden Betreuung durch die Metapelet, die mit der ersten Untersuchungsphase Rabins (9 bis 17 Monate alte Kinder) übereinstimmt, eine sozial-kulturell bedingte „Krise“ der Persönlichkeitsentwicklung darstellt, die in sich keine pathologische Erscheinung sein muß (*Rabin* 1958a, *Rapaport* 1958b). In diesem Sinne würde der Durchgang durch diese „Krise“ zur Persönlichkeitsentwicklung des Kindes notwendig dazugehören, insoweit als das Kind zu einer „normalen“ Persönlichkeit innerhalb der Kultur des Kibbutz heranwachsen soll.

Diese zunächst einleuchtende Interpretation wird durch die jüngste testpsychologische Untersuchung über die Entwicklung von Kibbutz-Kindern (*Kohen-Raz* 1968) in Frage gestellt. Durch sie wird die Vermutung nahegelegt, daß Rabins Befunde einer (allerdings punktuellen, nicht nachhaltigen) Entwicklungsretardierung bei Kibbutz-Babies teilweise aus einer negativen Zufallsauswahl der Untersuchungsobjekte, teilweise aus einer einseitigen Wahl von psychologischen Testmethoden erklärt werden können. Zunächst ist von Bedeutung, daß Kohen-Raz (1968) in seiner Vergleichsstudie ein wesentlich größeres Sample erfaßt als Rabin (1958a), nämlich 130 Kibbutz-Kinder, 79 Kinder in „Institutionen“ und 152 Kinder aus städtischen Mittelschichtfamilien in Israel, alle im Alter zwischen 1 bis 27 Monaten. Darüber hinaus hält Kohen-Raz die Anwendung der „Bayley Mental and Motor-Tests“ in Verbindung mit einer Variante der von Guttman zu diesen entwickelten Skalen für zuverlässiger als die Testmethoden von Rabin — „Vineland Social Maturity Scale“ und „Griffiths Scales for Infants“. Kohen-Raz’ Untersuchungsergebnisse besagen, daß „die kollektive Erziehung im Kibbutz keine negative Auswirkung auf die geistige und motorische Entwicklung kleiner Kinder hat. Im Gegenteil scheinen Kibbutz-Kinder zuweilen sogar etwas überlegen zu sein, sogar im Vergleich mit Kleinkindern aus Privathäusern mit Eltern, die vorwiegend über akademische oder halbakademische Bildung verfügen“ (*Kohen-Raz* 1968; 502). Zur Methodologie stellt der Autor fest: „Da Rabins Ergebnisse dem widersprechen, wollen wir noch einmal bemerken, daß das Sample unserer Studie viel größer und repräsentativer ist, und daß ein besser standardisiertes Instrumentarium und empfindlichere Methoden, nämlich eine Skalogramm-Analyse, angewendet wurden." Der Autor kommt zu dem Schluß, daß „der offenkundige Gegensatz zwischen dem Vorsprung der Kibbutz-Kinder und der Retardierung bei institutionalisierten Kindern keine der früher unternommenen Versuche zu rechtfertigen scheint, eine enge Ähnlichkeit zwischen der Kinderpflege in Institutionen und in der kollektiven Erziehung (des Kibbutz; Anm. d. Verf.) zu konstatieren" (*Kohen-Raz* 1968; 502).

Solange keine noch repräsentativeren und anders lautenden Forschungsergebnisse veröffentlicht werden, kann man aufgrund des vorliegenden klinischen und testpsychologischen Materials davon ausgehen, daß das kollektive Erziehungssystem im Kibbutz eine „normale" Persönlichkeitsentwicklung — auch im Vergleich zur Entwicklung familienerzogener Kinder — zu garantieren in der Lage ist; negative Befunde wie jene von Rabin (1958a) können, insofern sie nicht schon von den Erhebungsmethoden her anfechtbar sind, eher auf eine unbefriedigende Praktizierung dieses Systems in einzelnen Kinderhäusern bzw. Kibbutzim als auf das System im ganzen zurückgeführt werden.

Der Nachweis, daß die „kollektive" Erziehung — mit ihren von der Geburt des Kindes an zusammenwirkenden Faktoren der Familie, der professionellen Pflegerinnen und der Altersgruppe — „erfolgreich" ist, ändert indes nichts an der Tatsache, daß auch innerhalb dieses Systems die Ausbildung der Mutter-Kind-Identität und die Kontinuität der Mutter-Kind-Beziehung die ersten und wichtigsten Grundlagen einer gesunden Persönlichkeitsentwicklung darstellen. Soweit Kibbutz-Kinder Entwicklungsretardierungen und emotionale Störungen zeigen, sind diese, wenn man von Mängeln in der Pflegesituation einzelner Kinderhäuser absieht, vor allem aus Konflikten in den Ehe- und Familienbeziehungen und aus falschen Einstellungen von Eltern gegenüber ihrem Kind zu erklären; obwohl das Kinderhaus nach der Entwöhnung zeitlich-räumlich den Mittelpunkt des kindlichen Lebens darstellt, scheint das Elternhaus der emotionale Mittelpunkt zu bleiben, dessen Spannungsfeld den ersten und wichtigsten pathogenen Faktor für das Kind bildet (*Kaffman* 1965a, 1965b). Es gibt jedoch keine Anzeichen dafür, daß, quantitativ betrachtet, das Erziehungssystem des Kibbutz pathogene Wirkungen der innerfamiliären Beziehungen begünstigt; die relativ niedrige Quote emotionaler Entwicklungsstörungen bei Kibbutz-Kindern und die Analyse des vorliegenden Materials legen den Schluß nahe, daß im Gegenteil die vielfältigen emotionalen Beziehungen des Kibbutz-Kindes zur Mutter und zur Metapelet die Fixierung auf einen pathogenen Faktor erschwert: „Es scheint, daß ein befriedigendes, vielfältiges Beziehungssystem mit festen Objekten als ausgleichender Einfluß gegen einen eventuellen pathogenen Konflikt wirken kann. Die emotionale Gesundheit des Kindes scheint dabei in einem geringeren Maße von dem ausschließlichen Einfluß und den Belastungen der Eltern-Kind-Beziehung abhängig zu sein" (*Kaffman* 1963; 178). Außerdem schafft die öffentliche Organisation der Erziehung im Kibbutz mehr Möglichkeiten, in das Verhalten der Eltern durch Beratung, u. U. durch psychiatrische Familientherapie, regulierend einzugreifen, als dies außerhalb des Kibbutz der Fall ist.

Wie die Eltern und die innerfamiliären Beziehungen den entscheidenden pathogenen Faktor bei Entwicklungsstörungen des Kibbutz-Kindes darstellen, so scheinen andererseits die Eltern und die innerfamiliären Beziehungen auch für die gesunde emotionale Entwicklung des Kindes die entscheidende Bedeutung zu haben. Bei der Behandlung der Eltern-Kind-Beziehung kommt Kaffman aufgrund seines klinischen Erfahrungsmaterials zu der Schlußfolgerung: „Trotz der wesentlichen Rolle der Metaplot und Erzieher, sowohl in bezug auf die Qualität ihrer Aufgaben als auch in bezug auf das Maß der mit dem Kind verbrachten Zeit, stellen doch die Eltern für das Kind die bedeutendsten Gestalten in seinem Leben dar ... Im Kibbutz bilden, wie in der traditionellen Familiensituation, die Eltern die entscheidendsten und beständigsten Objekte emotionaler Bindung (*Kaffman* 1963; 172). Der Autor berichtet außerdem von der Beobachtung einer Reihe von Familien, die den Kibbutz aus verschiedenen Gründen für einige Jahre verließen, in dieser Zeit ein „privates" Familienleben führten und dann in den Kibbutz zurückkehrten. Entgegen den Erwartungen, im traditionellen Familienrahmen müßten sich die Beziehungen verändern, zeigte sich, daß „in beiden Umgebungen die Kibbutz-Eltern immer wieder die bedeutendsten Objekte der Liebe sind, und es kann kein hervorstechender Wandel in der Qualität und den Merkmalen der Eltern-Kind-Interaktion festgestellt werden" (*Kaffman* 1965b).

Schon das kleine Kibbutz-Kind scheint allen vorliegenden Beobachtungen zufolge die verschiedenen Muttergestalten deutlich zu unterscheiden und in seiner emotionalen Identifikation die eigene Mutter vor allen anderen Erwachsenen eindeutig vorzuziehen. Die emotionale Grundlage der Mutter-Kind-Identität, die in den ersten Lebensmonaten durch die ausgedehnte Stillperiode gelegt wurde, ist unvergleichlich tiefer und persönlicher als die mehr diffuse Identifizierung mit der Metapelet bzw. mehreren Metaplot. Das Kind muß die Metapelet im Rahmen des Kinderhauses mit vier oder fünf anderen Kindern „teilen", die Metapelet kann sich neben ihrer Hausarbeit demnach verhältnismäßig wenig um das einzelne Kind kümmern; die Rolle der Metapelet ist vorwiegend sachlich-objektiv, den Kindern gegenüber fordernd bestimmt und grundsätzlich auswechselbar, ihre pflegerisch-emotionale Rolle aber muß auf mehrere Kinder „gerecht" verteilt sein. Demgegenüber erlebt das Kind die Mutter, sowohl bei ihren Besuchen im Rahmen des Kinderhauses als auch besonders im Zimmer der Eltern, als „mein", und die Mutter widmet gerade ihm und vorwiegend ihm ihre ganze Liebe und Fürsorge; die Rolle der Mutter, im Gegensatz zur Rolle der Metapelet vorwiegend emotional-persönlich bestimmt und unauswechselbar, ist dem Kind gegenüber weniger fordernd als gewährend (*Bar-Yoseph* 1959, *Faigin* 1958). Diese Rollenbestimmung der Mutter wird durch das System der Kollektiverziehung, das die regulierenden Erziehungsfunktionen, wie Reinlichkeitstraining und übrige Trieberziehung, grundsätzlich auf die Metapelet überträgt, besonders stark betont.

Manche Beobachter haben aufgrund ihres Beobachtungsmaterials die Vermutung geäußert, daß gerade die tägliche, zeitlich-räumliche Trennung des Kibbutz-Kindes vom Elternhaus die Intensität der Eltern-Kind-Beziehung steigert, indem Eltern und Kind die bevorstehende Begegnung und die täglichen Familienstunden mit Vorfreude antizipieren (*Irvine* 1952).

Die Existenz einer tiefen und unverwechselbaren Bindung des kleinen Kindes an seine Eltern drückt sich für den Außenstehenden nicht zuletzt in der Herzlichkeit und Zärtlichkeit der Begrüßung und Verabschiedung der Eltern im Kinderhaus aus, wie z. B. beim abendlichen Zubettbringen. Während der Abschied des Kindes von der Metapelet zwar oft auch herzlich ist, ist er im allgemeinen kurz und heiter. Der Abschied von den Eltern zieht sich dagegen oft über eine halbe Stunde hin und ist nicht selten von Tränen begleitet, die die Eltern zurückhalten sollen. Das Zubettbringen des Kindes durch die Eltern nimmt unter Umständen doppelt so viel Zeit in Anspruch wie das Zubettbringen der ganzen Kindergruppe durch die Metapelet (*Spiro* ²1965; 58).

Das Zeugnis eines Vaters mag ein abschließendes Bild davon geben, wie spezifisch schon im ersten Lebensjahr des Kibbutz-Kindes die Eltern-Kind-Beziehung, trotz der weitgehend außerfamiliären Pflege und Erziehung, ausgeprägt ist:

„Als mein Kind erst sechs Monate alt war, zeigte es schon größeres Entzücken, wenn es mich oder seine Mutter durch das Netz seiner Krippe sah, als wenn es seine Pflegerin sah. In diesem Alter konnte es selbstverständlich noch nichts von seiner Beziehung zu mir wissen. Es kannte mich nur als einen Menschen, der mit ihm täglich eine kurze Zeit — längere Zeit am Schabbath — spielt und es zum Schlafen ins Bett legt. Daß es seine Pflegerin den ganzen Tag sah, bedeutete gar nichts. Wir haben beobachtet, daß die kollektive Erziehung unserer Kinder die gegenseitige Liebe von Eltern und Kindern nicht geschwächt, sondern tatsächlich verstärkt hat. Dies ist kein Wunder. Es ist richtig: Eltern haben wegen ihrer Arbeit nur eine beschränkte Spanne am Tag Zeit für ihre Kinder. Aber gerade deswegen ist dieses Zusammensein intensiver, hat es einen tieferen Einfluß auf das Kind ... Für die Kinder wird das Treffen mit den Eltern die glücklichste Stunde des Tages. Es ist unverkennbar, daß im Kibbutz, ebenso wie anderwärts, die Eltern ein wesentlicher Faktor in der Erziehung sind" (Zit. in *Wolffheim* 1963).

3. Die Einstellungen der Eltern zum kollektiven Erziehungssystem, mit besonderer Berücksichtigung der Frage der „kollektiven Übernachtung" von Kindern im Kinderhaus

Wenn das Kibbutz-Kind, wie wir im voraufgehenden Kapitel zu zeigen versuchten, die Beziehung zu mehreren Muttergestalten in seine Persönlichkeitsentwicklung zu integrieren vermag, so stellt sich andererseits die Frage, inwieweit die Mütter selbst innerhalb dieses Systems in ihrer Mutterrolle befriedigt werden. Das Maß der Befriedigung oder Enttäuschung der Mutter bildet zugleich einen wichtigen Faktor für die Sicherheit des Kindes; wenn die Vorstellung von der „Mutter-Kind-Identität" *(Erikson)* ihre Berechtigung hat, so müssen sich innere Unzufriedenheit und Enttäuschung der Mutter zwangsläufig auch auf das Kind übertragen und seine Sicherheit gefährden. Eine Mutter, die unter der täglichen, zeitlich-räumlichen Trennung von ihrem Kind leidet, wird ängstlich sein um seine richtige Behandlung im Kinderhaus, wird es zuhause übermäßig beschützen und verwöhnen und sich und dem Kinde die abendliche Trennung vor der Übernachtung im Kinderhaus schwer machen (*Spiro* ^{2}1965; 58 ff.).
Unter diesem Aspekt könnte die „Trennung" mehr das „Problem der Mutter" als dasjenige des Kindes darstellen, auch in dem Sinne, daß diese gegenüber ihrem Kind ein schlechtes Gewissen entwickelt, da sie ihm nicht ihre ganze Aufmerksamkeit widmet. Sicherlich aber entscheidet die Identifizierung bzw. Nicht-Identifizierung der Mütter mit der Aufteilung der Mutterrolle über die Annehmbarkeit bzw. Unannehmbarkeit dieses Systems.
Die Frage der Identifizierung stellt sich zunächst grundsätzlich in der Form der Bejahung oder Verneinung der kollektiven Erziehung des kleinen Kindes überhaupt, d. h. der Beschränkung des Familienzusammenseins auf wenige Stunden, der Arbeitstätigkeit der Mutter, der Übertragung der pflegerischen Funktionen auf die Metapelet. Erst an diese grundsätzliche Frage schließt sich die zusätzliche nach der Identifizierung mit der für die Kollektiverziehung charakteristischen Übernachtung der Kinder im Kinderhaus an, die die Trennung des Kindes von der Mutter verschärft.
Über die Frage der grundsätzlichen Identifizierung mit der Kollektiverziehung liegt bislang wenig Befragungsmaterial vor, u. a. vielleicht deshalb, weil man bei der bestehenden Freiwilligkeit der Mitgliedschaft von der Annahme ausgehen kann, daß nur derjenige im Kibbutz lebt, der sich mit der Erziehungsform dieser Gesellschaft identifiziert. Es wurde bereits be-

tont, daß die Aufteilung der Mutterrolle im Zusammenhang mit der vollen Arbeitstätigkeit der Frau als wirtschaftliche Notwendigkeit und als eines der grundlegenden gesellschaftlichen und ideologischen Prinzipien des Kibbutz gilt. Wer diese Prinzipien nicht annähme, könnte folgerichtig den Kibbutz nur verlassen, um außerhalb des Kibbutz ein privates Familienleben zu führen, oder aber ohne innere Befriedigung aus verschiedenen Gründen das Leben im Kibbutz fortsetzen. Eine systematische Auswertung der Fälle von Fluktuation aus dem Kibbutz, die bislang nicht unternommen worden ist, würde wohl ergeben, daß die Ablehnung der Kollektiverziehung von seiten der Mütter, insbesondere jener, die ein privates Familienleben kennen gelernt haben, in der Tat einer der entscheidenden Faktoren für das Verlassen des Kibbutz ist; in einer Reihe von Einzelfällen konnte diese Vermutung bestätigt werden.

Eine andere Möglichkeit, die bei der Frage der grundsätzlichen Identifizierung mit der Kollektiverziehung berücksichtigt werden muß, besteht darin, daß Mütter sich nur bedingt oder nicht identifizieren, daß ihre Nicht-Identifizierung jedoch nicht zu einer Veränderung der Situation (Reform des bestehenden Erziehungssystems bzw. Verlassen des Kibbutz) führt, da die Männer am bestehenden System und am Leben im Kibbutz festhalten wollen; unter der Trennung vom Kind leiden diese weniger als die Mütter. Eine derartige Tendenz hat sich etwa bei der Abstimmung über die Frage der Einführung der familialen Übernachtung in einem Kibbutz-Verband gezeigt, wo die Frauen, die in ihrer Mehrheit die familiale Übernachtung der Kinder befürworteten, von den Männern, die sich in ihrer Mehrheit für die kollektive Übernachtung einsetzten, überstimmt wurden (*Talmon-Garber* 1959c).

Bei einer repräsentativen Elternbefragung in diesem Kibbutz-Verband („Ichud") ergab sich, daß Frauen grundsätzlich mehr zu familialen Einstellungen neigen als Männer. Diese familiale Tendenz scheint sich wiederum stärker in der ersten Generation als bei den bereits im Kibbutz geborenen und erzogenen Müttern zu zeigen. Es läßt sich aus diesen Befunden die Hypothese ableiten, daß mehr Frauen als Männer und daß mehr Mütter der ersten als Mütter der zweiten Kibbutz-Generation kritische Einstellungen zur Kollektiverziehung zeigen.

Schließlich muß bei der Frage nach der Identifizierung mit der Kollektiverziehung die gesellschaftliche Entwicklung der Kibbutzim berücksichtigt werden. Es wurde im historischen Überblick darauf hingewiesen, daß die unmittelbare Identifizierung mit dem Kollektiv am stärksten in der revolutionären Anfangsperiode der Kibbutz-Bewegung ausgeprägt war, während die Vergrößerung und Konsolidierung der Siedlungen die unmittelbare Identifizierung des Einzelnen mit dem Kollektiv abschwächte und individualistische und familiale Tendenzen hervorbrachte. Im Zusammenhang mit

dieser Entwicklung wurde der Abstand zwischen Elternhaus und kollektiven Erziehungsinstitutionen immer kleiner, der Einflußbereich der Eltern in der Erziehung immer größer. Man kann daher von der Hypothese ausgehen, daß im heutigen Kibbutz die Befriedigung individueller emotionaler Bedürfnisse im Familienkreis einen bedeutenderen Platz einnimmt als in der familienfeindlichen Anfangsperiode. Eine grundsätzliche Identifizierung mit dem Kibbutz müßte von daher gesehen familiale Forderungen und Tendenzen, auch in bezug auf das Erziehungssystem, nicht ausschließen.
Das d. Verf. zugängliche Untersuchungsmaterial erfaßt bezüglich der Frage der grundsätzlichen Identifikation mit der Kollektiverziehung nur die Mütter der zweiten Generation; die Haltung der Mütter der ersten Generation muß daher ihrer Stellungnahme zur spezifischen Frage der Übernachtung der Kinder entnommen werden. Die Untersuchungsergebnisse über das Ausmaß der Identifizierung der jungen Mütter der zweiten Generation mit dem System der Kollektiverziehung im Kibbutz ergeben das folgende Bild:
Bei einer Befragung von 400 jungen Müttern aus 17 Kibbutzim gaben 87 % an, daß sie im Kibbutz ihren Lebensweg sehen; 80 % bejahten die Kollektiverziehung, 17 % standen ihr kritisch, aber nicht negativ, 3 % negativ gegenüber (*Katz* 1964). Bei einer Befragung von 123 jungen Müttern bejahten 78 % die Kollektiverziehung, und fast alle glaubten, daß es ihren Kindern in der Kollektiverziehung gut gehe (*Rabin* 1964).
Mit großer Übereinstimmung scheinen demnach die jungen Mütter die Kollektiverziehung zu bejahen, ihre eingeschränkte Mutterrolle zu akzeptieren und von dem Wohlbefinden ihrer Kinder im Kinderhaus überzeugt zu sein. Man darf bei dieser grundsätzlichen Fragestellung jedoch nicht vergessen, daß sie auf spezifische Probleme einer bestimmten Altersstufe, z. B. des Kleinkindalters, keinen Bezug nimmt. Es ist kein Zufall, daß auf die Frage, welchem Teil der Kollektiverziehung gegenüber die Kritik überwiege, 78 % der kritischen Kibbutz-Mütter das Säuglings- und Kleinkindalter nannten (*Rabin* 1964). Man muß ferner die psychologische Tatsache berücksichtigen, daß die direkte Frage nach der grundsätzlichen Haltung zur Kollektiverziehung von einem „guten Kibbutznik" schwerlich negativ beantwortet werden kann; dabei dürfte der Unterschied nicht erheblich sein, ob die Frage von einem Vertreter des Kibbutz gestellt wird (wie in der ersten Befragung), dem gegenüber „Konformität" geraten erscheinen kann, oder ob sie von einem „Außenseiter" gestellt wird (wie bei der zweiten Befragung), dem gegenüber man geneigt sein könnte, die internen Schwierigkeiten aus Loyalität zum Kibbutz zu verbergen. Der direkten und grundsätzlichen Fragestellung ist daher die spezifische Fragestellung nach der Organisation der Übernachtung u. U. überlegen in ihrer Möglichkeit, spontane Stellungnahmen der Befragten herauszufordern. — Schließlich muß bei den genannten Befragungsergebnissen berücksichtigt

werden, daß sie nur Material aus einem einzigen Kibbutz-Verband, dem Kibbutz Artzi Hashomer Hatzair, bieten, der gegenüber den übrigen Kibbutzim den „ideologischen Kollektivismus“ am deutlichsten vertritt, und in dem familiale Tendenzen bislang weniger in Erscheinung getreten sind als in anderen Kibbutz-Verbänden, der derartigen, eventuell auftretenden Tendenzen jedenfalls am wenigsten nachgegeben und ein allgemeines Bewußtsein der Notwendigkeit der Kollektiverziehung zu schaffen versucht hat.

Es ist zu vermuten, daß eine wesentlich größere Zahl von Müttern sich für die volle mütterliche Pflege des kleinen Kindes bis zum dritten Lebensjahr einsetzen würde, wenn diese Lösungsmöglichkeit in den Kibbutzim zur Diskussion stehen und nicht auf so große organisatorische, ökonomische und prinzipielle Schwierigkeiten stoßen würde. So lassen sich denn in den Zeitschriften der Kibbutz-Verbände, auch des Kibbutz Artzi Hashomer Hatzair, vereinzelte Diskussionsbeiträge junger Mütter finden, wie die folgenden:

„In den ersten Lebensjahren des Kindes ist es meiner Ansicht nach in erzieherischer Hinsicht verboten, eine Trennung zwischen Mutter und Kind zu setzen. Die Mütter werden bei dieser Trennung nicht glücklich. Die natürlichste und beste Erziehung in diesem Alter wird von der Mutter gegeben .... Das kleine Kind braucht nicht den ... ‚Existenzkampf‘, den es zuzeiten im Kinderhaus gibt.“ — „... Es ist besser, wenn das Kind in den ersten beiden Lebensjahren im Haus der Eltern lebt und diese für das Kind sorgen. Dies wird zwar zu technischen Schwierigkeiten führen, aber man muß damit fertig werden.“ — „Auch ich glaube, daß die Mutter ihr Kind bis zum dritten Lebensjahr pflegen muß. Viele Mütter würden ihren Kindern gerne mehr Pflege geben, als ihnen im Kinderhaus gegeben wird; daher ihre häufigen Besuche dort im Laufe des Tages und während der Arbeitsstunden“ (Zit. in *„Hachinuch Hameshutaf“* 52, 1963).

Die Argumente der Mütter, die für volle familiale Erziehung des kleinen Kindes eintreten, konzentrieren sich entsprechend den zitierten Äußerungen auf zwei Punkte: das Glück der jungen Mutter in der Nähe und eigenen Pflege des Kindes und das Bedürfnis des Kindes nach mütterlicher Nähe und Pflege. Beides sind „familiale“, teils persönlich-emotional, teils pädagogisch begründete Argumente, die aber die Bedürfnisse des Kollektivs, z. B. die volle Arbeitstätigkeit der Frau, nicht berücksichtigen. Die Mütter, die in dieser Grundsätzlichkeit eine Änderung der Kollektiverziehung wünschen, stellen nach den bisherigen Untersuchungsergebnissen nur eine kleine Minderheit dar, nicht zuletzt wohl aufgrund der erwähnten Tatsache, daß ökonomische Schwierigkeiten und ideologische Einwände die volle familiale Erziehung bislang nicht als realistische Lösungsmöglichkeit erscheinen lassen. Um so mehr konzentriert sich die Diskussion in den Kibbutzim auf das

Ausmaß des zeitlich-räumlichen Zusammenseins von Mutter und Kind. Die Frage, ob sie das Bedürfnis hätten, mehr Zeit mit ihren kleinen Kindern zu verbringen, als nach dem bisherigen System vorgesehen ist, wurde in der erwähnten Befragung von 93 % der Mütter bejaht; 20 % gaben zu, daß ihnen der Abschied von den Kindern nach den nachmittäglichen Familienstunden schwerfällt, und 45 % gaben an, daß sie ihr Kind, nachdem es im Kinderhaus von der Metapelet zu Bett gebracht worden ist, noch einmal besuchen (*Rabin* 1964).

Die Einräumung dieser zusätzlichen Besuchsmöglichkeit weist — neben anderen Zugeständnissen in der Erweiterung der Familienkontakte im Laufe der letzten Jahre — auf starke familiale Bedürfnisse der Kibbutz-Mitglieder und eine allgemeine, familienbetonte Entwicklung in den Kibbutzim hin. Zur wichtigsten Frage in diesem Zusammenhang ist die Organisation der Übernachtung der Kinder geworden.

In über 90 % aller Kibbutzim leben und übernachten die Kinder von Geburt an nicht im Elternhaus, sondern in den kollektiven Erziehungsinstitutionen. Zweifellos stellt diese Einrichtung die bedeutendste organisatorische Veränderung gegenüber dem normalen Familienleben dar. Sie bildet gegenüber der außerfamiliären Erziehung des Kindes während des größten Teils des Tages, wie sie bei Arbeitstätigkeit der Frau auch in anderen Gesellschaften verbreitet ist, einen entscheidenden Schritt zur Trennung des Kindes von der Familie und zu seiner kollektiven Erziehung. Es ist daher kein Zufall, daß sich an dieser Einrichtung immer wieder die Diskussion entzündet, angeregt vor allem durch die Mütter mit kleinen Kindern.

Zeugnisse aus internen Zeitschriften, die Veranstaltung von Symposien über das Problem der Übernachtung, die Bildung von Kommissionen zur Erforschung des Problems, interne Befragungen und empirische Untersuchungen deuten darauf hin, daß das Problem der „kollektiven Übernachtung“ einen Angelpunkt in der Auseinandersetzung zwischen Familie und Kollektiv, zwischen „natürlichen“, individuell-familialen Neigungen einerseits und ideologischem Bewußtsein der kollektiven Werte das Kibbutz andererseits darstellt. Allein die Existenz einer so ausgedehnten Diskussion beweist, daß die Sicherheit und allgemeine Überzeugung, mit der diese Einrichtung in der Pionier-Periode der Kibbutz-Bewegung akzeptiert wurde, beträchtlich schwächer geworden ist.

Die Diskussion um das Problem der Übernachtung trägt nicht nur und nicht im wesentlichen „organisatorischen“ Charakter, sondern ist zu einer Diskussion um die Einheit und Folgerichtigkeit der Erziehungsideologie und der nach ihr entworfenen Erziehungswirklichkeit geworden. Während der Kibbutz-Artzi-Verband in allen Siedlungen einheitlich an der kollektiven Übernachtung als unabdingbarem Bestandteil der Kollektiverziehung festhält, haben Vertreter der anderen Kibbutz-Verbände betont, „kollektive Erziehung" dürfe nicht einfach mit „kollektiver Übernachtung" identifiziert werden, und die familiale Übernachtung der Kinder bis zu einem gewissen Alter, vor allem aber in den ersten Lebensjahren, brauche die Kollektiverziehung nicht grundsätzlich in Frage zu stellen; die Entscheidung über die Form der Übernachtung müsse das Recht der einzelnen Siedlung und ihrer Mitglieder bleiben (*J. Messinger* in *„Igeret Lechinuch'* 1963). Einige Siedlungen haben von dem Entscheidungsrecht Gebrauch gemacht und auf Beschluß der Mitgliederversammlung die familiale Übernachtung eingeführt, einige, wie Dagania (der erste, 1909 gegründete Kibbutz), pflegten die Familienübernachtung von ihren Gründungstagen an.

Die Vertreter der Familienübernachtung innerhalb der Kibbutzim verweisen auf das Bedürfnis des kleinen Kindes und der jungen Mutter nach der Sicherheit und Befriedigung im zeitlich-räumlichen Zusammensein in der Familie, gerade auch in der Zeit des Einschlafens und während der Nacht, und halten die bisherige Lösung der nächtlichen Aufsicht im Kinderhaus für ungenügend für die Kinder, oder doch für unzumutbar für einzelne Kinder (*J. Messinger* in *„Igeret Lechinuch"* 1963). Demgegenüber sehen die Vertreter der kollektiven Übernachtung in der Familienübernachtung die Gefahr der Selbstisolierung der Frau im Familienrahmen, die daraus folgende Tendenz zur Passivität im gesellschaftlich-politischen Leben und zum Verzicht junger Mütter auf Weiterbildung aufgrund der Konzentration auf die Familie sowie die Tendenz zur Arbeitszeitverkürzung für Mütter zugunsten häuslicher Arbeit (*Horowitz* 1963).

Beide Haltungen scheinen, solange sie die Kollektiverziehung grundsätzlich bejahen, innerhalb der Kibbutz-Bewegung ihre Berechtigung zu haben. Die Erziehungswirklichkeit und die gesellschaftliche Wirklichkeit haben die vermutete Gegensätzlichkeit der beiden Organisationstypen *nicht* bestätigt. Zwar kann man, wie an empirischen Untersuchungsdaten noch zu zeigen sein wird, einen gewissen Zusammenhang zwischen den Forderungen nach Familienübernachtung und allgemeinen Tendenzen zur Abschwächung des ideologischen Bewußtseins feststellen. Dennoch hat in Siedlungen mit familialer Übernachtung die Arbeitszeit und die gesellschaftliche Aktivität der Mütter nicht in allen Fällen abgenommen; wenn man die Teilnahme der Frauen an politischen Aufgaben und die relative Teilnahme an den Mitgliederversammlungen in einzelnen Kibbutzim analysiert, so läßt sich das Steigen und Fallen der Aktivität und des „Pioniergeistes" von Siedlung zu Siedlung nicht an ihrer Organisationsform der Übernachtung, sondern eher an dem allgemeinen Integrationsgrad der Mitglieder in der Siedlungsgemeinschaft ablesen (*Dekel* 1960). Von Bedeutung ist auch die Herkunft der Siedler; eine Reihe von Kibbutzim mit Familienübernachtung setzen sich aus einer Mehrheit amerikanischer Siedler zusammen, die von einem starken Familienhintergrund herkommen. Andererseits ist es in derjenigen

Kibbutz-Organisation, die Siedlungen mit familialer und solche mit kollektiver Übernachtung vereinigt, zu einer empirisch nachweisbaren Erfahrung geworden, daß Kinder in den verschiedenen Organisationsformen der Übernachtung sich in ihrer psycho-physischen und sozialen Entwicklung nicht unterscheiden. Übereinstimmend können die Psychologen der Kibbutz-Bewegung aufgrund ihres klinischen Materials feststellen, daß sich in beiden Organisationsformen die kindliche Persönlichkeit in gleicher Weise entwickeln kann. Die Voraussetzung einer gesunden Persönlichkeitsentwicklung bzw. die Möglichkeit ihrer Gefährdung und Störung liegt entsprechend diesem Untersuchungsmaterial nicht in der Organisationsform der Übernachtung, sondern im Spannungsfeld der Beziehungen zwischen Eltern und Kindern (*Horowitz* 1963, *Nagler* 1963a). Auch die Eltern-Kind-Beziehung selbst scheint von der Organisationsform der Übernachtung nicht eindeutig beeinflußt zu sein; es gibt allerdings Anzeichen dafür, daß bei familialer Übernachtung aufgrund des intensiven zeitlich-räumlichen Zusammenseins die Eltern-Kind-Beziehungen zugleich enger und konfliktreicher werden, und daß diejenigen Eltern, welche die Familienübernachtung befürworten, die größere Nähe ebenso wie die größeren Konfliktmöglichkeiten bzw. die Austragung von Konflikten für wünschenswert halten (*Dekel* 1960).
Auf diesem Hintergrund müssen die im Befragungsmaterial ausgedrückten Einstellungen der Mütter zur kollektiven Übernachtung betrachtet werden. Wenn Kinder grundsätzlich in beiden Organisationsformen der Übernachtung ohne Schaden aufwachsen können, so wird die Identifikation der Mütter zu einem entscheidenden Faktor, vor allem im Falle der kollektiven Übernachtung; denn die Familienübernachtung stellt bislang eine außergewöhnliche Änderung im Sinne ausgesprochener Elternwünsche dar und darf demnach mit der Zustimmung der betreffenden Eltern rechnen.
In der Befragung von 123 jungen Müttern der zweiten Generation bejahte die überwiegende Mehrheit (über 70 %) die kollektive Übernachtung ihrer Kinder; 20 % gaben zu, daß es ihnen schwer fällt, sich abends von ihren Kindern zu trennen, und obwohl 80 % der Mütter das System der Nachtwache im Kinderhaus für befriedigend halten, können sich viele vor bisweiligen Angstgefühlen um das Kind nicht bewahren; mehr als ein Drittel gestanden derartige Angstgefühle offen ein (*Rabin* 1964).
Die 123 befragten Mütter teilen sich in zwei Untergruppen: 81 von ihnen wurden im Kibbutz geboren, 42 kamen zu einem späteren Zeitpunkt, als auswärtige Zöglinge oder durch Heirat, in den Kibbutz. Aus der überwiegenden Identifizierung beider Gruppen mit der Kollektiverziehung und mit der kollektiven Übernachtung ihrer Kinder ergibt sich, daß bei den Müttern mit privatem Familienhintergrund die Haltung zur Kollektiverziehung und zur kollektiven Erziehungspraxis in der Organisation der Übernachtung ebenso positiv erscheint wie die Haltung der im Kibbutz geborenen und

erzogenen Mütter; der erzieherische Rahmen des Kinderhauses wird von der überwiegenden Mehrheit der familial erzogenen Mütter nicht als schlechtere, enttäuschende Grundlage der Eltern-Kind-Beziehung und des Wohlbefindens des Kindes gewertet. Andererseits zeigt sich bei der Kritik einer Minderheit der im Kibbutz geborenen Mütter an der kollektiven Übernachtung eine Tendenz, die auch in anderen Befragungen sichtbar wurde: die Idealisierung der Familienerziehung aufgrund der Unterschätzung der Schwierigkeiten und Enttäuschungen, die das Familienleben der jungen Mutter im Privathaushalt auferlegt; dabei ist auf Probleme des Zubettbringens des Kindes, auf Nachtängste des Kindes, auf die eingeschränkten Möglichkeiten der Eltern, abends auszugehen, auf die Haushaltsbelastung u. a. hinzuweisen (*Gerson* 1961).

Die repräsentative Untersuchung von Y. Talmon-Garber (1959c), welche 12 Siedlungen in derjenigen Kibbutz-Organisation („Ichud“) erfaßte, die die Familienübernachtung teilweise eingeführt hat, zeigt ein differenziertes Ergebnis. Sie unterscheidet zwischen erster und zweiter Generation. In der ersten Generation überwiegt die Forderung nach Änderung des Übernachtungssystems; nur 44 % unterstützen noch die kollektive Übernachtung. Bei der zweiten Generation dagegen, die selbst in der kollektiven Übernachtung aufgewachsen ist, überwiegt noch die Identifizierung mit der kollektiven Übernachtung, vor allem während der Erziehungsperiode, während von den bereits in einer eigenen Familie lebenden Frauen der zweiten Generation die Hälfte zur familialen Übernachtung neigt.

Die Argumente für die kollektive Übernachtung sind bei der ersten Generation überwiegend organisatorischer Art, d. h. ohne die „technischen“ Schwierigkeiten bei der Einführung der familialen Übernachtung würde ein Teil der Vertreter der kollektiven Übernachtung nicht an ihrer Einstellung festhalten. Bei der zweiten Generation, die selbst in der kollektiven Übernachtung aufgewachsen ist, sind die Argumente vorwiegend prinzipieller Art und betreffen das Wohlbefinden des Kindes und seine gute Pflege im Kinderhaus sowie die kollektive Ideologie. — Die Argumente für die familiale Übernachtung sind in beiden Generationen vor allem persönlicher Natur und zielen auf das Wohl des Kindes und die emotionale Befriedigung der Eltern. Die Prüfung der Altersstufe des Kindes, auf die sich die Forderung nach familialer Übernachtung bezieht, ergibt, daß nur in der zweiten Generation das Kleinkindalter besonders betont wird; im übrigen scheint ein großer Teil der Mütter die Last der ausschließlich familialen Kleinkinderpflege zu scheuen. Dieses Befragungsergebnis kann als ein Hinweis darauf betrachtet werden, daß die Forderungen nach familialer Übernachtung mehr emotional-persönlicher als erzieherisch-sachlicher Art zu sein pflegen, da sie nicht von der Erkenntnis ausgehen, daß die volle mütterliche Pflege gerade im Kleinkindalter am dringendsten erforderlich wäre.

Die Befragung weist auf stark ausgeprägte familiale Tendenzen: die Mehrzahl der Mütter scheint sich in der erfaßten Kibbutz-Bevölkerung mit der kollektiven Übernachtungsform der Kinder nicht zu identifizieren, obwohl erst in einem kleinen Teil (etwa 10 %) der Siedlungen dieses Kibbutz-Verbands die familiale Übernachtung eingeführt wurde. Y. Talmon sieht bei ihren Befragungsergebnissen einen engen Zusammenhang zwischen dem allgemeinen ideologischen Bewußtsein, das immer mehr abzunehmen scheint, und der Einstellung zur Kollektiverziehung im allgemeinen und zur kollektiven Übernachtung im besonderen, bei der individualistische und familiale Tendenzen immer mehr zu überwiegen scheinen. Diese Schlußfolgerung wird durch die großen Unterschiede der Befragungsergebnisse in den verschiedenenen Kibbutz-Verbänden bestätigt: in den kollektivistischer ausgerichteten Kibbutzim des Hashomer Hatzair, auf die sich die Befragung von Rabin (1964) bezieht, ist die Identifizierung mit der Kollektiverziehung und mit der kollektiven Übernachtung bei der Mehrheit der Bevölkerung verbreitet. Das starke ideologische Bewußtsein scheint in diesem Kibbutz-Verband den Eltern ein gewisses Gefühl der Sicherheit innerhalb des Systems der Kollektiverziehung zu geben, während die größere Entscheidungsfreiheit in den anderen Kibbutz-Verbänden im Zusammenhang mit der wachsenden „Entideologisierung" unter Umständen die Sicherheit der Eltern gefährden kann (*Horowitz* 1963).

Um die verschiedenen Einstellungen der Mütter zur kollektiven Übernachtung näher analysieren zu können, muß man demnach über die isolierte Betrachtung der Mutterrolle hinausgehen. Die Einstellung zur Kollektiverziehung und zur kollektiven Übernachtung wird beeinflußt durch das Maß der Befriedigung in der Ehe, in der täglichen Arbeit und in den sozialen Beziehungen innerhalb des Kibbutz, durch den Grad der Identifizierung mit dem Kibbutz-Leben überhaupt, durch die öffentliche Meinung über die Kollektiverziehung, durch das Maß der erzieherischen Beeinflussung und Indoktrination der Eltern von seiten des Kibbutz und durch viele andere Faktoren. Unterschiede der Einstellungen scheinen daher einerseits persönlich-emotional begründet, andererseits aber Ausdruck unterschiedlicher Grade von sozialer Integration und „ideologischem Kollektivismus" in einzelnen Kibbutzim und in den verschiedenen Kibbutz-Verbänden zu sein.

Bei allen Unterschieden in den Einstellungen zur Kollektiverziehung und zur kollektiven Übernachtung ergeben sich aus dem vorliegenden Befragungsmaterial auch einheitliche Tendenzen. Die meisten Mütter beider Generationen in allen Kibbutz-Verbänden wollen mit ihren Kindern mehr Zeit verbringen, als es bislang üblich war; in den kollektivistisch orientierten Kibbutzim findet die häufigere Begegnung im Rahmen des Kinderhauses in Form von Besuchen der Eltern während der Arbeitsstunden und nach dem Zubettbringen statt, in den liberalen Kibbutzim mit stärkeren familialen

Tendenzen wird damit häufig die Forderung nach Änderung des Übernachtungssystems verbunden. Die Argumente für eine größere Einflußnahme der Familie auf die Pflege und Erziehung des Kindes sind überwiegend emotionaler Art: Sehnsucht nach dem Kind, Angst um das Kind im Kinderhaus, Ausgleich für die Mutter gegenüber der unbefriedigenden Alltagsarbeit; sie berufen sich aber auch auf das „Bedürfnis" des Kindes nach familialer Umgebung und werden zu Argumenten prinzipieller Art. Die unmittelbare Identifikation des Einzelnen mit dem Kollektiv und die unmittelbare Integration und emotionale Befriedigung im Gemeinschaftsleben scheint, entsprechend den Befragungsergebnissen, beträchtlich abgeschwächt zugunsten individuell-familialer Werte und zugunsten der emotionalen Integration und Befriedigung im Familienkreis.
Diese Entwicklung zur Konzentration der Frau auf den Familienkreis wurde von einer hohen Funktionsträgerin in der Kibbutz-Erziehung folgendermaßen begründet und gekennzeichnet: „Vor 50, sogar vor 30 Jahren waren die Frauen (im Kibbutz) stolz, wie die Männer produktive, körperliche Arbeit zu leisten ... In dieser Zeit akzeptierten sie in vollem Maße die Form des Familienlebens im Kibbutz und das (kollektive) Erziehungssystem. Heute aber ist ihre Arbeit hauptsächlich auf die Dienstleistungen beschränkt: Erziehung, Gesundheit, Küche, Speisesaal ... Meiner Ansicht nach war in der Vergangenheit die Rolle der Frau als Mutter zu eingeschränkt; heute aber hat sich das Übergewicht auf das entgegengesetzte Extrem verlagert. Es kann jedoch kein Zweifel daran bestehen, daß die befriedigende Integration der Frauen im Kibbutz auf der Schaffung eines angemessenen Gleichgewichts zwischen der Rolle der Frau als Mutter und ihrer Befriedigung in der Arbeit beruhen wird. In der Tat sind Frauen im Kibbutz in ihrer Mutterschaft am meisten befriedigt, wenn sie (zugleich) in ihrer Arbeit und in ihren Hobbies befriedigt sind; aber dieses Gleichgewicht ist nicht leicht zu erlangen" (*A. Horowitz* in *Neubauer* 1965; 240).
Sollte sich in der Zukunft die Tendenz der Frauen, ihre Mutterrolle vor ihrer Arbeitsrolle und Integration im Kibbutz zu betonen, weiter verstärken, wie es in der repräsentativen Untersuchung von Y. Talmon in einem der Kibbutz-Verbände deutlich zum Ausdruck kommt, so stellt sich die Frage, ob die Kibbutzim zum Wohle der Kinder, d. h. um sie vor den psychologischen Folgen der Nicht-Identifizierung der Mütter mit dem Erziehungssystem zu bewahren, zur familialen Pflege und Erziehung in den ersten Lebensjahren übergehen sollten; ob sie dem Kind, statt der Aufspaltung seiner Umgebung in Kinderhaus und Elternhaus, ein einheitliches familiales System der Pflege und Erziehung, der Liebe und Autorität zur Verfügung stellen sollten, um die kollektive Erziehung erst nach dieser grundlegenden familialen Periode beginnen zu lassen. Diese Frage wird, wie die folgende

Stellungnahme von A. Horowitz zeigt, auch von Erziehern der Kibbutz-Bewegung erwogen: „Es gibt keinen Zweifel daran, daß die Existenz von zwei Zentren (von Kinderhaus am Tag und Elternhaus am Nachmittag und in der Nacht) zu Schäden in der Ausbildung des Charakters der Kinder führen muß. Es wäre logischer, das Kind während der ersten beiden Lebensjahre der vollen Pflege der Mutter zu übergeben. Aber hier tauchen wirtschaftliche und gesellschaftliche Probleme auf, vor denen man sich nicht verschließen kann" (*Horowitz* 1963). Diese Probleme — u. a. die Notwendigkeit der vollen Arbeitstätigkeit der Frau — werden sich voraussichtlich in der nahen Zukunft nicht lösen lassen, so daß sich die Kibbutzim mit starken familialen Tendenzen in der schwierigen Situation befinden, diese nicht voll befriedigen zu können und so unter Umständen die Persönlichkeitsentwicklung der Kinder durch die Unsicherheit der Mütter innerhalb des Erziehungssystems zu gefährden.
Insoweit sich andererseits die Mütter weiterhin grundsätzlich mit der Kollektiverziehung identifizieren, wie dies aufgrund des Befragungsmaterials in besonders hohem Maße im Kibbutz-Artzi-Verband angenommen werden darf, muß die kollektive Übernachtung als eine innerhalb der Kibbutz-Kultur und der Kollektiverziehung sinnvolle und folgerichtige Einrichtung betrachtet werden, solange sie nicht etwa in ihrer Ausführung dem einzelnen, in ihr betreuten Kind schadet.

4. Die „erzieherische Kooperation" zwischen Eltern und Erziehern

Von Geburt an lebt das Kibbutz-Kind im Säuglingshaus und wird dort von der Mutter gestillt; vom Zeitpunkt der Entwöhnung an tritt die Aufteilung der Mutterrolle in Mutter und Metapelet in Kraft. Die Metapelet übernimmt die Pflege und Trieberziehung des Kindes, ohne jedoch die Mutter ganz zu ersetzen. Das Kinderhaus wird zeitlich-räumlich vom zweiten Lebensjahr des Kindes an zum Mittelpunkt des kindlichen Lebens, ohne jedoch den intensiven, täglichen Kontakt zum Elternhaus auszuschließen. Im Kinderhaus verabschiedet die Mutter in den meisten Kibbutzim ihr Kind zur Nacht.
Bei einem derart engen und ständigen Kontakt zwischen Elternhaus und Kinderhaus, zwischen Eltern und Erziehern, wird die harmonische Zusammenarbeit zwischen beiden zu einem wesentlichen Faktor der Erziehung. „Die Kooperation zwischen Eltern und Erziehern ist", wie es im offiziellen Erziehungsprogramm des Kibbutz-Artzi-Verbandes von 1965 heißt, „eine notwendige Vorbedingung der Erziehung des Kindes" (*„Arachot Hachinuch Hameshutaf"* 1965). Die klinischen Befunde zeigen, daß die innere Ein-

stellung der Eltern zu den Erziehern im Kibbutz wesentlich mehr, als in anderen Gesellschaften, zum pathogenen Faktor für das Kind werden kann (*Nagler* 1963 b, 1969). Während Kindertagesstätten, Horte und andere Institutionen im allgemeinen in einer gewissen Isolation oder wenigstens in deutlicher Distanz zu den Familien der institutionalisierten Kinder stehen und wenig erzieherische Kooperation, aber auch wenig Konflikte zwischen Eltern und Erziehern ermöglichen, ist das Kinderhaus im Kibbutz „offen" für die Eltern; die Erzieher im Kinderhaus sind gehalten, mit den Eltern zusammenzuarbeiten, sie zu beraten und zu führen, während sich die Eltern selbst mit der allen gemeinsamen Kollektiverziehung und den Erziehern, als den Vertretern der selbst gewählten Lebensgemeinschaft des Kibbutz, auseinandersetzen müssen.

Das bestehende System der erzieherischen Kooperation ruht, wie die gesamte Kollektiverziehung, teils auf ökonomischen Grundlagen, wie der Vergesellschaftung von Produktion und Konsum, teils auf ideologischen Prinzipien, wie der Gleichstellung der Frau in Arbeit und sozialem Leben und gleicher Erziehung für alle Kinder zu den kollektiven Werten des Kibbutz durch ausgebildete Erzieher. Es stellt den Versuch dar, die kollektive Erziehung der Kinder im Kinderhaus mit familialer Erziehung und ausgedehntem Familienleben zu vereinigen. Gegenüber der streng kollektivistischen Erziehung der Kinder in der revolutionären, familienfeindlichen Periode der Kibbutz-Bewegung, in der die Beteiligung der Eltern an der Erziehung im Kinderhaus im allgemeinen minimal war (*Gerson* 1961, *Talmon-Garber* 1965 a), ist das System der erzieherischen Kooperation ein Kennzeichen der „familialen" Periode der Konsolidierung. Dieses System will die Eltern weitgehend am Leben und an der Erziehung der Kinder innerhalb des Kinderhauses teilnehmen lassen. Ähnlich wie bei der allmählichen Erweiterung der Familienkontakte und in der Diskussion um die Organisation der Übernachtung zeigt sich auch in der Beteiligung der Eltern an der Erziehungsarbeit und -verantwortung innerhalb des Kinderhauses eine starke, familienfördernde Tendenz.

Die Struktur des Erziehungsfeldes im Kibbutz, wo die kollektive Erziehung nicht Ersatz der Familienerziehung, die Metapelet nicht Ersatzmutter, sondern zusätzliche Muttergestalt ist, macht die erfolgreiche Zusammenarbeit zwischen Eltern und Erziehern zur notwendigen Grundlage einer einheitlichen Erziehung des Kindes. Die Metapelet kann das Kind nicht voll verstehen und individuell behandeln, wenn sie nicht den Familienhintergrund des Kindes genau kennt und seine Stellung zwischen den Geschwistern, die Beziehungen zwischen den Eltern und deren Einstellung zum Kind durchschaut hat; umgekehrt können die Eltern das Kind in tiefe Konflikte bringen, wenn sie sich innerlich und äußerlich von dem zweiten Lebensmittelpunkt ihres Kindes, dem Kinderhaus, distanzieren und seine Probleme in der Kindergruppe, seine Ängste im Kinderhaus, seine Schwierigkeiten in der Triebbeherrschung nicht kennen bzw. ihm eine ganz andersartige Erziehung angedeihen lassen, die der erzieherischen Haltung der Metapelet widerspricht. Vielen Berichten zufolge ist es für die Erzieher eine immer wieder zu beobachtende Tatsache, daß Kinder ihre emotionalen Probleme von einem „Mittelpunkt" auf den anderen, vom Elternhaus auf das Kinderhaus und umgekehrt, „übertragen", so daß die betreffenden Konflikte nur durch gegenseitige Aufklärung und Hilfe zwischen Eltern und Erziehern gelöst werden können (*Melzer* 1951, *Roth* 1958). Die Psychiater der Kibbutz-Bewegung haben in dieser Möglichkeit der „Übertragung" von Konflikten und der „korrektiven Erfahrung" innerhalb eines weiteren, außerfamiliären, emotional-sozialen Feldes bzw. in der Lösungsmöglichkeit der betreffenden Konflikte durch erzieherische Kooperation einen positiv wirkenden Faktor für die seelische Gesundheit des Kibbutz-Kindes gefunden (*Kaffman* 1965 a/b, *Nagler* 1963 b und 1969).

Zur Verwirklichung des Programms der erzieherischen Kooperation — seine Darstellung stützt sich im wesentlichen auf Shmuel Golan (1961) — wurden in den Kibbutzim verschiedene Formen des Kontakts und der Zusammenarbeit zwischen Eltern und Erziehern entwickelt, die alle auf das engste miteinander zusammenhängen, die jedoch aus analytischen Gründen einzeln gekennzeichnet werden sollen: a) der regelmäßige, persönliche Kontakt im Rahmen des Kinderhauses; b) die regelmäßige, gegenseitige Information über die Entwicklung und die Probleme des einzelnen Kindes; c) die Bildung einer Eltern-„Gruppe" im Rahmen des Kinderhauses; d) der bewußte gemeinsame erzieherische Einfluß auf das Kind innerhalb einer gewissen Funktionsteilung; e) die sachliche Beratung und Führung der Eltern durch die Erzieher.

Zu a): Der persönliche Kontakt zwischen Eltern und Erziehern soll mehr sein als die tägliche Begegnung im Kinderhaus beim Abholen und Zurückbringen des Kindes; die Eltern werden ermuntert, ihr Kind auch tagsüber während der Arbeitszeit zu besuchen, es im Rahmen der Kindergruppe zu sehen und die Pflege und Arbeitsweise der Metapelet kennenzulernen. Die Metapelet besucht andererseits während der häufigen Ausflüge mit der Kindergruppe die Eltern an ihrem Arbeitsplatz im Kibbutz: bei diesen Gelegenheiten pflegen die Kinder Vater oder Mutter mit großer Freude zu begrüßen, und diese unterbrechen für kurze Zeit ihre Arbeit und nehmen ihr Kind auf den Arm, bis die Metapelet mit der Gruppe weitergeht. Weitere Gelegenheiten des informellen Kontakts zwischen Eltern und Erziehern bieten die Feiern der Geburtstage der Kinder, die im Kinderhaus im Beisein der Eltern begangen werden, und die Feste des Jahres, die von Eltern und Kindern unter Anleitung der Erzieher gemeinsam vorbereitet und gefeiert werden. Für die Kinder sind diese heiteren Natur- und Lichterfeste in der Gemeinschaft von Kindergruppe, Eltern und Erziehern erfahrungsgemäß große Erlebnisse, die ihre Phantasie noch lange beschäftigen, während andererseits gelungene Feste eine Atmosphäre der Gemeinschaft zwischen Eltern und Erziehern schaffen können.

Zu b): Die gegenseitige Information über die Entwicklung und die Probleme des einzelnen Kindes wird durch die täglichen, informellen Kontakte zwischen Eltern und Erziehern innerhalb des Kinderhauses ermöglicht und bildet die Grundlage der erzieherischen Kooperation. Die Metapelet soll das Bedürfnis der Eltern befriedigen, über ihr Kind, das sie nur wenige Stunden am Tage in dem ganz andersartigen Familienrahmen erleben, und über seinen körperlichen Zustand, sein Verhalten in der Kindergruppe, seine Ängste und Schwierigkeiten informiert zu werden. Wenn die Mutter ihr Kind während des Tages besucht, es im Kinderhaus abholt oder dorthin zurückbringt, entstehen im allgemeinen kurze Informationsgespräche darüber, wie das Kind geschlafen und gegessen hat u. a. m.; die Metapelet muß hier die Zeit und die Geduld aufbringen, überbesorgte Eltern ausführlich zu informieren und zu beruhigen. Umgekehrt braucht die Metapelet für ihre erzieherische Arbeit Informationen über das Verhalten des Kindes im Elternhaus und die Erziehungsprobleme der Eltern. — Um die gegenseitige Information sich nicht nur auf die informellen, kurzen Begegnungen und Gespräche beschränken zu lassen, wurde sie in den meisten Kibbutzim in Form von zweimal im Jahr stattfindenden Treffen zwischen Metapelet und einzelnem Elternpaar institutionalisiert; es herrscht die Tendenz, dieses Treffen vom Kinderhaus, wo es bislang in vielen Kibbutzim stattfand, ins Elternhaus zu verlegen, um es informeller zu gestalten und der Metapelet auf diese Weise die Gelegenheit zu geben, die Familienatmosphäre kennen zu lernen und von daher das einzelne Kind besser verstehen und entsprechend behandeln zu lernen.

Zu c): Eine offizielle Institutionalisierung der gegenseitigen Information und Hilfe zwischen Eltern und Erziehern existiert außerdem in der Form von mehrmals im Jahr geplanten Treffen zwischen allen Eltern und der verantwortlichen Metapelet einer Kindergruppe. Diese Treffen dienen dem Vortrag eines Rechenschaftsberichts der Metapelet, sollen aber außerdem den Eltern Gelegenheit zu Kritik und Anregungen, der Metapelet Gelegenheit zur Stellungnahme zu konkreten Organisations- und Erziehungsproblemen geben. Besonders im Kibbutz-Artzi-Verband wird betont, daß die Eltern einer Kindergruppe selbst zu einer „Gruppe“ werden sollen, die gemeinsam die erzieherischen Probleme angeht. Es herrscht die Auffassung, daß die Entdeckung der Eltern, daß andere Eltern mit ihren Kindern ähnliche Schwierigkeiten haben wie sie selbst, die erzieherische Haltung versachlichen, und daß das gemeinsame Besprechen die Lösung der betreffenden Probleme erleichtern kann.

Zu d): Gemeinsame erzieherische Arbeit der Eltern und Erzieher fordert einerseits grundsätzliche Übereinstimmung in den Prinzipien und Zielen der Erziehung, andererseits konkrete Zusammenarbeit bei der Erziehung der Kinder. Die grundsätzliche Übereinstimmung zwischen Eltern und Erziehern scheint im Kibbutz leichter möglich zu sein als in den meisten anderen Gesellschaften: Eltern wie Erzieher sind freiwillige Mitglieder derselben kooperativen Gesellschaft und mit den Prinzipien der kollektiven Erziehung vertraut; beide anerkennen grundsätzlich die kollektiven Werte der Kibbutz-Gesellschaft. Es besteht eine einheitliche Auffassung über Erziehung, die mit der allgemeinen Ideologie des Kibbutz zusammenhängt. In Form von Vorträgen der Funktionsträger, Zeitschriftenaufsätzen und Diskussionen findet eine ständige „erzieherische Aufklärung" der Öffentlichkeit statt. Die Kontrolle der Erziehungsinstitutionen liegt in Händen von immer wieder neu gewählten Komitees, in denen sowohl Eltern, die nicht Funktionsträger in der Erziehung sind, als auch die ausgebildeten Erzieher Sitz und Stimme haben. Schließlich „wählt" sich die Gemeinschaft ihre Erzieher insofern selbst, als über die Kandidaten der Ausbildung, deren Kosten vom Kibbutz getragen werden, in der Mitgliederversammlung diskutiert und entschieden wird. Empirische Untersuchungen haben gezeigt, daß die Eltern und die Erzieher einer Gemeinschaft im allgemeinen eine ähnliche ideologische Einstellung, auch in einzelnen Fragen der Erziehungsideologie wie der Organisation der Übernachtung, haben (*Talmon-Garber* 1959 c). Alle diese Faktoren weisen auf die geringe „Distanz" zwischen Elternhaus und Kinderhaus im Kibbutz, verglichen etwa mit der Distanz zwischen Elternhaus und „Institutionen" in anderen Gesellschaften.

Die konkrete erzieherische Zusammenarbeit zwischen Eltern und Erziehern findet auf der Grundlage der Übereinstimmung in den Zielen der Erziehung — Eltern wie Erzieher wollen die Kinder zu zukünftigen Mitgliedern des Kibbutz erziehen — im Rahmen der beschriebenen Kontakte statt. Die täglichen Kontakte, die Informationsgespräche zwischen Metapelet und einzelnen Eltern, das Treffen zwischen Metapelet und Elterngruppe, die gemeinsame Vorbereitung von Feiern und Festen bieten mannigfaltige Gelegenheit zur Abstimmung der erzieherischen Arbeit auf eine gemeinsame Linie. Die erzieherische Kooperation kann jedoch nur auf der Basis einer deutlichen Funktionsteilung gelingen; sie geht davon aus, daß die Familienerziehung nicht durch die Erziehung im Kinderhaus, ebenso wenig aber diese durch die Familienerziehung ersetzt werden soll und kann; Familienerziehung und Erziehung im Kinderhaus sollen sich in ihrer Funktionsteilung ergänzen. Zwar scheint eine deutliche Aufteilung erzieherischer Handlungen unmöglich, da der erzieherische Umgang in beiden Lebensmittelpunkten zu ähnlichen Problemen, z. B. in der Trieberziehung, führt, eine Trennung

zwischen den grundsätzlichen Funktionen in der Erziehung wird jedoch in der folgenden Art angestrebt:
Während der Metapelet die Pflege des Kindes und seine Sozialisierung in den Gewohnheiten und in der Triebbeherrschung sowie seine Integrierung in die Kindergruppe übertragen ist, obliegt der Mutter bzw. den Eltern die individuelle, emotionale Erziehung. Während bei der Metapelet die „objektiven" Forderungen überwiegen, soll in der Eltern-Kind-Beziehung die persönlich-emotionale Identifikation überwiegen. Die gegenseitige Anerkennung dieser verschiedenen Funktionen von seiten der Eltern und Erzieher gilt als Voraussetzung für eine fruchtbare erzieherische Zusammenarbeit. Die Metapelet soll die Mutterschaft und die besondere, unauswechselbare Beziehung der Eltern zum Kind als „ihrem" Kind anerkennen und fördern, ohne sie ersetzen zu wollen; darüber heißt es im Beschluß einer Erzieherkonferenz: „Wir sind verpflichtet, ein richtiges Gefühl für das Maß anzusteuern in der Schaffung unserer Beziehungen zu den Kindern. Wir erfüllen nicht die Funktionen der Eltern im emotionalen Leben der Kinder" (Zit. in „*Hachinuch Hameshutaf*" 57, 1965). Die Mutter soll andererseits die pflegerische und erzieherische Verantwortung und Autorität der Metapelet als ausgebildete Erzieherin und „Abgesandte" der Gesellschaft nicht in Frage stellen. Zur Beteiligung der Eltern an der Trieberziehung heißt es in den Beschlüssen der erwähnten Erzieherkonferenz: „... In gewissen Fällen sollte man die Eltern an der Überwindung der Schwierigkeiten beteiligen ... In der Mehrzahl der Fälle wurde jedoch bewiesen, daß die übertriebene Affektivität der Eltern zur Komplizierung der emotionalen Beziehungen des Kindes zu seinen Altersgenossen führte ... Wir empfehlen ernsthafte Erwägung und Elastizität von Fall zu Fall, aber vor allem ist es an uns, eine Atmosphäre des Vertrauens und der Beruhigung zu schaffen, die es den Eltern ermöglicht, die Sorge für die auf die Trieberziehung gerichteten Forderungen in den Händen der Erzieher zu belassen."
Zu e): Die sachliche Beratung und Führung der Eltern durch die Erzieher ist die ausgeprägteste Form der erzieherischen Kooperation, die gerade im Kleinkindalter und besonders bei jungen Müttern von großer Bedeutung ist; entsprechend den Institutionen für Mütterberatung, wie sie in der ganzen zivilisierten Welt bestehen, übernimmt das Kinderhaus im Kibbutz die Funktion einer „Mütterschule". Im Rahmen der beschriebenen Formen der erzieherischen Kooperation soll die Metapelet die Mütter in der Pflege und Erziehung ihrer Kinder beraten und führen; ihre Autorität beruht dabei auf Wissen und Erfahrung. Das System der Ausbildung der Metaplot und die Forderung nach einer gewissen Erfahrung für Metaplot, die mit den jüngsten Kindern arbeiten, sind bislang noch nicht einheitlich geregelt, es wird jedoch eine mindestens einjährige Spezialausbildung für Säuglingspflege und eine mehrjährige Erfahrungszeit in der Arbeit vor der verant-

wortlichen Übernahme einer Kindergruppe gefordert. — Unter anderem gilt es als Aufgabe der Metapelet, gegen falsche Einstellungen der Eltern, wie innere Ablehnung des Kindes, übertriebenen Ehrgeiz und Verwöhnung, mit Geduld und Takt durch „erzieherische Aufklärung“ anzugehen. Besonders wichtig wird die Beratung und Führung bei Eltern mit entwicklungsgehemmten oder emotional gestörten Kindern: die Metapelet nimmt sich dieser Kinder in besonderem Maße an, oft auch mit der Unterstützung einer in „Spezialerziehung“ ausgebildeten Erzieherin, und lenkt die Eltern in der Behandlung der Kinder; da elterliche Einstellungen, wie erwähnt, meistens die Ursache für seelische Störungen bilden, können durch Aufklärung und Lenkung der Eltern oftmals weitere pathogene Wirkungen vermieden werden. Auf die große Bedeutung von pädagogischer und psychiatrischer Beratung und prophylaktischer Behandlung, welche durch die Arbeit der Child-Guidance-Clinics der Kibbutz-Bewegung ermöglicht werden, ist in anderem Zusammenhang bereits hingewiesen worden. Die Beratung der Eltern umfaßt neben den genannten Bereichen auch die Hinführung der Eltern zu Formen der Freizeitgestaltung, die dem jeweiligen Entwicklungsstand des Kindes entsprechen; die Erzieher tragen damit indirekt auch zur Bereicherung des Familienlebens bei.

Die praktische Verwirklichung des beschriebenen Programms der erzieherischen Kooperation in den einzelnen Kibbutzim scheint in hohem Maße von den persönlichen Beziehungen zwischen Mutter und Metapelet, von der Qualität, Vertrauenswürdigkeit und Initiative der Metapelet und von der Identifizierung der Mutter mit der Kollektiverziehung abzuhängen.

Um die erzieherische Kooperation verwirklichen zu können, muß sich die Metapelet bei den Müttern Vertrauen erwerben und ihnen ein Gefühl der Sicherheit und der Teilnahme innerhalb des Kinderhauses vermitteln. Dabei scheint die geringe persönliche Distanz zwischen Mutter und Metapelet als Mitgliedern derselben kleinen Gemeinschaft sowohl eine helfende als auch eine hemmende Wirkung ausüben zu können. Alle Kibbutz-Mitglieder essen im selben Speisesaal, sitzen in den Mitgliederversammlungen und stimmen über alle Fragen der Gemeinschaft, z. B. auch die Ausbildung der Erzieher, ab, und jeder kennt die Familienverhältnisse des anderen. Diese persönliche Nähe kann das gegenseitige Vertrauen und die erzieherische Kooperation fördern. Andererseits besteht die Gefahr zur Herausbildung persönlicher Vorurteile, Rivalität und Eifersucht, vor allem von seiten jener Mütter, die in ihrer Mutterrolle unbefriedigt sind und der Metapelet den täglichen Umgang mit ihrem Kind neiden. Die mangelnde „berufliche Distanz“ kann so die Autorität der Metapelet untergraben; als ein kennzeichnendes Beispiel derartiger Mutter-Metapelet-Rivalität wird von einem Psychiater der Kibbutz-Bewegung der folgende Ausspruch einer Mutter berichtet: „Sie (die Metapelet) will mich etwas lehren? Man muß doch nur

schauen, wie sie ihre eigenen Kinder behandelt!" (Zit. in *Nagler* 1963 b; 207). Die Empfindlichkeit der persönlichen Beziehungen zwischen Mutter und Metapelet kann auf diese Weise die erzieherische Kooperation gefährden und auf ein Kind, das die Ablehnung der Metapelet und des Kinderhauses von seiten der Mutter spürt, einen schädlichen Einfluß ausüben.
Als weitere Faktoren, welche die Verwirklichung des Programms der erzieherischen Kooperation hemmen können, müssen genannt werden: die Überbelastung der Metapelet, ihre ungenügende Ausbildung und der häufige Wechsel der Metaplot (Plural von Metapelet) in manchen Kinderhäusern. Die Haushalts-, Pflege- und Erziehungspflichten der Metapelet stellen trotz der geringen Größe der Kindergruppe eine derartige Belastung dar, daß bei Mangel an Hilfskräften wenig Zeit, Gelegenheit und innere Ruhe für Gespräche mit einzelnen Müttern bleibt. Da die Metapelet im allgemeinen selbst eine Familie hat, andererseits ein Teil der erzieherischen Kooperation außerhalb der Arbeitszeit stattfinden muß, gerät die Metapelet u. U. in einen tiefen Rollenkonflikt. Die Arbeit der Metapelet gilt im Kibbutz allgemein als besonders schwer, da es für sie „nie Feierabend" gibt, viele Kibbutzim sind jedoch aus finanziellen Gründen nicht in der Lage, mehr Arbeitskräfte für die Kinderhäuser freizumachen. Wirtschaftlich begründet scheint auch die ungenügende Ausbildung der Metaplot; in vielen Kinderhäusern arbeiten Metaplot nach einer Kurzausbildung von drei Monaten. Dieser Tatbestand wird, wie die folgende Stellungnahme zeigt, auch von jungen Kibbutz-Müttern kritisiert:
„Die Angelegenheiten der Erziehung fordern Lenkung und Führung — vor allem der Eltern. Es ist an der Metapelet, die Eltern zu führen und sie an allen Interessen des Kindes und der Gruppe zu beteiligen. Aber das Problem der Metapelet ist: viele und gewichtige Funktionen liegen auf ihr, und deshalb braucht sie eine sehr gründliche Ausbildung . . . Ein zukünftiger Lehrer und Erzieher bekommt mindestens eine zweijährige Ausbildung, während der Metapelet . . . eine grundlegende Ausbildung fehlt" (Zit. in *„Hachinuch Hameshutaf"* 52, 1963).
Schließlich kann der Wechsel von Metaplot, der mit der Überforderung der Metapelet-Rolle (viele Mädchen fliehen vor der vollen Verantwortung für eine Kindergruppe und ziehen wechselnde Aushilfsarbeiten vor) und der ungenügenden Ausbildung indirekt zusammenhängt, eine Belastung für die persönlichen Beziehungen und die erzieherische Kooperation zwischen Mutter und Metaplot sein. Die häufige Kritik von Eltern, daß ihr Kind „von Hand zu Hand geht" (Zit. in *„Hachinuch Hameshutaf"* 57, 1965), weist darauf hin, daß die Forderung nach Kontinuität der Pflege noch nicht in allen Kibbutzim verwirklicht ist.
Die erwähnten hemmenden Faktoren wirken unter gewissen wirtschaftlich-organisatorischen und interpersonellen Bedingungen in einzelnen Kibbutzim,

sie scheinen jedoch für die grundsätzliche Verwirklichung des beschriebenen Programms der erzieherischen Kooperation nicht kennzeichnend zu sein. Sie unterliegen bis zu einem gewissen Grade der erzieherischen Planung, wie z. B. in der Frage der Ausbildung der Metaplot, sind andererseits aber nur durch die persönliche Erfüllung des Programms durch jeden einzelnen, Mutter wie Metapelet, unwirksam zu machen; in den interpersonellen Beziehungen bringt die Möglichkeit ständiger enger Zusammenarbeit zwangsläufig auch die Möglichkeit persönlicher Konflikte mit sich.
Die interne Kibbutz-Literatur enthält in Berichten von Eltern, Erziehern und Kindern eine Fülle von Zeugnissen, die die gute Zusammenarbeit zwischen Eltern und Erziehern bezeugen; sie enthält neben kritischen Stellungnahmen zu bestehenden Mißständen viele Hinweise auf die Hochschätzung der sachlichen Beratung und Führung durch die Metapelet von seiten der jungen Mütter. Indes könnten nur repräsentative Befragungen und Beobachtungen die Qualität der Beziehungen und der erzieherischen Kooperation zwischen Eltern und Erziehern in der gesamten Erziehungswirklichkeit der Kibbutz-Bewegung ermitteln. Systematisches Untersuchungsmaterial dieser Art liegt bislang nicht vor. Es können im folgenden nur die Ergebnisse einer einzigen Befragung größeren Stils mitgeteilt werden; diese Befragung erlangt eine gewisse Repräsentanz, soweit sie Erfahrungen und Einstellungen junger Mütter der zweiten Kibbutz-Generation innerhalb des Kibbutz-Artzi-Verbandes betrifft, ihre Ergebnisse können jedoch auf die übrigen Kibbutzim, vor allem jene mit starken familialen Tendenzen, nicht ohne weiteres übertragen werden.
In einer Befragung von 123 jungen Müttern kam A. I. Rabin (1964) zu folgenden Ergebnissen: 88 % der Mütter hielten die Metapelet ihres Kindes für „gut“ oder „sehr gut“. Auf die Frage: „Läßt dich die Metapelet an den täglichen Problemen der Erziehung teilnehmen?“ antworteten 65 %: „Ja, die ganze Zeit“, 21 %: „Zuzeiten“ und 14 %: „Nein, nie“. Auf die Frage: „Gibt es über die Pflege deines Kindes Meinungsverschiedenheiten?“ antworteten 60 %: „Nein, niemals“, 30 %: „Zuzeiten“. Die Schlußfolgerungen Rabins, dessen Befragung noch eine Reihe weiterer Fragen über die Haltung der Mütter zur Kollektiverziehung enthielt, gehen dahin, daß bei 85—90 % der befragten Mütter „eine starke Identifikation und seelische Befriedigung in bezug auf die Kollektiverziehung“ bestehe, und daß offenbar eine „allgemeine Anerkennung der Hilfe und führenden Autorität der Metapelet“ vorherrsche.
Unter der besagten Einschränkung bezüglich der Repräsentanz der Befragung dürfen die Untersuchungsergebnisse Rabins als ein Beweis dafür gelten, daß es im Kibbutz gelungen ist, eine fruchtbare und vertrauensvolle Zusammenarbeit zwischen Eltern und Erziehern und eine für die betroffenen Mütter befriedigende Teilnahme an der Erziehung ihrer Kinder zu ermöglichen.

Unter die besonderen Errungenschaften des Systems der erzieherischen Kooperation müssen neben der Beteiligung der Eltern an der Erziehung des kleinen Kindes gerechnet werden: das hohe Niveau der Kinderpflege für alle Kinder im Rahmen kleiner Gruppen im Kinderhaus, das u. a. zu der bereits erwähnten Tatsache einer minimalen Quote der Säuglingssterblichkeit im Kibbutz geführt hat, die allgemeine Verbreitung eines pädagogischen Bewußtseins durch ständige Information und Diskussion über Probleme der Erziehung und die Vermeidung bzw. prophylaktische Behandlung pathogener Störungen durch Erzieherberatung, Elternberatung und Familientherapie unter öffentlicher Kontrolle.
Angesichts des „traditionellen" Spannungsverhältnisses zwischen Familienerziehung und institutioneller Erziehung in der Praxis der vorschulischen Erziehung in den westlichen Gesellschaften könnte die Kibbutz-Erziehung als ein Vorbild für effektive Zusammenarbeit zwischen Eltern und professionellen Erziehern dienen, „aus dem wir lernen könnten, wie wir diese erreichen können ... Die Intensität der Beteiligung der Mutter, die Stabilität des Engagements der Metapelet, die langfristige Planung, die Kontinuität des Kontakts und die Stabilität der Sozialstruktur — all dies begründet die wesentlichen Elemente einer erfolgreichen, neuen Form der Gemeinschaftserziehung" (*Neubauer* 1965; 317).

5. Die Stellung des Vaters in der Kibbutz-Familie und seine Funktionen in der Erziehung

Die Entwicklung von der „patriarchalischen" zur „partnerschaftlichen" Familie, von der Familie als Institution zur Intimgruppe ist kennzeichnend für alle komplexen Gesellschaften der Gegenwart (*Bell/Vogel* 1960, *Burgess* 1953), und sie steht im Zusammenhang mit der Auflösung der Familienwirtschaft, der zunehmenden außerhäuslichen Arbeitstätigkeit der Frau und ihrer rechtlichen und sozialen Emanzipierung. Diese Entwicklung bringt, zumindest potentiell, eine Annäherung der „männlichen" und der „weiblichen" Rollen und Funktionen mit sich, nicht nur im gesellschaftlichen und Wirtschaftsleben, sondern auch in der Haushaltsführung und Kindererziehung innerhalb der Familie
Im Kibbutz hat sich, nicht zuletzt aufgrund der kollektiven Wirtschaftsstruktur, der Wandel der Familie und der Stellung des Vaters in der Familie in besonders radikaler Form vollzogen. An die Stelle der väterlichen Autorität ist die Autorität des Kollektivs getreten, das für die wirtschaftliche Erhaltung, für Pflege und Erziehung der Kinder verantwortlich ist. Mutter und Kind sind wirtschaftlich nicht vom Vater als „Ernährer" ab-

hängig, die Frau ist gleichberechtigtes Mitglied des Kibbutz und voll arbeitstätig. Da es keinen Privatbesitz gibt, ist der Vater nicht mehr Träger eines Familienerbes. Durch die Übertragung der disziplinierenden Erziehungsfunktionen auf die Metapelet ist auch der formalen, erzieherischen Autorität des Vaters die Grundlage genommen.

Die Wandlung der Stellung des Vaters war im Kibbutz jedoch nicht nur eine Begleiterscheinung der wirtschaftlichen Umstrukturierung; nach einem scharfen Generationskonflikt mit ihren eigenen Vätern im jüdischen „Shtetl" (*Diamond* 1957) wollten die Gründer des Kibbutz die Autorität des Vaters grundsätzlich zerstören. Die „Entthronung" des Vaters als „pater familias" und „Ernährer", verbunden mit der Forderung nach Gleichstellung der Frau, war eine der wichtigsten Parolen der jungen Kibbutz-Pioniere, eine Parole, die auch in der weiteren Entwicklung der Kibbutzim ihre Zugkraft nicht verloren hat und in der Form der kollektiven Wirtschaftsstruktur gesellschaftlich institutionalisiert wurde. S. Diamond (1957) hat nachgewiesen, daß diese radikale Wandlung des Vaterbildes als eine „Überreaktion" auf das spezifisch jüdische Vaterbild im traditionellen „Shtetl" anzusehen ist.

Die folgenden Zeugnisse aus der offiziellen Kibbutz-Literatur sind kennzeichnend für die „Entthronung" des Vaters: „Die Wandlungen der Familie, deren ökonomische Fundamente aufgelöst wurden, haben einen Wandel in der Stellung ... des Vaters ... in der Familie mit sich gebracht ..., denn alle seine Herrschafts-Privilegien, die Quelle seiner formalen Autorität, sind zerstört ..." — „Im Kibbutz sind die Beziehungen (zwischen Eltern und Kind) hauptsächlich auf Liebe gegründet, nicht auf das Gebot ‚Gehorche deinem Vater!'" — „... das Kind ist von der Herrschaft des Vaters in der Familie emanzipiert" (Zit. in *Spiro* ²1965; 11 ff.).

Die Auflösung der formalen väterlichen Autorität sollte nach Absicht der Gründer des Kibbutz den Vater nicht etwa seiner Verantwortung für die Familie und für die Erziehung entheben, sondern im Gegenteil der nächsten Generation die auf der formalen väterlichen Autorität und Distanz beruhende „Entfremdung" zwischen Söhnen und Vätern und den Generationskonflikt ersparen, die Vater-Kind-Beziehung auf ihre emotionale Grundlage konzentrieren und den Vater an der Pflege und Erziehung mehr als in der patriarchalischen Familie beteiligen. „Die Kollektiverziehung ändert", wie es in einer offiziellen Stellungnahme heißt, „die Stellung des Vaters in der Familie, indem sie zwischen ihm und seinen Kindern, besonders in deren ersten Lebensjahren, ein starkes Band schafft. In der Privatfamilie wächst das kleine Kind hauptsächlich in der Gesellschaft seiner Mutter auf, während der Vater zur Arbeit weg ist. Im Kibbutz nehmen dagegen Vater und Mutter gleichermaßen an den Aufgaben der Elternschaft teil. Das bedeutsame Ergebnis ist, daß kleine Kinder sehr an ihren Vätern hängen und sie manchmal offenbar den Müttern vorziehen. Der Vater ist keine autoritative, furchterregende Gestalt mehr, sondern ein enger Freund, der mit dem Kind spielt, spazierengeht und es zärtlich behandelt. In Fällen, wo die Mutter einen negativen Einfluß auf das Kind ausübt, kann die Nähe des Vaters und sein Vorhandensein als positives Objekt der Zuneigung als Gegengewicht dienen" (*Golan* 1959; 173 f.).

Die Wandlung der ökonomischen Stellung des Vaters in der Familie und die ideologische Wandlung des Vaterbildes scheint sich auch in der Vater-Kind-Interaktion im Alltag des Kibbutz-Lebens auszudrücken. An der beschränkten und als gemeinsame Freizeit verbrachten Zeit des Familienzusammenseins nimmt der Vater ebenso teil wie die Mutter, so daß die Familie dem kleinen Kind täglich als Einheit erscheint. Da die Arbeitszeit des Vaters so gelegt ist, daß er die täglichen Familienstunden zwischen Arbeitsschluß und Abendessen ganz seinen Kindern widmen kann, da Ausflüge der Kindergruppe oft zum Arbeitsplatz des Vaters führen, da außerdem der Vater während kurzer Arbeitspausen sein Kind auch tagsüber zuweilen besuchen kann, sieht das kleine Kibbutz-Kind seinen Vater eher öfter und länger als das kleine Kind im städtischen Familienmilieu.

In der Tat scheint es im Kibbutz fast keine Familie zu geben, in der der Vater auf die täglichen Familienstunden und die gemeinsamen Aktivitäten mit den Kindern verzichtet. Wenn man in den späten Nachmittagsstunden durch einen Kibbutz geht, scheint das pulsierende Leben des Kollektivs wie tot, da sich jede Familie in ihrem Zimmer oder vor ihrem Haus aufhält; oder man sieht den Vater oder die Eltern mit dem Kinderwagen, einen anderen Vater mit seinem kleinen Kind auf den Schultern oder an der Hand vom Spaziergang zurückkehren. Einige selbst beobachtete, gegenteilige Beispiele, wo Väter sich fast nie um ihr kleines Kind bekümmerten, erwiesen sich bei näherer Analyse als Fälle gestörter ehelicher Beziehungen. In einem extremen derartigen Beispiel teilten die Eltern zwar noch eine gemeinsame Wohnung, hatten jedoch seit der Geburt des Kindes kein Eheleben mehr; sie waren sich völlig entfremdet. Die junge Mutter zeigte eine außergewöhnlich starke Bindung an ihr Kind, suchte es aber dem Vater zu entfremden, indem sie alle Aufmerksamkeit und Aktivität auf sich konzentrierte. Sie hatte darin so weit Erfolg, daß das Kind ihre Partnerschaft im Spiel vorzog, nur an ihrer Hand ins Kinderhaus zurückging und nur ihr willig gehorchte. Der Vater aber schien unter der Unmöglichkeit, eine liebevolle Beziehung zu seinem Kind herzustellen, stark zu leiden; er ging oft allein ins Kinderhaus, um das Kind zu besuchen, es umzuziehen (wenn die Mutter dazukam, fand sie es falsch angezogen und fing alles von vorne an) und nachhause zu bringen. — Das Ungewöhnliche dieses Beispiels läßt dem Beobachter die allgemeine Verbreitung einer starken, emotionalen Beziehung zwischen Vater und Kind und die Selbstverständlichkeit, mit der

Kibbutz-Väter ihre Freizeit der Beschäftigung mit den Kindern widmen, in umso deutlicherem Licht erscheinen. In diesem Sinne berichtet ein erfahrener Kinderpsychologe der Kibbutz-Bewegung, daß „kleine Kinder (von der zweiten Hälfte des ersten Lebensjahres an) sehr häufig nach ihren Vätern sogar mehr ausschauen als nach ihren Müttern . . ., da die Väter viel Zeit mit ihren Babies verbringen, sich an ihrer Pflege beteiligen etc." (*Kaffman* in *Neubauer* 1965; 121).

Die Kinder selbst scheinen die Tatsache, daß der Vater ihnen täglich Zeit für gemeinsame Aktivitäten widmet, als so selbstverständlich zu nehmen, daß eine erfahrene Erzieherin die folgenden Anektoden als kennzeichnend berichten konnte: Y. (4jährig) ging ihre Freundin R. in deren Elternhaus besuchen; sie kam zurück mit den Worten: „R. ist nicht da — ihr Vater spielt alleine." — Ein vierjähriger Junge, der durch das Fenster des Kinderhauses seinen Vater sah, sprang zur Metapelet und bedrängte sie: „Schnell, schnell, zieh mir den Pullover an; mein Papa ‚steht leer' und ich muß zu ihm!" (*Roth* in *Neubauer* 1965; 78 f.). Die Familienstunden erscheinen den Kindern mit solcher Selbstverständlichkeit als die Zeit des Spiels mit dem Vater, daß der Vater ohne die Erfüllung dieser Funktion „leer steht" oder „alleine spielt".

Die Beschränkung auf Freizeit-Aktivitäten scheint kennzeichnend für die Vater-Kind-Interaktion im Kibbutz. Da die disziplinierenden Erziehungsfunktionen grundsätzlich auf die Metapelet übertragen sind, ist die Funktion des Vaters nicht, das „letzte Machtwort" zu sprechen; seine Funktion beschränkt sich darauf, sich liebevoll mit dem Kind zu beschäftigen, seine Aktivität und Initiative zu wecken und seine geistige Welt in Spielen und Ausflügen ect. zu bereichern. Neben den verschiedenen Muttergestalten ist der Vater der einzige männliche Erwachsene, zu dem das kleine Kind in ständiger und intensiver Beziehung steht; vor allem die kleinen Jungen scheinen sich frühzeitig mit ihrem Vater und mit seiner Arbeitsrolle im Kibbutz zu identifizieren; durch die Besuche der Kindergruppe am Arbeitsplatz des Vaters wird der Vater für das Kind mit zunehmendem Alter immer mehr zum Vertreter der weiteren Erwachsenengesellschaft, der es in den Kibbutz und seine Werte, wie z. B. produktive körperliche Arbeit, an der die Frau weniger Anteil hat, einführt. Schon mit eineinhalb Jahren bevorzugen die Kinder, besonders die Jungen, Spiele mit Auto und Traktor (*Horowitz* in *Neubauer* 1965; 86). Gespräche der Kinder in der Altersgruppe — „Mein Vater arbeitet in . . .", „Mein Vater ist . . .", „Mein Vater fährt Traktor" — und ihre Spiele weisen auf eine ständige intensive Beschäftigung mit dem Vater hin.

Eine Befragung von 50 Vätern aus verschiedenen Siedlungen der drei großen Kibbutz-Verbände (*Grün* 1965), die nicht als repräsentativ gelten kann, deren Ergebnisse jedoch mit einer Reihe weiterer Zeugnisse wissenschaftlicher

Beobachtung, mit zahlreichen Berichten von Eltern und Erziehern in der internen Kibbutz-Literatur und mit den eigenen Eindrücken aus informellen Gesprächen und Familienbesuchen des Verfassers übereinstimmen, untersuchte die erzieherischen Funktionen des Vaters im Kibbutz.

91 % der befragten Väter nahmen regelmäßig in der einen oder anderen Form an der Pflege des Kindes im ersten Lebensjahr im Rahmen des Kinderhauses teil: über 60 % gaben an, ihr Kind manchmal gewickelt, gebadet und gefüttert zu haben, 20 %, ihr Kind regelmäßig einmal am Tag gewickelt zu haben; 34 % der befragten Väter waren regelmäßig einmal am Tag, 96 % zuzeiten beim Stillen des Kindes zugegen. Alle Väter gaben an, mit ihren Babies Ausflüge gemacht zu haben, teils allein, teils zusammen mit der Mutter. 96 % der befragten Väter haben zu dem Säugling gesprochen, 80 % ihm etwas vorgesungen. — Zwar erscheint in den meisten Fällen die Mutter als die stärker emotional bestimmte Gestalt — ihr fällt es grundsätzlich schwerer, wenn das Kind einmal nicht zuhause ist, oder wenn sie selbst einmal nicht frei ist während der Familienstunden —, jedoch bezeugen auch die meisten Väter eine starke emotionale Bindung an ihr Kind.

Ihre Rolle als mit der Mutter gleichwertig beteiligte Erzieher der Kinder scheinen die Kibbutz-Väter nicht nur passiv hinzunehmen, sondern hochzuschätzen: die Möglichkeit, diese Rolle zu erfüllen, schreiben sie, gemäß den Befragungsergebnissen, der spezifischen Struktur der Kibbutz-Familie zu. Auf die Frage: „Nimmt der Kibbutz der Familie Funktionen, die sie außerhalb des Kibbutz hat?“ antworteten 66 % der befragten Väter mit „Nein“, von denjenigen aber, die mit „Ja“ antworteten, nannten die meisten wirtschaftliche und „autoritative“ Funktionen und empfanden es nicht als Nachteil, daß diese der Familie genommen wurden. Andererseits antworteten auf die Frage: „Gibt es Funktionen, die die Kibbutz-Familie dem Vater ergänzend zukommen läßt?“ 74 % mit „Ja“, nannten dabei „erzieherische Funktionen“ und den „Zeitvertreib mit dem Kind“ und empfanden diese Vermehrung der väterlichen Funktionen als „Vorteil“ gegenüber der Familie außerhalb des Kibbutz.

Die nähere Analyse der „erzieherischen Funktionen“ zeigt, daß die Väter, außer an der Pflege des Kindes, im selben Maß wie die Mütter an der Prägung der „Sitten und Gewohnheiten in der Familie“ beteiligt sind. Beim gemeinsamen Verbringen der Freizeit scheinen sich die Kinder vorzugsweise bei Bewegungsspielen, Spazierengehen und Fahren an den Vater zu wenden. Zusammen mit den Müttern teilen sich die befragten Väter in Aktivitäten wie Vorlesen und Singen. Der Vater scheint, gemäß den Befragungsergebnissen, überwiegend die Rolle eines ruhig und stetig bestätigenden und führenden Erwachsenen und „Spielkameraden“ zu erfüllen, während die Mutter einerseits in ihrer rein emotionalen Rolle, zu der Zärtlichkeit und Umsorgung gehören, andererseits in ihrer fordernden Rolle bei der Kontrolle und Bestrafung schlechten Benehmens stärker betont erscheint.

Gegenüber der Struktur der patriarchalischen jüdischen Familie bedeutet die innerfamiliäre Rollenaufteilung, die sich in den Antworten der Kibbutz-Väter kundtut, eine radikale Wandlung. Trotz der Auflösung der wirtschaftlichen Funktionen des Vaters und der bewußten Ablehnung formaler väterlicher Autorität ist die erzieherische Rolle des Vaters schon durch die Quantität des Zeitvertreibs mit den Kindern stärker betont als etwa in der amerikanischen Familie (*Hill* 1958), und die Kibbutz-Väter scheinen, gemäß den Befragungsergebnissen, diese erweiterten erzieherischen Funktionen zu akzeptieren und zu erfüllen. Auch Spiro gelangte trotz seiner kritischen Einstellung zur Kollektiverziehung in seinen Untersuchungen zu der Schlußfolgerung, daß „im allgemeinen die meisten Kibbutz-Väter unmittelbar Interesse an ihren kleinen Kindern zeigen, sie auf den Armen halten und liebkosen, mit ihren Frauen und mit anderen Müttern die besonderen Eigenschaften ihrer Kinder erörtern, mit Stolz das Auftauchen jeder neuen Errungenschaft verkünden", und daß „dieses Interesse an und die Interaktion mit dem Kind sich steigert, wenn das Kind sich entwickelt und neue Fähigkeiten zeigt" (*Spiro* ^{2}1965; 110).

Die bezeugte starke Beteiligung des Kibbutz-Vaters am Familienleben und an der Kindererziehung kann teilweise als Ergebnis der psychologischen „Überreaktion" der Väter der ersten Kibbutz-Generation auf die traditionelle jüdische Familienstruktur gedeutet werden, sie ist jedoch nicht nur auf persönliche Einstellungen und nicht nur auf den allgemeinen sozialökonomischen Wandel der Familie zurückzuführen; mehr als in individualistischen Gesellschaften wirkt im Kibbutz — und dies betrifft vor allem die Väter der zweiten Kibbutz-Generation, die keinen Generationskonflikt erfahren haben — eine ständig geprägte öffentliche Meinung auf den Einzelnen und die einzelne Familie, die sich auch in der erwähnten Befragung von 50 Kibbutz-Vätern widerzuspiegeln scheint. Die allgemeine „Ideologie" der Erziehung im Kibbutz fordert eine weitgehende, aktive Beteiligung des Vaters an der Pflege und Erziehung des Kindes, nicht nur im Rahmen der Familie, sondern auch im Rahmen des Kinderhauses. „Es ist wichtig", heißt es z. B. im Erziehungsprogramm des Kibbutz-Artzi-Verbandes, „den Kontakt zwischen dem Vater und seinem Säugling in den ersten Lebensmonaten zu fördern. Es ist am Vater, von Anfang an voller Teilnehmer an der Erziehung des Kindes zu sein. Es ist wichtig, daß der Säugling die Familie als Ganzheit empfindet, und dieses Gefühl der aktiven Teilnahme und Identifizierung des Vaters ist wesentlich auch für die Mütter" (Arachot Hachinuch Hameshutaf 1965).

Die erwähnte Befragung und zahlreiche Beobachtungen bezeugen, daß die Beteiligung des Vaters an der Pflege und Erziehung des kleinen Kindes nicht nur eine programmatische Forderung geblieben ist, sondern sich in der täglichen Erziehungswirklichkeit im Elternhaus und im Kinderhaus beobachten läßt. Sie drückt sich während der Familienstunden im Spiel, in Ausflügen und anderen Aktivitäten, im Rahmen des Kinderhauses in häufigen Besuchen, Gegenwärtigsein beim Stillen und Zubettbringen des Kindes, in der Übernahme gewisser Pflegefunktionen, wie Wickeln und Baden, und in der Teilnahme an der erzieherischen Kooperation mit der Metapelet aus.

Das vorliegende Befragungs- und Beobachtungsmaterial läßt die Schlußfolgerung zu, daß dem Kibbutz-Vater in den emotionalen Beziehungen des kleinen Kindes und im erzieherischen Einfluß auf dieses im allgemeinen eine außergewöhnlich große Bedeutung zukommt. Der Vater ist, nach den Worten eines erfahrenen Psychiaters der Kibbutz-Bewegung, neben der Mutter die „beständigste Gestalt" der Liebe und Identifizierung für das kleine Kibbutz-Kind (*Kaffman* in *Neubauer* 1965; 121). Außer in der starken emotionalen Beziehung des kleinen Kindes zu und Identifizierung mit dem Vater drückt sich die große Bedeutung des Vaters auch im Bewußtsein der Kibbutz-Väter selbst als Identifizierung mit ihrer Vater-Rolle und im allgemeinen erzieherischen Bewußtsein der ganzen Kibbutz-Gesellschaft aus. Im Zusammenhang mit den Zugeständnissen der Kibbutzim an die Familie in ihrem Eigenleben und ihren Eigenrechten sowie in der Beteiligung der Eltern an der Pflege und Erziehung des Kindes im Rahmen des Kinderhauses sind die erzieherischen Funktionen des Vaters ständig erweitert und seine Beziehungen zum kleinen Kind vertieft worden.

Das Beispiel des Kibbutz kann als eine Bestätigung für die marxistische Auffassung gedeutet werden, daß die Vergesellschaftung der Produktionsmittel, des Privathaushalts und der Erziehung die „Demokratisierung" der Familie, d. h. den Abbau hierarchischer Beziehungen zwischen Mann und Frau, Eltern und Kinder fördert (*Charčev* 1964; 220 ff.). Darüber hinaus bleibt es ein interessantes Problem weiterer Forschungen festzustellen, warum die Angleichung männlicher und weiblicher Funktionen im Kibbutz — und ebenso in der Sowjetunion — sowohl in der Familie als auch im weiteren gesellschaftlichen Rahmen nur in beschränktem Maße gelungen ist. Auf die zunehmende Differenzierung der Arbeitstätigkeiten in der Kibbutz-Wirtschaft — Konzentrierung der Männer auf „produktive" Arbeit und der Frauen auf Dienstleistungsberufe — ist bereits mehrfach hingewiesen worden.

Für die differenzierten Geschlechterrollen von Vater und Mutter gegenüber den Kindern stellt sich im Anschluß an die Sozialisationstheorie von Parsons und Bales (1955) in diesem Zusammenhang die Frage, ob auch in der Kibbutz-Familie die Rolle des Vaters mehr „instrumental" und diejenige der Mutter mehr „expressiv" bestimmt ist. Nach neueren Untersuchungen von

Kugelmaß und Breznitz (1966), die allerdings auf der Analyse der Vorstellungen von Jugendlichen über ihre Eltern beruhen (vgl. Kap. IV, 6) muß diese Frage bejaht werden.
Schließlich könnte man vom Standpunkt einer psychoanalytisch orientierten Pädagogik aus fragen, ob auch unter den veränderten Bedingungen der Erziehung im Kibbutz das (männliche) Kind den Vater als „Konkurrenten" für die Zuneigung der Mutter erlebt („Ödipuskomplex"). Da dieses Problem bei der Beschreibung der Altersperioden zwischen Kleinkind- und Jugendalter ausführlicher behandelt wird (vgl. Kap. IV, 1), werden im folgenden nur einige von Shmuel Golan (1947) beschriebene Szenen wiedergegeben, die dartun, daß die Kollektiverziehung jene seelischen Konflikte in den Beziehungen zwischen Kindern und ihren Eltern, die mit der sexuellen Polarität in der Ehe zusammenhängen und die immer auch ein Spiegelbild enger emotionaler Bindungen darstellen, im wesentlichen nicht verändert hat:
Das erste Beispiel betrifft einen Jungen im Alter von zwei Jahren und sechs Monaten, der sich im Zimmer der Eltern aufhält. Die Eltern ruhen sich auf ihren Betten aus. Das Kind sagt zur Mutter: „Wenn du mal klein bist und ich groß bin, dann werde ich hier schlafen (zeigt auf das Bett des Vaters) und du wirst da schlafen (zeigt auf das Bett der Mutter)." Auf die Frage der Mutter: „Und wo wird dann Abba schlafen?" antwortet das Kind: „Im Kinderzimmer!"
Das zweite Beispiel betrifft einen Jungen im Alter von vier Jahren und drei Monaten. Er sagt zu seiner Mutter: „Imma, ich hau' dich!" — Auf die Frage der Mutter: „Warum solltest du mich schlagen? Das sagst du doch nur so und tust es nicht", erwidert der Junge: „Ich werde dich aber doch hauen, weil du mich nicht liebhast!" — Auf die weitere Frage der Mutter: „Warum glaubst du das denn? Wen soll ich denn sonst liebhaben?" antwortet der Junge: „Du hast den Abba lieb . . .!" — Die Feststellung der Mutter, sie habe ihn und den Vater lieb, kontert er mit der Frage: „Und wen hast du mehr lieb, mich oder Abba?" — Die Mutter: „Ich habe euch beide gleich lieb." — Darauf der Junge: „Nein, ich will, daß du mich mehr liebhast als den Abba!" (Zit. nach *Golan* 1947).

6. Zusammenfassende Darstellung der erzieherischen Funktionen der Familie in der frühen Kindheit

Durch die Struktur der Eltern-Kind-Interaktion in den beschränkten Freizeitstunden der Familie, die Auflösung der väterlichen Autorität und die Übertragung der disziplinierenden Erziehungsfunktionen auf außerfamiliäre Erzieher wird in der Kibbutz-Familie die emotionale Seite der Eltern-Kind-

Beziehung in besonderem Maße betont, und die Konfliktmöglichkeiten zwischen Eltern und Kindern werden wesentlich verringert. Das Hauptgewicht der Interaktion liegt in der gemeinsamen Freizeitbeschäftigung, bei der das Kind im Mittelpunkt steht, grundsätzlich bestätigt wird und wenig Einschränkungen erfährt. Die beliebtesten gemeinsamen Aktivitäten sind die folgenden: Spiele mit den Spielsachen des Kindes aus seiner Spielecke im Elternhaus, Bewegungsspiele im Zimmer oder im Garten, Spaziergänge durch die Siedlung, Geschichtenerzählen, Vorlesen, Anschauen von Bilderbüchern und Singen (*Grün* 1965). Diese Aktivitäten füllen grundsätzlich die ganze Zeit des Familienzusammenseins aus: sie tragen den Charakter gemeinsamen harmonischen Zeitvertreibs, bieten aber doch Gelegenheit zum ständigen erzieherischen Einfluß. Dem Kind eröffnet sich hier eine eigene Welt von Eindrücken, die es zusammen mit den Eltern erobert; das gemeinsame Erleben, nicht als diffuse Beziehung wie im Kinderhaus, sondern als ständige, unaustauschbare emotionale Beziehung erfahren, fördert die Identifikation mit den Eltern und die Bindung an sie. Die Atmosphäre des zeitlich begrenzten Freizeitzusammenseins erleichtert das Eingehen auf die Individualität des Kindes von seiten der Eltern.
In der konkreten Familiensituation im Kibbutz scheint die Übertragung der Pflege und Trieberziehung auf außerfamiliäre Erzieher und die Einschränkung der Eltern-Kind-Interaktion auf ein harmonisches Freizeit-Zusammensein ihre eigenen *Vorzüge,* aber auch ihre eigenen *Gefahren* mit sich zu bringen. Als mögliche *Vorzüge* dieses Systems gegenüber der ausschließlichen Familienerziehung, insbesondere aber gegenüber der Situation des institutionalisierten Kindes von Arbeiterfamilien mit erwerbstätigen Müttern, können bezeichnet werden: 1. Dem Kibbutz-Kind werden täglich mehrere Stunden der ungeteilten Aufmerksamkeit beider Eltern, auch des Vaters, gewidmet. Die Eltern sind in diesen Stunden von keinerlei Haushaltspflichten belastet. Das Zusammensein ist durch die Atmosphäre der von Eltern und Kind grundsätzlich gewünschten und täglich neu antizipierten Freizeit gekennzeichnet. Das Beobachtungsmaterial und die Befragungsergebnisse zeigen, daß die Eltern diese Stunden im allgemeinen ausschließlich für die Kinder „reservieren" und in dieser Zeit auch keine Besuche empfangen. 2. Das Kind fühlt bei den Eltern grundsätzlich keine formale Autorität; liebevolles Eingehen auf die Individualität des Kindes, Förderung seiner Initiative und minimale Einschränkung seiner Aktivität sind Normen des allgemeinen erzieherischen Bewußtseins, deren Erfüllung erleichtert wird durch die Übertragung der konfliktbeladenen Erziehungsfunktionen auf objektive Erzieher und durch die zeitliche Begrenzung des Zusammenseins. 3. Vernachlässigung oder Unterdrückung des Kindes und Grausamkeit von seiten der Eltern sind durch die öffentliche Erziehungskontrolle unmöglich gemacht. 4. Probleme der Erziehung sind der Gegenstand ständiger öffent-

licher Auseinandersetzungen und „erzieherischer Aufklärung"; dadurch wird die Verbreitung einer psychoanalytisch orientierten Kleinkinderziehung auch im Rahmen der Familie gefördert. 5. In Fällen von neurotischen Eltern, gestörten Familienbeziehungen oder Scheidung der Eltern stehen dem Kibbutz-Kind weitere Objekte emotionaler Bindung in Gestalt der Metaplot und der Kindergruppe zur Verfügung.

Als mögliche *Gefahren* des Systems der Kibbutz-Erziehung für die Familienbeziehungen könnten demgegenüber genannt werden: 1. Eltern können, um die Harmonie der Familienstunden nicht zu stören, den Kindern in allem stattgeben, sich von ihnen tyrannisieren lassen und auf erzieherischen Einfluß verzichten, um sich und den Kindern eine konfliktlose Freizeit zu bereiten, in dem Bewußtsein, daß die Kinder im Kinderhaus erzogen werden. „Bei manchen Eltern zeigt sich die Neigung", berichtet S. Golan, „im Chinuch Hameshutaf einen Ersatz für ihr erzieherisches Handeln zu sehen." Und er schließt an diese Beobachtung die Forderung der Kibbutz-Erziehung an: „Wir dürfen die Eltern nicht von der Erziehung ihrer Kinder befreien" (*Golan* 1961; 95 f.). 2. Eltern, insbesondere diejenigen, die unter der weitgehenden Trennung vom Kind durch seine Pflege und Übernachtung im Kinderhaus leiden, können dem Kind in den Familienstunden eine übertriebene Pflege und Zärtlichkeit zukommen lassen und es verwöhnen. In einer Reihe von Beobachtungen erscheinen „Verwöhnung" und „over-protection" als die häufigsten Formen „falscher" Eltern-Haltungen (*Ben-Zeev* 1959, *Spiro* ^{2}1965). 3. Durch das gesteigerte Bedürfnis nach Umgang mit ihrem Kind können Eltern dieses mit eigener Aktivität und Initiative überschütten, die dem Kind zu wenig Möglichkeit zur vollen Entfaltung seiner Aktivität und keine Möglichkeit zum Alleinsein lassen, die es zum Ausgleich für das unruhige Leben im Kinderhaus braucht; das enge Zusammensein der Familie in einem einzigen bzw. in höchstens zwei Räumen, das eine Isolierung des Einzelnen erschwert, kann so unter Umständen von einer gewissen Spannung gekennzeichnet sein (*Bettelheim* 1969; 131 ff.). — Vergleiche der Spielsituation im Kinderhaus und im Elternhaus haben gezeigt, daß Eltern sich in das Spiel der Kinder häufiger regulierend einmischen als die Erzieher (*Rov* 1965).
Die genannten „Gefahren" des Verzichts auf Erziehung, der Verwöhnung und der übertriebenen Beschäftigung mit dem Kind können als die Folgen gewisser Einstellungen von Eltern verstanden werden, die sich mit der zeitlich-räumlichen Einschränkung der Eltern-Kind-Beziehung innerlich nicht identifizieren, sie können jedoch nicht als eine zwangsläufige Wirkung dieses Systems interpretiert werden. Die betreffenden Eltern erfüllen gerade nicht die erzieherischen Forderungen, die an sie innerhalb dieses Systems gestellt werden; ihre Einstellungen spiegeln subjektive emotionale Schwierigkeiten

wider, die teilweise mit der Frustrierung in anderen Rollen als der Mutterrolle, wie z. B. der Arbeitsrolle und der Rolle als Frau in der Ehe zusammenzuhängen scheinen. Für manche Kibbutz-Mütter bedeutet der Verzicht auf die volle, unmittelbare Pflege des Kindes und auf die Trieberziehung eine starke Einschränkung ihrer emotionalen Beziehung zum Kind, und ohne die Erfüllung dieser Funktionen scheinen sie in ihrer Mutterrolle nicht befriedigt. Die repräsentativen Befragungen über die Haltung der Kibbutz-Mütter zur Kollektiverziehung haben jedoch gezeigt, daß nur eine kleine Minderheit für eine volle mütterliche Pflege des kleinen Kindes stimmt, und daß familienerzogene Frauen als Mütter im Kibbutz in ihrer Mutterrolle grundsätzlich befriedigt werden können (vgl. Kap. III, 3).

Trotz der Übertragung der Pflege des Kindes und entscheidender Sozialisierungsfunktionen auf außerfamiliäre Erzieher erfüllen die Kibbutz-Eltern im Kleinkindalter wesentliche erzieherische Funktionen, die ihnen gerade durch die Betonung der emotionalen Seite der Eltern-Kind-Beziehung im Kibbutz zugeschrieben werden müssen. Spiro hat, wie bei der Funktionsanalyse der Metapelet, drei Funktionen schematisch unterschieden: „caretaking“, „nurturance“ und „training and values“, wobei nach Spiro „nurturance“ als die spezifische Funktion der Eltern erscheint, während die übrigen nur teilweise in den Funktionsbereich der Eltern fallen ; Spiro hat sich daher einseitig auf die „nurturance“-Funktion beschränkt (*Spiro* ²1965; 52 ff.). In Anlehnung an die schematischen Unterscheidungen bei Spiro lassen sich die erzieherischen Funktionen der Eltern folgendermaßen beschreiben: 1. Übertragung von Liebe auf das Kind und die Begründung seiner emotionalen Sicherheit, 2. der pflegerische Umgang mit dem Kind, 3. individuelle Charakterbildung und die Vermittlung sozialer Werte.

1. Übertragung von Liebe auf das Kind und die Begründung seiner emotionalen Sicherheit: Von der Erfüllung dieser Funktion durch die Eltern hängt, wie das repräsentative klinische Untersuchungsmaterial zeigt, die Persönlichkeitsentwicklung des Kibbutz-Kindes entscheidend ab. Die Eltern sind die ersten und beständigsten Objekte der Liebe und Identifikation des kleinen Kindes; „Normalität“ und Wärme der Eltern-Kind-Beziehung entscheiden grundsätzlich auch über die „Normalität“ der gesamten emotionalen und sozialen Entwicklung des Kibbutz-Kindes, während umgekehrt gestörte Familienbeziehungen die gesunde Persönlichkeitsentwicklung des Kindes gefährden. — Das vorliegende Beobachtungsmaterial läßt die Schlußfolgerung zu, daß Kibbutz-Eltern ihre emotional-erzieherische Funktion grundsätzlich auch innerhalb des Systems der zeitlich-räumlichen Einschränkung der Eltern-Kind-Beziehungen erfüllen können, und daß Kibbutz-Kinder keine Zeichen der „Institutionalisierung“ zeigen, die auf einen Mangel an emotionaler Sicherheit in der Eltern-Kind-Beziehung deuten könnten. — Es gibt allerdings Hinweise darauf, daß das emotionale Bedürfnis vieler Kibbutz-Mütter nach Umgang mit ihrem Kind im System der Kibbutz-Erziehung nicht voll befriedigt wird, und daß die Forderung nach Erweiterung des Kontakts weit verbreitet ist, teilweise als Forderung nach familialer Übernachtung des Kindes. Die familialen Zugeständnisse in vielen Kibbutzim, die sich u. a. in der verstärkten Beteiligung der Eltern an der Pflege und Erziehung des Kindes im Kinderhaus zeigen, scheinen Maßnahmen zu sein, die diesem emotionalen Bedürfnis der Eltern entgegenkommen. Indes kann die mangelnde Identifizierung einer gewissen Minderheit von Müttern mit ihrer beschränkten Mutterrolle innerhalb der Kibbutz-Erziehung als einer der Faktoren für die Tatsache betrachtet werden, daß trotz der Befreiung der Eltern-Kind-Interaktion von den Konflikten der Trieberziehung Kibbutz-Kinder quantitativ nicht wesentlich weniger emotionale Probleme aufweisen als Nicht-Kibbutz-Kinder, da die betreffenden Mütter ihre Frustration in der beschränkten Mutterrolle in die emotionalen Beziehungen zum Kind hineintragen.

Die Grundlage der emotionalen Sicherheit des Kindes bilden die ausgedehnte Stillperiode und die Entwicklung der Mutter-Kind-Identität im ersten Lebensjahr. Dabei gibt es eine Fülle von Ausdrucksformen der elterlichen Liebe: a) die sprachliche Kommunikation, Kosenamen, Lächeln und körperliche Zärtlichkeit, die das Kind in diesem Ausmaß nur von den Eltern empfängt (*Gewirtz/Gewirtz* 1965 b und 1969, *Spiro* ²1965); b) die ausschließliche Aufmerksamkeit und Widmung in den Freizeitstunden des Familienzusammenseins; Spiele und andere Aktivitäten zeigen in der Familie einen affektiveren Charakter als in den entsprechenden Aktivitäten mit der Metapelet oder den Altersgenossen (*Spiro* ²1965, *Rov* 1965); c) die Kibbutz-Eltern geben dem Kind das Gefühl, seine „Spielkameraden" zu sein; die Befreiung von den disziplinierenden Erziehungsfunktionen führt dazu, daß Eltern dem Kind verhältnismäßig wenig Verzichte auferlegen müssen und grundsätzlich die emotionale Bestätigung vorherrscht; die gemeinsamen Freizeitaktivitäten bieten vielfältige Gelegenheiten zur Identifikation mit den Eltern; d) häufige kurze Besuche der Eltern im Kinderhaus während der Arbeitsstunden und nach dem Zubettbringen zeigen dem Kind die besondere elterliche Zuneigung; Begrüßung und Verabschiedung im Kinderhaus, vor allem beim abendlichen Zubettbringen, sind von besonderer Affektivität gekennzeichnet (*Spiro* ²1965; 57 ff.); e) pflegerische Aktivitäten der Eltern während der kurzen Besuche im Kinderhaus und während der Familienstunden; f) die ständige Gegenwart des Vaters während der gemeinsamen Freizeit bietet besondere Möglichkeiten des emotional-erzieherischen Einflusses auf das Kibbutz-Kind; es erlebt die Familie grundsätzlich als emotionale Einheit; mehr als in anderen Gesellschaften scheint für das Kibbutz-Kind der Vater schon vom ersten Lebensjahr an zu einer emotional und erzieherisch wichtigen Gestalt zu werden.

Die große emotionale Bedeutung der Eltern drückt sich auch im Verhalten und in den Aktivitäten der Kinder selbst in mannigfaltiger Form aus: a) in der Freude und Zärtlichkeit der Begrüßung der Eltern im Kinderhaus und in den langen Abschiedsszenen, besonders beim Zubettbringen im Kinderhaus; b) in den Spielen der Kinder im Kinderhaus; der größte Teil der Einzelspiele und ein großer Teil der Gruppenspiele beschäftigt sich mit Themen der Familie; sie geben einerseits gewisse Situationen in der Familie wieder (Mutter und Kind beim Stillen und anderen pflegerischen Funktionen, Vater und Mutter), drücken andererseits Angst um den Verlust der Eltern (z. B. Verfehlen der Eltern in ihrem Zimmer) aus (*Roth* 1958 und in Interviews mit d. Verf.). Die klinischen Befunde geben Beispiele für Kinder aus gestörten Familienbeziehungen, die im Spiel die Konflikte durch Aggressivität oder Zerstörung zu lösen suchen; dank der Übertragung der disziplinierenden Erziehungsfunktionen auf die Metapelet scheint sich jedoch die Aggressivität der Kinder mehr gegen die Muttergestalt der Metapelet zu richten, die im Spiel häufig als böse Gestalt erscheint, während die biologische Mutter idealisiert wird (*Neubauer* 1965; 136). Dasselbe Beobachtungsmaterial zeigt, daß Kinder aus gestörten Familienbeziehungen in der Spieltherapie die Familie in ihrer traditionellen Form, d. h. als Wohngemeinschaft wieder herzustellen suchen. Gerade diese klinischen Beispiele von Kindern aus gestörten Familienbeziehungen können als Hinweis darauf dienen, wie entscheidend für das Kibbutz-Kind, seine emotionale Sicherheit und seelische Gesundheit, die emotionale Einheit der Familie und die Liebe der Eltern ist; c) Kibbutz-Kinder pflegen, eigenen Beobachtungen des Verfassers zufolge, viele Eigenarten der Eltern in Bewegungen, Tonfall, Lachen ect. nachahmend zu übernehmen, die gleichen Dinge (z. B. Blumen) wie die Eltern zu lieben, mit Stolz von ihnen als „mein Papa" und „meine Mammi" zu sprechen und in diesen Ausdrucksformen ihre emotionale Identifikation mit den Eltern zu zeigen.

2. *Die pflegerischen Funktionen der Kibbutz-Eltern* sind vorwiegend auf das erste Lebensjahr des Kindes, nach dem ersten Lebensjahr aber im allgemeinen auf die täglichen Familienstunden beschränkt. Während der ausgedehnten Stillperiode befindet sich das Kind fast ausschließlich in der mütterlichen Pflege; auch Müttern, die nicht stillen, wird die Pflege des Kindes überlassen; diese mütterliche Pflege in den ersten sechs Lebensmonaten bildet die Grundlage der Mutter-Kind-Identität. Mit der allmählichen Rückkehr der Mutter zum vollen Arbeitstag werden ihre pflegerischen Funktionen immer mehr eingeschränkt auf die Zeit des Familienzusammenseins, das ebenfalls gewisse Formen der Pflege und Fürsorge ermöglicht: gemeinsamer Imbiß, Trockenlegen des Kindes bis zum Abschluß des Reinlichkeitstrainings, Umziehen, Baden ect. Der Übergang von der vollen mütterlichen Pflege zur hauptsächlichen Pflege durch die Metapelet stellt, dem

vorliegenden Untersuchungsmaterial zufolge, eine schwere Krisenzeit für Mutter und Kind dar: die Mutter muß auf den größten Teil der Pflege, die im allgemeinen eine wesentliche Ausdrucksform elterlicher Liebe darstellt, verzichten, während das Kind die zeitlich-räumliche Trennung von seiner Mutter nach der intensiven Stillperiode verarbeiten und von diesem Zeitpunkt an mehrere Muttergestalten in seine Persönlichkeitsentwicklung integrieren muß. Beobachtungen und Befragungen zeigen, daß viele Eltern durch kurze Besuche im Kinderhaus während des Arbeitstages und nach dem Zubettbringen der Kinder den Mangel an Gelegenheit, dem Kind auch in der Pflege und Fürsorge ihre Liebe zu zeigen, auszugleichen suchen, indem sie dem Kind einen kleinen Leckerbissen bringen, es baden oder trokkenlegen (*Rabin* 1964, *Spiro* ^{2}1965; 52 f.). Die Kibbutzim sind dem emotionalen Bedürfnis der Eltern nach pflegerischem Umgang mit ihrem Kind in verschiedenen Formen entgegengekommen. Die Besuche der Eltern im Kinderhaus und das Zubettbringen der Kinder bis zum Alter von eineinhalb Jahren scheinen in allen Kibbutzim zu festen Formen einer teilweise fortgesetzten elterlichen Pflege geworden zu sein; in den meisten Kibbutzim — auch in einigen Siedlungen des Kibbutz-Artzi-Verbandes — wird die elterliche „Hashkavah" (Zubettbringen) auch bei den älteren Kindern fortgesetzt. In den wenigen Kibbutzim mit Familienübernachtung der Kinder ist ein beträchtlicher Teil der Pflegefunktionen auf die Eltern übergegangen. — Die Befriedigung der Mutter in ihren eingeschränkten pflegerischen Funktionen wird in hohem Grade von ihrer allgemeinen Einstellung zur Kollektiverziehung, von der persönlichen Verwirklichung der erzieherischen Kooperation mit der Metapelet und anderen Faktoren bestimmt. Grundsätzlich bleibt die pflegerische Funktion der Eltern wichtig als bestätigende Einstellung zum Körper des Kindes; diese bestätigende Haltung scheint durch die Übertragung der Trieberziehung auf die Metapelet und die Vermeidung ambivalenter Gefühle gegenüber dem Körper des Kindes bei Mißerfolgen des Reinlichkeitstrainings ect. im allgemeinen erleichtert; andererseits birgt dasselbe System die Gefahr in sich, daß Mütter, die in ihrer Mutterrolle und ihren pflegerischen Funktionen frustriert sind, falsche Einstellungen zum Körper des Kindes entwickeln, wie z. B. Ablehnung oder übertriebene Ängstlichkeit dem kindlichen Körper gegenüber und Verwöhnung, die zu einem starken pathogenen Faktor werden können (*Kaffman* 1965 b).

Mehr als in anderen Gesellschaften scheint der Vater im Kibbutz an der Pflege des Kindes regelmäßig und aktiv beteiligt zu sein.

3. Individuelle Charakterbildung und die Vermittlung sozialer Werte: Obgleich die Eltern zumindest nach dem Ende des ersten Lebensjahres des Kindes zeitlich-räumlich nicht mehr den wichtigsten Sozialisationsfaktor darstellen, bietet doch das tägliche Freizeitzusammensein der Kibbutz-

Familie reiche Gelegenheit, dem Kind feste Verhaltensmuster zu vermitteln. Die Vorgänge des „sozialen Lernens“ in der Familie beruhen auf den oben beschriebenen Funktionen der Eltern, auf das Kind Liebe zu übertragen, die Entwicklung der Mutter-Kind-Identität zu ermöglichen und dadurch die emotionale Sicherheit des Kindes zu begründen; es handelt sich daher um soziales Lernen auf der Grundlage persönlicher Identifizierung.

Das Identifikationslernen bezieht sich zunächst auf individuelle Charakterzüge und Verhaltensformen der Eltern, die das Kind nachahmt und übernimmt. Einen Beweis für den starken Einfluß der Eltern in diesem Bereich kann man darin erblicken, daß Kinder, die in derselben Altersgruppe von derselben Metapelet erzogen wurden, dennoch die unterschiedlichsten Verhaltensformen in der Art ihrer Bewegungen, ihrer sprachlichen Ausdrucksweise, ihrer Umgangsformen mit anderen Kindern und Erwachsenen, ihrer Tischmanieren etc. zeigen. Obwohl derartige Verhaltensunterschiede noch nicht systematisch erforscht worden sind — es böte sich hier die seltene Gelegenheit, unter anderem den Einfluß der Eltern auf die intellektuelle (sprachliche) Entwicklung des Kindes unter den Bedingungen einer vollkommenen „Chancengleichheit“ im Rahmen des kollektiven Erziehungssystems nachzuweisen —, kann man doch in neueren Untersuchungen (*Kohen-Raz* 1968, *Marcus/Thomas/Chess* 1969) Belege für die ausgeprägte Individualität des Verhaltens bei Kibbutz-Kindern finden; dabei betonen die Autoren neben der Bedeutung der Lernprozesse des Kindes in der Familie allerdings insbesondere die Bedeutung seiner ererbten Verhaltensdispositionen (Temperament etc.) und der durch diese bedingten Unterschiede in der individuellen Reaktion des Kindes auf seine Umwelt.

Das Identifikationslernen des Kindes bezieht sich außerdem auf Formen des sozialen Umgangs (Hilfsbereitschaft, Aggression etc.), die das Kind in der Familie erlebt. Nach den Erfahrungen zahlreicher Kibbutz-Pädagogen überträgt das Kind die in der Familie erlebten und „gelernten“ Verhaltensmuster auch auf das Kinderhaus: Kinder zum Beispiel, deren Vater cholerisch ist und Konflikte durch Aggression zu lösen sucht, zeigen die Tendenz, ihrerseits die Altersgenossen zu tyrannisieren; Kinder aus Familien, in denen Verzicht auf Erziehung und Verwöhnung vorherrscht, neigen in der Kindergruppe oft zu „asozialem“ Verhalten; „schwierige“ Kinder kommen aus „schwierigen“ Familien (*Melzer* 1951, *Roth* 1958). Derartige Unterschiede im sozialen Verhalten werden allerdings im Kibbutz nicht einfach konstatiert und hingenommen; vielmehr werden mit zunehmendem Alter die Kindergruppe selbst und die professionellen Erzieher zu den wichtigsten Vermittlern der für die Kibbutz-Gesellschaft wesentlichen Werte des sozialen Verhaltens: der Fähigkeit zu „teilen“ (gemeinsame Spielsachen, die nicht „meine“, sondern „unsere“ sind) und der Fähigkeit, im Rahmen einer Gruppe zu kooperieren.

Der Einfluß der Eltern beschränkt sich nicht oder soll sich nach Auffassung der Kibbutz-Pädagogik nicht beschränken auf die Projektion ihres individuellen Charakters auf die Kinder, er soll vielmehr bewußtes erzieherisches Handeln in Übereinstimmung mit den Werten der Kibbutz-Gesellschaft umfassen. In diesem Zusammenhang wird den Eltern neben den Erziehern „Autorität" zugesprochen. Die Reaktion auf die Autoritätsstruktur der patriarchalischen jüdischen Familie führte indes zu einer differenzierten Auffassung elterlicher Autorität in der Kibbutz-Erziehung: „Zwar gibt es keine Erziehung ohne Autorität, wir wollen jedoch, daß die Grundlage der Autorität nicht die Angst ist, die man ins Kind legt, d. h. Zwangsmittel, sondern die Liebesbeziehung, die das Kind dem Erwachsenen gegenüber empfindet. Eine Autorität, deren Grundlage in der Liebe liegt, macht natürlich ebenso erzieherisches Handeln erforderlich" (*Gerson* 1947 b). Zusammen mit der von Freud übernommenen Maxime, daß es zur Funktion der Erziehung gehöre, das Kind zu einem sozialen Geschöpf zu machen bei möglichst geringer Beeinträchtigung seiner Aktivität, führt diese Auffassung der Autorität zu einer bestimmten Festlegung der erzieherischen Funktion der Eltern; sie sollen durch bewußtes Vorleben und liebevolle Führung dem Kind die Werte der Kibbutz-Gesellschaft vermitteln.
Die Sozialisierungsmethoden der Eltern im Kleinkindalter sind bislang noch nicht systematisch erforscht worden; neben den oben erwähnten Tendenzen zum Verzicht auf Erziehung und zur Verwöhnung des Kindes zeigen Befragungen die „Zurechtweisung" als übliche Form der Sozialisierung. Auf die Frage: „Wer pflegt das Kind zurechtzuweisen, wenn es sich nicht benimmt, wie es sich gehört?" antworteten 68 % von 50 befragten Vätern: „Beide Eltern gleich", 23 %: „Die Mutter" und 9 %: „Der Vater" (*Grün* 1965). Die Mehrheit der Eltern scheint also kontrollierend in das Verhalten der Kinder einzugreifen, wobei die Mutter in etwas stärkerem Ausmaß die fordernde bzw. bestrafende Rolle zu übernehmen pflegt. Spiro stellte fest, daß das Bewußtsein der Eltern über ihre Sozialisierungsfunktion nicht eindeutig ist; über die Hälfte der von ihm befragten Mütter vertrat jedoch die Ansicht, daß es notwendig sei, manchmal das Verhalten des Kindes durch „Strafe und Belohnung" zu kontrollieren (*Spiro* ²1965; 53 f.). Über die Arten der Bestrafung besteht wenig Aufschluß; Berichte von Eltern und Erziehern lassen jedoch die Vermutung zu, daß Tadel und Zurechtweisung sowie vorübergehender Entzug der liebevollen Zuwendung die häufigsten Sozialisierungsmethoden sind; Einsperren des Kindes und körperliche Züchtigung sind im Kibbutz allgemein verpönt und sind in Kibbutz-Familien, dem vorliegenden Untersuchungsmaterial zufolge, nie beobachtet worden. Als die am häufigsten sanktionierten Verhaltensformen ermittelte Spiro (²1965; 54): „Selbstsüchtigkeit", „Zerstörung", „schlechte Manieren" und „Mangel an Kooperation"; dagegen wurden entsprechend den Selbstaus-

sagen der Eltern „Rücksichtnahme", „Kooperation" und „Eigeninitiative" am meisten belohnt. — Der Sozialisierung durch die Eltern liegt offenbar ein einheitliches Wertsystem zugrunde; dieses Wertsystem der Familienerziehung scheint in engem Zusammenhang mit den Werten des ganzen Kibbutz zu stehen: die Kibbutz-Gesellschaft bedarf zu ihrer Fortsetzung des Menschen, der aus eigener Initiative unter Rücksichtsnahme auf gemeinsame Ziele zur Kooperation bereit ist. Es ist in diesem Zusammenhang aufschlußreich festzustellen, daß, entsprechend Spiros Befragungsmaterial und anderen Beobachtungen, Eltern die Respektlosigkeit eines Kindes ihnen gegenüber weniger sanktionieren als mangelndes kooperatives Verhalten; man kann in den Kibbutz-Familien nicht selten Ungezogenheit und Respektlosigkeit, vor allem in verbaler Aggressivität, beobachten, über die die Eltern stillschweigend hinwegsehen. Es wird ein nichtautoritäres, kameradschaftliches Verhältnis zu den Kindern angestrebt, um die Kinder ihre Agressionstriebe eher offen zum Ausdruck bringen als verdrängen zu lassen; demgegenüber wird die Autorität überpersönlicher Werte, wie z. B. „Kooperation", betont. Im übrigen gilt gerade für die Vermittlung von Werten, daß die spezifische Funktion der Eltern in der persönlichen Verkörperung und im beispielhaften Vorleben dieser Werte zu bestehen scheint; der für den Kibbutz wesentliche Wert des „guten Arbeiters" (*Spiro* ²1965; 21) wird dem Kind zuerst durch die Identifikation mit seinem Vater vermittelt, den es oft an seinem Arbeitsplatz im Kibbutz zu besuchen Gelegenheit hat und den es über die Arbeit in den Familienstunden erzählen hört. Entsprechend scheinen die Kibbutz-Eltern bei der Kontrolle des kindlichen Verhaltens durch Belohnung bzw. Bestrafung das Gewissen der Kinder weniger auf ihre eigene Person als auf die überpersönlichen Werte auszurichten, die im Kibbutz Geltung haben. Auf diese Weise wird durch die individuelle, auf der gegenseitigen Liebe beruhende Identifizierung des Kindes mit seinen Eltern nicht nur die Grundlage seiner Individualität, sondern auch die Grundlage dafür geschaffen, ein „gutes Mitglied" der Gesellschaft zu werden, die fortzusetzen es bestimmt ist. „Die Eltern bilden", wie eine erfahrene Kibbutz-Erzieherin es ausgedrückt hat, „die Grundlage zu seiner (des kleinen Kindes) Entwicklung als Individuum. Sie sind seine Stütze in der Gesellschaft und helfen ihm bei der Schaffung des Gleichgewichts zwischen ihm und der Gesellschaft. Und wenn es passiert, daß das Elternhaus zerstört wird, so wird das Kind den Weg zur Gesellschaft nicht finden, es wird selbst leiden und Schwierigkeiten machen" (*Melzer* 1951).

Das vorliegende Befragungs- und Beobachtungsmaterial und die Analyse der erzieherischen Funktionen der Eltern führen zu der Schlußfolgerung, daß die Eltern den wichtigsten Faktor der Erziehung des kleinen Kindes im Kibbutz darstellen. Die mütterliche Pflege und die Mutter-Kind-Identität im ersten Lebensjahr, die intensive und stetige Interaktion zwischen Kind und Eltern und die Identifikation mit den Eltern bilden die erste Bedingung der emotionalen Sicherheit und der gesunden Persönlichkeitsentwicklung des kleinen Kindes. Das System der Kibbutz-Erziehung in seiner heutigen Ausprägung ermöglicht trotz der zeitlich-räumlichen Einschränkung der Eltern-Kind-Beziehung die Erfüllung dieser grundlegenden Funktionen der Eltern und führt zu einer gesunden Persönlichkeitsentwicklung des Kindes, insofern sich die Eltern mit dem System der Kibbutz-Erziehung und mit ihrer Rolle als Eltern innerhalb dieses Systems identifizieren. Die Qualität der Eltern-Kind-Beziehung im Kibbutz ist nicht grundsätzlich verschieden von der Qualität der Eltern-Kind-Beziehung in der Privatfamilie; den „Vorteilen" der grundsätzlich konfliktfreieren Eltern-Kind-Interaktion in der Kibbutz-Familie durch die Übertragung der Trieb- und Gewohnheitserziehung auf außerfamiliäre Erzieher stehen die Gefahren gegenüber, die aus der mangelnden Identifizierung mancher Kibbutz-Mütter mit ihrer eingeschränkten Mutterrolle innerhalb des Systems der Kibbutz-Erziehung entstehen.

Die Kibbutz-Eltern können, dem vorliegenden Untersuchungsmaterial zufolge, gleichzeitig als entscheidende Vermittler der gesellschaftlichen Werte gelten; sie erfüllen damit eine grundlegende Funktion, die in allen Gesellschaften der Familie zugeschrieben wird: den Aufbau der sozio-kulturellen Persönlichkeit des Kindes (*Claessens* 1962, *Koenig* 1946). In diesem Erziehungsprozeß, der sog. Enkulturation, erfüllen die Eltern, gegenüber der vorwiegend vom sozialen Aspekt bestimmten Funktion der öffentlichen Erziehungsinstitution, eine mehr „individualisierende" Funktion auf der Grundlage der emotionalen Kind-Eltern-Identifikation, ohne dabei jedoch den ständigen Bezug zu den Werten der Gesellschaft zu verlieren. Wenn auch das Verhältnis zwischen „häuslicher" und „öffentlicher", „individualer" und „universaler" Erziehung (Schleiermacher) im Kibbutz, schon von der zeitlich-räumlichen Organisation der Erziehung her betrachtet, weitgehend zugunsten der „öffentlichen" und „universalen" Erziehung gestaltet wird, so muß doch die Kibbutz-Erziehung als ein Versuch gewertet werden, innerhalb der kollektivistischen Lebensform zu einem möglichst harmonischen Ausgleich zwischen den spezifischen Erziehungsfunktionen der Familie, die besonders im emotionalen Bereich zu suchen sind, und den Funktionen der öffentlichen Erziehungsinstitutionen zu gelangen.

Die überaus starke Betonung der Familie als Sozialisationsfaktor des Kibbutz-Kindes in unserer Darstellung ist nur zu verstehen und zu rechtfertigen, wenn gleichzeitig betont wird, daß sich diese Darstellung bislang auf die Entwicklungsphase der frühen Kindheit beschränkt hat. Für die frühkindliche Phase muß angesichts der tiefen Bindungen und auch der tiefen (u. a. sexuellen) Konflikte in den Beziehungen zwischen Eltern und Kindern und angesichts der tiefen Schädigungen der kindlichen Entwicklung bei dem Verlust oder bei Störungen dieser Beziehungen die Feststellung einzelner Beobachter eindeutig zurückgewiesen werden, es handle sich im Kibbutz um eine „Entfremdung der Elternschaft“ (*Halpern* 1962), durch welche die Eltern mehr den Charakter von Großeltern annähmen. Andererseits bleiben, abgesehen von der frühkindlichen Entwicklungsphase, in der Theorie und Praxis der Kibbutz-Erziehung die Altersgruppe und die professionellen Erzieher die wichtigsten Sozialisationsfaktoren. Es ist nicht nur eine Bestätigung für die — vielleicht „systemimmanente“ — Sozialisationsforschung in den westlichen Gesellschaften (*Claessens* 1962, *Goslin* 1969), sondern auch eine Parellele zu den Erfahrungen mit kollektiver Kindererziehung in den kommunistischen Gesellschaften Osteuropas (*Liegle* 1970; 78 ff.), wenn das Experiment des „Chinuch Hameshutaf“ zeigt, daß Kinder in den ersten Lebensjahren vor allem einer individuellen Erziehung bedürfen, und daß diese individuelle Erziehung im allgemeinen von den Eltern bzw. von der Familie am besten geleistet werden kann. Pädagogen und Psychologen des „Chinuch Hameshutaf“ sind übereinstimmend zu der Überzeugung gelangt, daß jene gruppendynamischen Prozesse, welche für Kooperation, gegenseitige Identifizierung und gegenseitige Erziehung innerhalb von Gruppen gleichaltriger Kinder von Bedeutung sind, erst etwa vom Ende des zweiten Lebensjahres an einsetzen (*Golan* 1958, *Neubauer* 1965; 91 ff.). Bis zu diesem Zeitpunkt scheint das kleine Kind auch unter den Bedingungen der Kibbutz-Erziehung auf die Begründung seiner emotionalen Sicherheit und seines Vertrauens zur Umwelt durch die Liebe Erwachsener, insbesondere aber durch die Liebe seiner Eltern angewiesen zu sein.

IV. Die Familie als Erziehungsfaktor für die Jugendlichen im Kibbutz

1. Überleitung: Vom Kleinkindalter zur Adoleszenz — Probleme der Persönlichkeitsentwicklung

Die Forschungsergebnisse der Anthropologie und der Entwicklungspsychologie zeigen, daß Zeitpunkt, Form, Verlauf und Ergebnis der psycho-physischen Entwicklungsphasen ebenso wie die Krisen der Entwicklung der Persönlichkeit in hohem Maße sozio-kulturell bestimmt sind (*Erikson* 1950). Im Zusammenhang mit der sozio-kulturellen Bedingtheit der Persönlichkeitsentwicklung erheben sich in bezug auf die Kibbutz-Erziehung u. a. die folgenden Fragen: Durchlaufen Kibbutz-Kinder trotz ihrer weitgehend außerfamiliären Erziehung die psycho-physischen Phasen der Persönlichkeitsentwicklung in derselben Weise und zur selben Zeit wie familienerzogene Kinder? Zeigen Kibbutz-Kinder eine andere Persönlichkeitsstruktur als familienerzogene Kinder, und was ist der besondere Anteil der kollektiven Erziehungsinstitutionen an der Persönlichkeitsbildung? Findet man bei Kibbutz-Kindern trotz der starken, zeitlich-räumliche Trennung von den Eltern eine ausgeprägte „ödipale Phase", deren Konflikte im allgemeinen auf eine starke und ambivalente Bindung des Kindes an seine Mutter zurückgeführt werden? Kommt es bei Kibbutz-Kindern, wie bei familienerzogenen Kindern, mit zunehmendem Alter zu Krisen in den Beziehungen zu den Eltern?

Mit dem Eintritt in den Kindergarten im dritten Lebensjahr, dem Übergang in den Schulkindergarten im fünften und der Aufnahme in die Schule und die „junge Kindergesellschaft" im sechsten Lebensjahr wird das Kibbutz-Kind in steigendem Maße in ein außerfamiliäres Gruppenleben integriert. Die Altersgruppe bildet den zeitlich-räumlichen Mittelpunkt seines Lebens und einen immer wichtigeren Bereich der sozialen und emotionalen Beziehungen des Kindes. In den meisten Kibbutzim stehen den Kindern eine weitgehend selbst verwaltete und selbständig bearbeitete Farm, Werkstätten und Spielgründe zur Verfügung, wo sie auch außerhalb des eigentlichen Schulbetriebs ein angeregtes, teils freies, teils von den Erziehern beaufsichtigtes soziales Leben führen.

Die allgemeinste Folge dieses frühen und intensiven Gruppenlebens, die aufgrund des empirischen Untersuchungsmaterials festgestellt werden kann, ist weniger eine „Uniformität“ der Persönlichkeit als vielmehr eine größere „Sozialität“ des Kibbutz-Kindes; in stärkerem Maße als für das familienerzogene Kind haben für das Kibbutz-Kind Gruppennormen der Altersgenossen Gültigkeit. Es muß insbesondere auf den Einfluß der Altersgruppenerziehung mit ihren kollektivistischen Werten zurückgeführt werden, daß zehnjährige Kibbutz-Kinder eine mehr „altruistische“, auf die Gemeinschaft bezogene Zukunftsperspektive im Vergleich zu den „persönlichen Zukunftserwartungen“ zehnjähriger Moshav-Kinder ausbilden (*Rabin* 1965; 134 ff.), und daß sechs- bis zehnjährige Kibbutz-Kinder in ihrem (Spiel-) Verhalten mehr auf „Kooperation“ als auf individuellen „Wettstreit“ eingestellt sind und sich darin von familienerzogenen Kindern gleichen Alters unterscheiden (*Shapira/Madsen* 1969). Insofern das einzelne Kind dem frühzeitigen und intensiven Gruppenleben innerlich gewachsen ist und unter dem Druck der Gruppennormen (Anpassung, Kooperation etc.) nicht leidet und dadurch zum Außenseiter wird (*Nagler* 1963b, *Neubauer* 1965; 91 ff.), scheint die Kollektiverziehung im Kibbutz im allgemeinen die Entwicklung des Kindes zur Selbständigkeit und die bruchlose, allmähliche Auflockerung der engen Bindung an die Familie zugunsten der Bindung an die Altersgruppe zu erleichtern. Auch über die Entwicklung auswärtiger Kinder aus unterprivilegierten und schwierigen Familien, die im Kibbutz erzogen werden, liegen positive Erfahrungsberichte vor (*Smilansky* 1967). Im übrigen scheinen sowohl im zeitlichen Ablauf der Phasen der kindlichen Entwicklung als auch in deren inneren Problemen keine wesentlichen Unterschiede zwischen Kibbutz-Kindern und familienerzogenen Kindern zu bestehen. Eindeutiger als in bezug auf die frühkindliche Phase ist in bezug auf die Persönlichkeitsentwicklung in späteren Phasen eine gewisse Überlegenheit der Kibbutz-Kinder festgestellt worden. Beim Vergleich einer Gruppe zehnjähriger Kibbutz-Kinder mit einer Kontrollgruppe familienerzogener Kinder kam Rabin zu folgenden Ergebnissen: „Geistig sind die Kibbutz-Kinder mindestens ebenso gut, in einiger Beziehung sogar besser entwickelt als Nicht-Kibbutz-Kinder ... Ergebnisse bezüglich der Ich-Stärke, der emotionalen und allgemeinen Reife und der allgemeinen Anpassung (adjustment) begünstigen das Kibbutz-Kind“ (*Rabin* 1965; 144).

Die Grundlage der gesunden Persönlichkeitsentwicklung ist, den vorliegenden Untersuchungsergebnissen zufolge, für das Kibbutz-Kind ebenso wie für das familienerzogene Kind die emotionale Sicherheit in der Beziehung zu den Eltern; die Eltern bleiben auch nach dem Kleinkindalter die geliebtesten und beständigsten Objekte der Identifizierung. Es scheint mit der Beschränkung der Eltern-Kind-Interaktion auf das harmonische

Freizeitzusammensein zusammenzuhängen, daß Kibbutz-Kinder, wie Rabin in der erwähnten Untersuchung fand, „positivere Haltungen der Familieneinheit gegenüber und weniger Geschwisterrivalität zeigen als ihre Nicht-Kibbutz-Altersgenossen". Eltern und ältere Geschwister treten weniger als in der Privatfamilie in der Rolle von „Erziehern" auf, die dem Kind Weisungen geben (Tischmanieren, Mithilfe im Haushalt etc.) oder Verzichte auferlegen (Spiel mit Altersgenossen etc.). Das klinische und testpsychologische Beobachtungsmaterial beweist andererseits, daß trotz der Wandlungen im Bereich der Eltern-Kind-Interaktion Kibbutz-Kinder in nicht wesentlich geringerer Quantität ödipale Konflikte zeigen, die mit der starken Bindung vor allem an die Mutter zusammenhängen: „Während der ödipalen Phase findet man keine besonderen pathogenen Faktoren, die durch die spezifische Struktur des Kibbutz beeinflußt wären ... Auch innerhalb der sozialen Struktur des Kibbutz bleiben eindeutig die Eltern die grundlegenden und hauptsächlichen Objekte für die sexuellen und aggressiven Impulse des Kindes und seine ersten Objekte der Identifikation" (*Nagler* 1963 b; 208). Dank der Möglichkeit, die Konflikte auf das Kinderhaus zu übertragen: die ödipale Kind-Mutter-Beziehung auf die Muttergestalt der Metapelet, die Geschwisterrivalität auf die Altersgruppe, bleiben diese allerdings nicht ausschließlich auf die Familie beschränkt; die Erleichterung der „Übertragung" und „korrektiver Erfahrungen" kann als eine der Ursachen für die in einigen Untersuchungen beobachtete Tatsache angesehen werden, daß Kibbutz-Kinder „eine geringere Intensität der ödipalen Bindung" als familienerzogene Kinder zeigen (*Nagler* 1963b, *Rabin* 1965; 144). Die Dynamik der Eltern-Kind-Beziehung bleibt dennoch in der ödipalen Phase der wichtigste Entwicklungsfaktor; innerfamiliäre Spannungen, wie z. B. Eheprobleme, „bewirken eine Steigerung der sexuellen und aggressiven Triebe, der Ängste, Schuldgefühle und Identifizierungsprobleme des Kindes und machen den ‚Durchgang durch den ödipalen Konflikt' sehr viel schwieriger, all dies, obgleich das Kind die meiste Zeit entfernt vom Elternhaus lebt" (*Nagler* 1963 b; 208).

Während bis zum Ende der „ödipalen Phase" die Bindung an die Eltern sehr stark und gegenüber den übrigen sozialen und emotionalen Beziehungen des Kindes überwiegend zu sein pflegt, lassen sich, wie Elternbefragungen (*Lewin* 1953, *Tamar* 1960) zeigen, beim sechs- bis achtjährigen Kibbutz-Kind deutliche Änderungen des allgemeinen Verhaltens und des Verhaltens gegenüber den Eltern im besonderen beobachten, die auch für das familienerzogene Kind beim Eintritt in die „Latenzperiode" kennzeichnend sind. In dieser Zeitperiode werden die Kinder selbständiger und zugleich objektivkritischer gegenüber den Eltern. Über die Hälfte der befragten Eltern gab an, daß die Kinder wesentlich häufiger als vor dem sechsten Lebensjahr den Zeitvertreib mit den Altersgenossen dem Zeitvertreib mit den Eltern vorziehen oder sich ihre Spielkameraden während der Familienstunden mit ins Elternhaus bringen. Eigene ergänzende Beobachtungen des Verfassers führten zu dem Eindruck, daß die Häufigkeit und Länge der Besuche im Elternhaus und das Mitbringen von Spielkameraden nicht nur sehr unterschiedlich anzusetzen sind von Familie zu Familie und je nach der Bindung des einzelnen Kindes an seine Eltern, sondern auch von Kibbutz zu Kibbutz; es gibt Kibbutzim, in denen das Mitbringen von Spielkameraden ins Elternhaus zu einer festen Gewohnheit in vielen Familien geworden ist, und solche, in denen von Eltern und Erziehern gemeinsam darauf hingearbeitet wird, daß die täglichen Familienstunden wirklich dem Zusammensein der Familie vorbehalten bleiben. Für die Entwicklung des Kibbutz-Kindes ist es bedeutsam, daß die Eltern im allgemeinen — dies zeigen auch die erwähnten Befragungen — die neuen Bedürfnisse der Kinder auf ihrer neuen Entwicklungsstufe anerkennen und sich über die größere Selbständigkeit und Unabhängigkeit ihrer Kinder freuen. Eine nicht geringe Rolle bei dieser erzieherischen Einstellung mag neben dem Einfluß der öffentlichen Meinung die Tatsache spielen, daß die Kibbutz-Eltern in dem Bewußtsein leben, daß ihre Kinder, gerade seit dem Eintritt in die Schule und in die „junge Kindergesellschaft", in einem anregungsreichen sozialen Rahmen unter der Aufsicht von den Eltern vertrauten Erziehern leben. In der Schlußfolgerung einer der erwähnten Befragungen heißt es: „Ob nun die Eltern eine gemeinsame Sprache mit dem heranwachsenden Kind finden oder nicht, die Entfernung ist nicht so drastisch wie in anderen Lebensformen. Die vom Kind gesuchte Umgebung des Kinderhauses ist in erreichbarer Nähe, und das Leben dort widerspricht nicht dem Leben des einzelnen Kindes in der Familie" (*Tamar* 1960). Die größere zeitlich-räumliche Distanzierung des Kindes von den Eltern, seine wachsende Verselbständigung und Integrierung in die Altersgruppe gehen häufig mit einer emotionalen und geistigen Vertiefung der Eltern-Kind-Beziehung einher und führen diese nicht in eine Krise.

Rabins testpsychologische Untersuchungen haben, wie bereits erwähnt, ergeben, daß unter den Zehnjährigen „mehr Kibbutz-Kinder eindeutig positive Einstellungen gegenüber der Familie (zeigen) als Nicht-Kibbutz-Kinder" (*Rabin* 1959), die von ihren Eltern im allgemeinen mehr im Familienrahmen isoliert werden und andererseits in ihrem außerfamiliären Leben in größerer „Distanz" von den Eltern leben.

Im Kibbutz sind nicht nur das Elternhaus, sondern auch die kollektiven Erziehungsinstitutionen Orte der täglichen Begegnung zwischen Eltern und Kindern, Eltern und Erziehern. Die Kibbutz-Erzieher werden daraufhin geschult, die Eltern am Leben und an der Erziehung des Kindes auch innerhalb der kollektiven Erziehungsinstitutionen zu beteiligen. Die Eltern machen während des Tages Besuche im Kindergarten, im Schulkindergarten bzw. in der Kindergesellschaft; sie verfolgen die Fortschritte des Kindes im Lernen und nehmen an Unterrichtsstunden, am abendlichen Vorlesen, an der Vorbereitung der Feste und an anderen Aktivitäten der Kindergesellschaft teil. Die Kinder andererseits zeigen den Eltern mit Stolz ihren Anteil an Gruppenarbeiten, ihre Bilder und Handwerksstücke und führen die Eltern durch Ausstellungen, die nach jedem Schuljahr aus den behandelten „Projekten" und aus den künstlerischen Leistungen zusammengestellt werden.

Diese Struktur des Erziehungsfeldes führt zu einer starken Annäherung der Schule an das Elternhaus, so daß es im Kibbutz das Problem der „Schule ohne Eltern" in dieser Altersperiode des Kindes, d. h. bis zum Eintritt in die „höhere Schule", nicht gibt. Die Bedeutung des ruhigen und stetigen liebevollen Einflusses von Erwachsenen, d. h. vor allem der Eltern auf die Kinder, wird von den Kibbutz-Erziehern immer wieder als notwendiger Ausgleich zu dem spannungsreichen Gruppenleben in der Kindergesellschaft betont. Auswärtige und elternlose Kinder im Kibbutz werden entsprechend dieser Auffassung, wie bereits erwähnt, in bestimmten Familien „adoptiert", um sie die besondere Aufmerksamkeit von Erwachsenen in einer stetigen Beziehung nicht entbehren zu lassen. Während die Eltern einerseits dazu angehalten werden, für die neuen Bedürfnisse ihrer Kinder nach Umgang mit Gleichaltrigen Verständnis aufzubringen, werden sie andererseits angeregt, ihre Kinder geistig zu führen, sich nicht nur angenehme Freizeitstunden mit ihnen zu bereiten, sich an ihrem Schul- und Gruppenleben zu beteiligen und sie durch das persönliche Beispiel und durch bewußten erzieherischen Einfluß der Kibbutz-Gesellschaft und ihren Werten anzunähern. „In dieser Periode (zwischen dem 6. und 12. Lebensjahr) sind", wie eine Funktionsträgerin in der Kibbutz-Erziehung bemerkt hat, „die Eltern und die Erzieher die hauptsächlichen Erziehungsfaktoren im Leben des Kindes ... Vor allem erfüllen die Eltern in dieser Altersperiode des Kindes eine entscheidende Funktion. Sie dürfen nicht passiv bleiben und in der Distanzierung des Kindes eine gewöhnliche Erscheinung sehen. Es liegt in ihrer Hand, die intime Beziehung zu vertiefen, am Charakter des Einzelnen mitzubauen, indem sie auf die Gesellschaft hin erziehen. Wenn die Eltern dies bis zum zehnten Lebensjahr nicht tun, d. h. bis das Kind zur Mittelpunktschule überwechselt, wird es später diese Beziehung nicht zurückgewinnen, das Kind und die Eltern werden einander fremd bleiben. Die Eltern sollten daher in ihrem Treffen mit dem Kind nicht einfach einen Zeitvertreib sehen, sondern es zu einem (geistigen) Erlebnis machen ..." (*Melzer* 1951).

Mit zwölf Jahren (in einigen Siedlungen mit zehn Jahren) tritt das Kibbutz-Kind in eine neue Schulgemeinschaft ein, die in den verschiedenen Kibbutz-Verbänden unterschiedliche Formen hat. Die ausgeprägteste Form stellt der „Mosad" (ursprünglich „Institution") des Kibbutz-Artzi-Verbandes dar, in dem die Jugendlichen zwischen zwölf und achtzehn Jahren aus mehreren Siedlungen in einer von der Erwachsenengesellschaft weitgehend losgelösten „Jugendkultur“ leben (*Golan* 1961). Die anderen Kibbutz-Verbände haben Mittelpunktschulen für mehrere Siedlungen eingerichtet, aus denen die Jugendlichen im allgemeinen täglich in ihren Heimat-Kibbutz zurückkehren, ohne jedoch im Elternhaus zu wohnen. Der Übergang in die neue Schulgemeinschaft wird in einer festlichen Zeremonie mit Musik, Tanz und Theaterspiel im Beisein der Eltern begangen. Mit dem Eintritt in die „ältere Kindergesellschaft“ gelangen die Jugendlichen auch zu einer neuen Stufe der Jugendbewegung, die von den Kibbutz-Verbänden in Form von umfassenden Jugendverbänden organisiert wird und die in und außerhalb des Schullebens viele Aktivitäten entwickelt. Die Schulgemeinschaft wird von den Jugendlichen weitgehend selbst verwaltet; die Selbstverwaltung umfaßt außer der Vollversammlung aller Schüler verschiedene Komitees, teils der ganzen Schulgemeinschaft, teils der einzelnen Gruppen bzw. Klassen. Die Häuser der Schulgemeinschaft stellen eine eigene bauliche Einheit innerhalb eines Kibbutz dar, die Klassenräume und Wohnräume der jeweiligen Gruppe vereinigt. Die Mahlzeiten werden in einem allen gemeinsamen Speisesaal eingenommen.

Jede Gruppe (Klasse) hat etwa 20 bis 25 Schüler; die Aktivitäten der Gruppe umfassen neben dem Unterricht (im allgemeinen fünf Stunden am Vormittag) und körperlicher Arbeit (im ersten Jahr eine Stunde, im letzten vier Stunden) ein ausgedehntes gesellschaftliches und kulturelles Leben, dessen Aktivitäten von gewählten Komitees geregelt werden. Auch im Unterricht, bei dessen Gestaltung die „Projektmethode“ beliebt ist, und bei der Zuteilung der Arbeit nehmen die Jugendlichen an der Planung teil. Die Lehrer und die Metaplot werden, wie alle Mitglieder des Kibbutz, mit dem Vornamen angeredet und sind im allgemeinen mehr kameradschaftliche Gruppenführer, Diskussionsleiter und Berater als distanzierte Autoritätsträger. Jeder Gruppe ist ein verantwortlicher „Erzieher“ zugeteilt, der die Gruppe mehrere Jahre lang betreut. Innerhalb der Schulgemeinschaft herrscht Koedukation, die sich im „Mosad“ auch auf gemeinsame Wohn- und Schlafräume der Jungen und Mädchen ausdehnt.

Der Eintritt in diese „Jugendkultur“ bedeutet, vor allem in ihrer Ausprägung im „Mosad“, eine noch stärkere zeitlich-räumliche Trennung der Jugendlichen vom Elternhaus gegenüber der Eltern-Kind-Interaktion bis zum zwölften Lebensjahr. Während in der Form der lokalen und der Mittelpunktschule der tägliche, etwa zweistündige Kontakt mit der Familie erhalten bleiben kann, beschränkt sich für die Jugendlichen im „Mosad“ das Zusammensein mit den Eltern auf zwei oder drei Besuche in der Woche, die den Jugendlichen freigestellt sind, und auf Schabbath und Feiertage, die die Jugendlichen im allgemeinen im Heimat-Kibbutz verbringen. Eine äußere Abhängigkeit von den Eltern besteht in keiner Weise; Essen, Wohnung, Kleidung, Schul- und Berufsausbildung werden jedem Jugendlichen vom Kollektiv garantiert.

2. Die Zusammenarbeit von Schule und Elternhaus und einige Probleme des Jugendalters im Kibbutz

Da die im vorausgehenden Kapitel charakterisierte Schulgemeinschaft mit Erziehern, Altersgruppe und Jugendbewegung den bedeutendsten Erziehungsfaktor für den Kibbutz-Jugendlichen darstellt, muß zunächst die Beziehung der Eltern zu dieser „Jugendkultur“ beschrieben werden, um vor diesem Hintergrund die erzieherischen Funktionen der Familie deutlicher darstellen zu können. Grundsätzlich gilt für das Verhältnis zwischen Schule und Elternhaus das gleiche System der „erzieherischen Kooperation“, das für die Kibbutz-Erziehung im Kindesalter im Rahmen des Kinderhauses, des Kinder- und Schulkindergartens und der „jüngeren Kindergesellschaft“ der Grundschuljahre kennzeichnend ist. Die kurze Beschreibung der Mittelpunktschule bzw. des „Mosad“ hat jedoch bereits gezeigt, daß die Kontaktmöglichkeiten zwischen Eltern und Kindern sowie zwischen Eltern und Erziehern innerhalb der Schulgemeinschaft, in die das Kibbutz-Kind im Alter von 12 Jahren eintritt, wesentlich eingeschränkter sind als vordem. Zwischen Mittelpunktschule und Elternhaus besteht schon geographisch eine größere Distanz als zwischen Kinderhaus und Elternhaus innerhalb derselben Siedlung. Zwar werden Besuche der Eltern in der Schulgemeinschaft während der Unterrichtsstunden und während der außerschulischen, von den Jugendlichen selbst gestalteten sozialen und kulturellen Aktivitäten grundsätzlich gewünscht und angeregt, sie können aber in der Alltagswirklichkeit aufgrund des ausgefüllten Tageslaufs sowohl der Eltern und Erzieher als auch der Jugendlichen selbst und aufgrund der geographischen Entfernung nur selten stattfinden.
Der Tageslauf eines Kibbutz-Mitgliedes ist im allgemeinen ausgefüllter als der Tageslauf eines Arbeiters in anderen Gesellschaften; abgesehen von der Tatsache, daß es für den Kibbutznik keine Fünftagewoche gibt, geht ihm jede Woche eine beträchtliche Zahl von Stunden verloren durch zusätzlichen Arbeitseinsatz in den Diensten oder bei der Einbringung der landwirtschaftlichen Erzeugnisse, durch die allwöchentliche Mitgliederversammlung, durch Sitzungen der verschiedenen Komitees der Selbstverwaltung, denen fast jeder erwachsene Kibbutznik wenigstens zeitweilig angehört, durch die Vorbereitung von Festen, durch politische Außenarbeit und andere gesellschaftliche Aktivitäten. Von derartigen zeitraubenden Aktivitäten bleibt

auch der Kibbutz-Lehrer nicht verschont, der im übrigen schon innerhalb der Schule, die den Charakter eines Internats hat, einen ausgedehnten Arbeitstag zu absolvieren hat. Diese zeitliche Belastung des erwachsenen Kibbutznik führt dazu, daß zu außerfamiliären Kontakten zwischen Einzelnen, also auch zwischen Eltern und Erziehern, wenig Gelegenheit bleibt, zumal wenn der Ort der Begegnung nicht mit dem ständigen Wohnsitz und Arbeitsplatz identisch ist. Ohne die Organisierung und Institutionalisierung regelmäßiger Kontakte müßte daher die direkte erzieherische Kooperation sehr beschränkt bleiben.
Auch die Jugendlichen selbst leben in der Schulgemeinschaft in einer festen Zeitordnung, die grundsätzlich den ganzen Tag ausfüllt. Die Vereinigung von Unterricht, körperlicher Arbeit und sozialem Gruppenleben läßt dem Jugendlichen nur wenig Zeit zum Alleinsein und zur Interaktion mit Erwachsenen außerhalb der Schulgemeinschaft. Dieses ständige, zeitlich ausfüllende Engagement des Kibbutz-Jugendlichen in sozialen Aktivitäten ist sowohl ein großer Vorzug gegenüber anderen Erziehungssystemen als auch eine gewisse Gefahr. Ein Vorzug, da der Kibbutz-Jugendliche in einem wertbestimmten, selbst mitgestalteten, „jugendgemäßen" und grundsätzlich befriedigenden sozialen Feld lebt, das seine geistige, körperliche und soziale Entwicklung fördert, das es ihm erspart, in einem „Niemandsland" und in einem Status der persönlichen Abhängigkeit von Erwachsenen zu leben (*Nagler* 1963 b; 213); die positive Einwirkung dieses Engagements scheint dazu beigetragen zu haben, daß innerhalb der Kibbutz-Jugend nur vereinzelte Fälle von Jugendkriminalität beobachtet werden konnten (*Bettelheim* 1969; 50 f. und *Nagler* 1963 b). Zu einer Gefahr kann das starke Engagement werden, da das intensive Gruppenleben dem Einzelnen die Möglichkeit des Alleinseins weitgehend nimmt und dazu führen kann, daß dem Jugendlichen, dem klinischen Untersuchungsmaterial zufolge vor allem den Mädchen, der Prozeß der Individualisierung und die Suche nach der persönlichen „Identität" (*Erikson*) erschwert werden kann (*Bettelheim* 1969, *Nagler* 1963 b). Aufgrund des festen Engagements der Jugendlichen in der Schulgemeinschaft wird der Einfluß der Eltern, der, wie gezeigt werden soll, gerade für die individuelle Erziehung des Jugendlichen von großer Bedeutung ist, auf wenige Begegnungen in der Woche beschränkt. Die Eltern-Kind-Interaktion findet im allgemeinen nur noch im Zimmer der Eltern, kaum mehr, wie vor dem Eintritt in die Mittelpunktschule, innerhalb der Schulgemeinschaft statt. Diese einseitige Festlegung des Ortes der Eltern-Kind-Interaktion scheint nicht nur mit der beschriebenen Zeitordnung und geographischen Entfernung zwischen Schule und Elternhaus zusammenzuhängen; es gibt vielmehr in dem vorliegenden Befragungsmaterial der Eltern und in Selbstaussagen der Jugendlichen Hinweise darauf, daß viele Jugendliche das Erscheinen ihrer Eltern in der Schulgemeinschaft nur

ungern sehen, grundsätzlich eine deutliche Trennung zwischen Elternhaus und „Jugendkultur“ wahren, die Eltern nur in geringem Maße am Leben in der Schulgemeinschaft teilnehmen lassen und im Elternhaus einen von der Schulgemeinschaft unabhängigen, wenn auch begehrten Ort persönlicher, ernster Gespräche und der Entspannung sehen (*Arnon* 1961, *Tamar* 1960).

Die genannten Faktoren erschweren die erzieherische Kooperation zwischen Schule und Elternhaus, da zwischen Eltern und Erziehern innerhalb der Schulgemeinschaft kein täglicher informeller Kontakt möglich ist. Die Gefahr einer gewissen Isolierung der „Jugendkultur“ von der Erwachsenenwelt einerseits, der Familie gegenüber der Schule und dem Gemeinschaftsleben andererseits, die das beschriebene System mit sich bringt, ist von den Kibbutz-Pädagogen selbst erkannt worden (*Arnon* 1961). Um dieser Gefahr zu begegnen und einerseits das Bedürfnis der Eltern zu befriedigen, über ihr Kind und seine Probleme informiert und an der Lösung der Probleme beteiligt zu werden, sie andererseits anzuregen, bei der sozialen und „ideologischen“ Erziehung des Jugendlichen mitzuwirken, wurde ein formelles Programm der erzieherischen Kooperation entwickelt (*Arnon* 1961, *Golan* 1961), das u. a. folgende Punkte enthält: ein dreimal im Jahr veranstaltetes Treffen zwischen Eltern und Erziehern von je zwei Klassen mit Vorträgen und Diskussionen; ein zweimal im Jahr veranstaltetes Treffen zwischen dem Erzieher (Klassenlehrer) und den Eltern der einzelnen Altersgruppe mit Information über das Gruppenleben und den Unterricht; die Festlegung eines bestimmten Tages in der Woche, an dem die interessierten Eltern in den Klassen ihrer Kinder Besuche machen können; zweimal im Jahr Vorträge von Funktionsträgern der Kibbutz-Erziehung über zentrale Erziehungsprobleme der Adolszenz; die Anregung zur Herausgabe eines „Elternbriefes“ mit Informationen über die Aktivitäten der Altersgruppe, über den Unterricht etc.; die Verbreitung der internen pädagogischen Periodika der Kibbutz-Verbände und der von jeder Altersgruppe herausgegebenen Schülerzeitungen in den Elternhäusern; die Beteiligung der Eltern an den wissenschaftlichen und künstlerischen „Zirkeln“ der Altersgruppe; gegenseitige Information und Beratung zwischen Erzieher und Eltern über individuelle Erziehungsprobleme des Jugendlichen in Form von informellen Begegnungen im Rahmen des Elternhauses; Beratung und Führung einzelner Eltern von Jugendlichen mit Lernschwierigkeiten oder Problemen der Einordnung in das Gruppenleben, u. U. unter Heranziehung eines Psychiaters der Child-Guidance-Clinic der Kibbutz-Bewegung.

Das Ausmaß der Verwirklichung dieses reichen Programms der erzieherischen Kooperation in den Kibbutzim zu bestimmen, ist aufgrund des vorliegenden Befragungsmaterials unmöglich; repräsentatives Material über die erzieherische Kooperation konnte nicht ausfindig gemacht werden. Die wenigen vorliegenden Befragungsergebnisse legen den Schluß nahe, daß „in

Wirklichkeit die formellen und informellen Begegnungen zwischen Eltern und Lehrern im Gespräch über die Kinder sehr stark von Kibbutz zu Kibbutz, von Klasse zu Klasse schwanken" (*Tamar* 1960). Der Grad der Verwirklichung des Programms der erzieherischen Kooperation scheint einerseits von der Initiative und Vertrauenswürdigkeit der Erzieher und ihren zeitlichen Möglichkeiten (diese sind sehr eingeschränkt, zumal wenn sie selbst eine Familie haben), andererseits von der Einstellung der Eltern zur Kibbutz-Schule und zur Kibbutz-Erziehung überhaupt abzuhängen.
Die Erzieher werden schon während ihrer Ausbildung auf die erzieherische Kooperation hin geschult: die „Einheit der Erziehungsfaktoren" wird als eine der unabdingbaren Grundlagen der Kibbutz-Erziehung gelehrt. Eltern desselben Kibbutz-Verbandes berichten jedoch sowohl über ihre volle Beteiligung an den Problemen ihrer Kinder von seiten der Erzieher als auch über mangelnde Initiative und Vertrauenswürdigkeit einzelner Erzieher und von ihrem Gefühl, außerhalb des Schul- und Gruppenlebens ihrer Kinder zu stehen (*Tamar* 1960).
Neben dem unterschiedlichen Grad der Verwirklichung der erzieherischen Kooperation von seiten der Erzieher lassen die beschränkten, bislang vorliegenden Befragungsergebnisse eine gewisse Typologie von Elternhaltungen erkennen. Die Mehrheit der Eltern scheint das Schul- und Gruppenleben ihrer Kinder und den großen Einfluß der Erzieher und der Altersgenossen für entwicklungsmäßig notwendig und für positiv zu halten, die Beschränkung der Interaktion mit den Jugendlichen grundsätzlich zu akzeptieren und die Erziehungsarbeit der Lehrer zu unterstützen. Die meisten Eltern der ersten Kibbutz-Generation haben ihre eigene Jugend vorwiegend in der Jugendbewegung und in innerer Distanz gegenüber dem Elternhaus verbracht und lehnen daher aus eigener Erfahrung die Isolierung des Jugendlichen im Familienrahmen ab; andererseits erhoffen sie sich aufgrund der freiwilligen Gewährung der Integration ihrer eigenen Kinder in die „Jugendkultur" die Bewahrung intimer persönlicher Beziehungen zu ihnen ohne die Notwendigkeit eines Generationskonflikts (vgl. Kapitel IV, 3). Demgegenüber scheint es auch Kibbutz-Eltern zu geben, die unter dem eingeschränkten Kontakt mit ihren Kindern leiden, den Erziehern den ständigen Kontakt mit den Kindern und ihren großen Einfluß auf sie neiden, sich kritisch zur Kibbutz-Schule und zur Kollektiverziehung überhaupt stellen und die Erziehungsarbeit der Lehrer nicht aktiv unterstützen (*Hirschfeld* 1958). Einige von diesen Eltern scheinen sich durch die Erziehungsarbeit der Lehrer von eigener erzieherischer Verantwortung befreit zu fühlen, im Familienzusammensein vor allem einen angenehmen Zeitvertreib zu suchen und dadurch eine Trennung zwischen Familie und Kibbutz-Gesellschaft herbeizuführen, die die Integration des Jugendlichen in der von den kollektiven Werten der Kibbutz-Gesellschaft geprägten „Jugendkultur" nicht

unterstützt (*Arnon* 1961). Schließlich scheint eine wachsende Zahl von Eltern aus einer kritischen Haltung gegenüber dem bestehenden Erziehungssystem heraus Reformen der Kibbutz-Schule, wie z. B. größere Spezialisierung in den oberen Klassen, Abgehen von der ideologischen und allgemeinbildenden Erziehung zugunsten gründlicher Berufsausbildung, Einführung des Reifezeugnisses, um dem Jugendlichen die Chance einer akademischen Weiterbildung zu geben und ihm eine vom Kibbutz unabhängige Zukunft zu ermöglichen, und stärkere Berücksichtigung individuell-familialer Wünsche in Fragen der beruflichen Ausbildung und der Arbeitseinteilung des Jugendlichen zu verlangen (vgl. Kapitel IV, 5). Man kann in diesen Tendenzen den Versuch mancher Eltern erblicken, ihren Kindern eine befriedigendere Selbstverwirklichung zu ermöglichen, als sie ihnen selbst zuteil wurde; diese Einstellungen und die ihnen zugrunde liegende mangelnde Selbstverwirklichung scheinen aufs engste mit der problematischen Stellung der Frau im Kibbutz, vor allem in bezug auf ihre Arbeitsrolle, zusammenzuhängen. Gerade durch das beschriebene Programm der erzieherischen Kooperation versucht die Kibbutz-Erziehung, die individualistisch-familialen Tendenzen zu bekämpfen und die Eltern an der Vermittlung der kollektiven Werte durch die familiale Erziehung zu beteiligen (vgl. Kapitel IV, 4).

Neben dem formellen Programm der erzieherischen Kooperation und neben der Tatsache einer unterschiedlichen Verwirklichung dieses Programms infolge der unterschiedlichen Eignung der Erzieher und Haltung der Eltern müssen eine Reihe von Faktoren erwähnt werden, die außerhalb der unmittelbaren, formellen erzieherischen Planung die soziale und psychologische Grundlage für die gegenseitige Nähe von Schule und Gesellschaft, „Jugendkultur“ und Erwachsenenwelt im Kibbutz bilden, und die dazu geführt haben, daß zwischen „familialer“ und „öffentlicher“ Erziehung im Kibbutz eine größere Harmonie als in den meisten anderen Gesellschaften bestehen kann:

a) Die Verbundenheit der „Jugendkultur“ mit der Erwachsenenwelt: Der Kibbutz umfaßt als Siedlungsgemeinschaft sowohl die Erwachsenenwelt als auch die Institutionen der Erziehung: Eltern und Lehrer sind Mitglieder des Kibbutz und vertreten grundsätzlich dieselben kollektiven Werte. Die Jugendlichen werden von Eltern und Erziehern zu zukünftigen Mitgliedern des Kibbutz erzogen. Trotz einer gewissen Isoliertheit der „Jugendkultur“ besteht zwischen Eltern und Kindern sowie zwischen Eltern und Erziehern ein enger und ständiger Kontakt; mit der außerfamiliären Erwachsenenwelt kommen die Jugendlichen vor allem durch die körperliche Arbeit in Berührung, die sie täglich in verschiedenen Zweigen der Kibbutz-Wirtschaft ableisten. Es wurden eine Reihe von festen Traditionen entwickelt, die ihrerseits eine gemeinschaftliche Atmosphäre zwischen Jugendlichen und Erwachsenen zu erzeugen fähig sind: das gemeinsame Begehen der jüdischen Feste des Jahres, zu denen die einzelnen Altersgruppen eigene künstlerische und unterhaltende Beiträge liefern, Schuljahrschlußfeiern mit Theateraufführungen und anderen festlichen Veranstaltungen, die Festlegung eines „Tages des Kindes", an dem die Erwachsenen Anschauungsmaterial für den Unterricht herstellen.

b) Die Schaffung eines allgemeinen erzieherischen Bewußtseins: Der Kibbutz kann als kleine demokratische Gemeinschaft in besonders weitem Ausmaß Erziehung planen und ein allgemeines Bewußtsein der erzieherischen Probleme und Erfordernisse schaffen. Probleme der Schule in Unterricht, körperlicher Arbeit und Gruppenleben rücken immer wieder in den Mittelpunkt der Diskussion in den Mitgliederversammlungen der einzelnen Siedlungen, der lokalen Mitgliederzeitungen und der Zeitschriften der einzelnen Kibbutz-Verbände. Eltern sind ebenso wie Erzieher Mitglieder der Komitees, die für die Planung und Verwaltung der Erziehung im einzelnen Kibbutz verantwortlich sind; Reformen nehmen ihren Ausgang von öffentlichen Diskussionen, in denen zwar Fachleute aufgrund ihres beruflichen Wissens und ihrer Erfahrung zu überzeugen versuchen, in denen jedoch grundsätzlich jede Stimme gleich viel gilt und der allgemeine Konsensus entscheidet. Erziehung gilt als die erste Garantie der Fortsetzung des Kibbutz durch die nachfolgende Generation. „Die Gemeinschaft", heißt es im Grundsatzprogramm eines Kibbutz-Verbandes, „verwirklicht ihre Lebensform durch Erziehung ihrer Mitglieder, ständige Verbesserung der menschlichen Beziehungen und größtmögliche Teilnahme des Einzelnen an allen Angelegenheiten des Kibbutz" (Zit. in *Baratz* o. J.; 137).

c) Die psychologische Verbundenheit der Schule mit der Erwachsenengesellschaft und dem Elternhaus: Die Kinderhäuser und Schulgebäude der Siedlungen waren häufig die ersten festen Häuser, die um den Preis des Verzichts auf hohen Lebensstandard errichtet und unterhalten wurden; der Kibbutz ist eine „child-centered society" (*Spiro* 1955), und die Kibbutz-Schulen bilden wohl das einzige Erziehungssystem in der Welt, das innerhalb einer ländlichen Gesellschaft ausnahmslos jedem Kind eine zwölfjährige Schulbildung auf hohem Niveau zuteil werden läßt. Die psychologische Distanz zwischen Schule und Elternhaus wird weiter verringert durch die Tatsache, daß sie keine Zuteilungsstelle sozialer Chancen ist; die Kibbutz-Schule ist eine Einheitsschule ohne Selektion, ohne Berechtigungswesen und ohne Abschlußzeugnis. Der einzige soziale „Status", zu dem sie hinführt, ist allen gemeinsam: die Mitgliedschaft im Kibbutz. Von größter Bedeutung ist die Tatsache, daß die Kibbutz-Schule nicht nur für die Bildung und Ausbildung, sondern auch für die Erziehung des einzelnen Jugendlichen die Verantwortung übernimmt; die Übernahme der vollen erzieherischen Verantwortung bringt besondere Probleme der sozialen Integration, der

Sondererziehung und individuellen Betreuung mit sich, die nur in Zusammenarbeit mit den Eltern gelöst werden können; nur in wenigen, besonders schwierigen Fällen wird ein Kibbutz-Kind aus dem Prozeß der bruchlosen zwölfjährigen Schulerziehung herausgenommen und einer Spezialbehandlung innerhalb oder außerhalb des Kibbutz anvertraut. In jeder Kibbutz-Schule besteht ein Programm der „Sondererziehung" mit Nachhilfestunden, sozialer Betreuung, psychiatrischer Beratung und anderen Maßnahmen, die eigens ausgebildeten Erziehern oder Mitarbeitern der Child-Guidance-Clinics der Kibbutz-Bewegung übertragen sind; im allgemeinen werden die Jugendlichen, die innerhalb des Programms der Sondererziehung betreut werden, nicht aus ihrer Altersgruppe herausgelöst, um die möglichen therapeutischen Wirkungen der Verwurzelung des Jugendlichen in der von Kindheit an vertrauten Gruppe auszunützen (*Nagler* 1969). Das Fehlen des Berechtigungswesens und die Verwirklichung vollständiger Chancengleichheit aller Kinder scheinen die erzieherische Beschäftigung mit dem einzelnen Schüler im Lernprozeß und die erzieherische Kooperation mit dem Elternhaus bei der Lösung emotionaler Probleme des Kindes zu verlangen und zu fördern. — Als letzte Form der Verbundenheit zwischen Schule und Gesellschaft, öffentlicher und familialer Erziehung muß noch einmal die Kooperation innerhalb eines gemeinsamen Wertsystems genannt werden. Dabei ist die Schulgemeinschaft der hauptsächliche Ort der Vermittlung der kollektiven Werte und Tugenden; sie bereitet im Unterricht, in der Einführung in die körperliche Arbeit und im Gemeinschaftsleben der Altersgruppe den Jugendlichen systematisch auf das zukünftige Leben im Kibbutz vor; in den oberen Klassen wird eine „Theorie des Kibbutz" gelehrt, Probleme des Sozialismus, der Kibbutz-Gesellschaft, der Familie im Kibbutz werden diskutiert, und auch im allgemeinen Unterricht ist ein weltanschauliches Engagement spürbar; die „ideologische Erziehung" (vgl. Kapitel IV, 4) nimmt in der schulischen und außerschulischen Erziehung einen breiten Raum ein und erfaßt in Form von Vorträgen, Diskussionsfora und „sichot" (Gespräche) der Altersgruppe auch die Eltern. Die Verbindlichkeit eines gemeinsamen Wertsystems nähert Schule und Elternhaus einander an, bringt aber andererseits die Gefahr einer „Ideologisierung" der Schule mit sich; Spiro (1958) hat diese dogmatische Seite der Kibbutz-Schule, die in der von ihm beschriebenen Form jedoch nur für eine bestimmte Phase der Entwicklung eines einzigen Kibbutz-Verbandes kennzeichnend war, sehr stark hervorgehoben. Die neueren Veröffentlichungen der Kibbutz-Verbände betonen demgegenüber in starkem Maße die Notwendigkeit der Kritik und die Konfrontation der Kibbutz-Jugend mit der umgebenden Welt und ihren Werten (*Allon* 1965).

d) Die niedrigen Klassenfrequenzen in der Kibbutz-Schule: Die Klassenfrequenzen von 20 bis 25 Schülern ermöglichen es dem Lehrer, den einzelnen Schüler und seine Probleme im Unterricht und im außerschulischen Gemeinschaftsleben kennenzulernen. Tagebücher von Kibbutz-Jugendlichen und Befragungen zeigen, daß zwischen den Jugendlichen und ihren Erziehern im allgemeinen ein Vertrauensverhältnis herrscht; oft wenden sich die Jugendlichen zur Besprechung persönlicher Probleme, z. B. in der Sexualerziehung (vgl. Kapitel IV, 6), gerade an diese. Die persönliche Kenntnis des Einzelnen und seiner Probleme und die Möglichkeit, durch Gespräch und persönliches Beispiel auf ihn einzuwirken, bildet eine wesentliche Grundlage für die Erziehung in der Kibbutz-Schule und für die erzieherische Kooperation mit den Eltern. Die Tatsache, daß ein Erzieher durch persönliche Gespräche und Beobachtungen oft mehr über einen Jugendlichen weiß als die Eltern, befähigt ihn u. U. zur Beratung und Führung der Eltern. Angesichts der niedrigen Klassenfrequenzen und des oben beschriebenen „demokratischen" Charakters der Kibbutz-Schule muß es zunächst befremden, daß die Literatur über Kibbutz-Jugendliche von häufigen Lernschwierigkeiten zu berichten weiß (*Nagler* 1969; 740). Wenn man einmal von der allgemeinen Tendenz der Kibbutz-Pädagogik, intellektuellen Leistungen keine besondere Bedeutung beizumessen — körperliche Arbeitsleistung und soziale Aktivität werden höher bewertet —, absieht, so lassen sich für diese Erscheinung folgende Gründe anführen. Erstens führt die „Ideologie der Gleichheit" nicht selten zu einer Orientierung des Unterrichts am Durchschnitt, was Enttäuschungen hervorrufen kann sowohl bei außergewöhnlich intelligenten Schülern, die zu wenig Herausforderung erfahren und u. U. die Freude am Lernen verlieren, als auch bei besonders schwachen Schülern, die überfordert werden und zum kontinuierlichen Durchlaufen der zwölfjährigen Einheitsschule kaum fähig sind (*Darin-Drabkin* 1967; 143 f.). Zweitens erschwert gerade die geringe Größe der Klassen und der einzelnen Schule im ganzen eine effektive Differenzierung, da der Aufwand für Gruppenräume, Lehrmittel etc. häufig die ökonomischen Möglichkeiten der einzelnen Siedlungen überfordern würde. Drittens erzeugt die allgemeine Vermeidung von Zensuren bei manchen Schülern eine geringe Lernmotivation. Schließlich wird bisweilen die enge Verbindung von Unterrichtung und Erziehung bzw. die „Tatsache, daß in der Kibbutzerziehung alle Lehrer in so viele elterlich-pflegerische Funktionen einbezogen werden", im Lernprozeß „pathogen wirksam . . . Es entsteht, wenn auch sicher in weniger starkem Ausmaße und in umgekehrter Ordnung, eine Affektsituation, ähnlich der, wenn Eltern Unterrichtsfunktionen gegenüber ihren Kindern übernehmen wollten" (*Nagler* 1969; 740). Die zuletzt angeführte Begründung für Lernschwierigkeiten von Kibbutz Jugendlichen gibt einen Hinweis auf das allgemeine Problem, das jedes enge „pädagogische Verhältnis" — für den Jugendlichen im Kibbutz geht es dabei fast noch mehr um das Verhältnis zu den professionellen Erziehern als um jenes zu den Eltern —

neben positiven Möglichkeiten auch die Gefahr tiefer seelischer Konflikte mit sich bringt.

e) Die besondere Stellung der Erzieher in der Kibbutz-Gesellschaft: Eine repräsentative Untersuchung über den Status der Erzieher im Kibbutz liegt noch nicht vor; man muß jedoch davon ausgehen, daß die Kibbutz-Bewegung sich von ihren Anfängen an als eine Erziehungsbewegung verstanden hat, und daß sich der Kibbutz nur durch bewußte Erziehung der nachfolgenden Generation zu den kollektiven Werten fortsetzen kann. Die Erzieher sind als Vertreter der Gesellschaft mit dem Geschäft der Erziehung beauftragt, sie sind die hauptsächlichen Vermittler der kollektiven Werte; dieser Status der Erzieher ist im Kibbutz von noch größerer Bedeutung als in anderen Gesellschaften, weil über die Ausbildung zum Erzieher nicht der Wille der Eltern und nicht nur der Wille des Einzelnen, sondern in letzter Instanz die Mitgliederversammlung entscheidet. Vertrauen zu den Erziehern kann daher bei der Mehrheit der Eltern grundsätzlich vorausgesetzt werden. Eine möglichst gründliche Ausbildung der Erzieher liegt im Interesse aller und wird auf Kosten des Kibbutz im Lehrerseminar der Kibbutz-Bewegung gegeben; sie führt jedoch zu keinerlei materiellen Vorteilen oder sozialen Privilegien. Mehr als in anderen Gesellschaften scheint die Autorität des Kibbutz-Erziehers auf der Überlegenheit seines beruflichen Wissens und auf seinem Status als Vertreter der Gesellschaft und Vermittler der gesellschaftlichen Werte zu beruhen, und diese Tatsache scheint einen gewissen Ausgleich zu schaffen gegenüber dem Mangel an persönlicher Autorität, der sich aus der geringen „beruflichen Distanz“ der Erzieher zu den Eltern und Schülern ergeben kann. Die überpersönliche Autorität der Erzieher als „Abgesandte“ der Gesellschaft und ihre Vertrauenswürdigkeit, die aufgrund der „Wahl“ durch die Mitgliederversammlung grundsätzlich garantiert ist, scheinen die Vorbedingungen für den Erfolg des Systems der erzieherischen Kooperation zwischen Schule und Elternhaus zu sein.

Angesichts des beschriebenen Status des Erziehers in der Kibbutz-Gesellschaft überrascht die Tatsache, daß verhältnismäßig wenige Jugendliche, unter diesen wenigen aber vorwiegend Mädchen, den Erzieherberuf wählen; nur 2 % der Schüler (16 % der Schülerinnen) erstreben, einer repräsentativen Befragung zufolge, den Erzieherberuf (*Sarell* 1960). Zwei Faktoren konnten für diese Erscheinung ausfindig gemacht werden: a) die zeitliche Überbelastung der Erzieher im System der Kibbutz-Erziehung; b) die Betonung der körperlichen, „produktiven“, vor allem landwirtschaftlichen Arbeit im Kibbutz — 89 % der Schüler und 53 % der Schülerinnen tendieren zu diesen Arbeitsbereichen — als Reaktion auf die Betonung intellektueller Leistungen im traditionellen Judentum. Über die Erzieher hört man im Kibbutz zuweilen das Schlagwort von den „white collar workers“ als Kritik an der Distanz der Erzieher gegenüber dem Arbeitsleben des Kibbutz. So läßt sich auch in der Kibbutz-Gesellschaft eine gewisse Ambivalenz des Status der Lehrer beobachten, die in anderer Form für viele Gesellschaften kennzeichnend ist. In einigen Kibbutzim ist es üblich geworden, die „isolierte“ Stellung des Erzieherstandes dadurch abzuschwächen, daß Lehrer immer wieder für ein Jahr vom Schuldienst befreit und zur körperlichen Arbeit in der Produktion und in den Dienstleistungen herangezogen werden.

Zusammenfassend läßt sich sagen, daß dem Kibbutz-Jugendlichen in der Schulgemeinschaft ein weitgehend selbstbestimmtes, durch Unterricht, körperliche Arbeit und soziales Gruppenleben erfülltes soziales Feld zur Verfügung steht, innerhalb dessen er von ihm vertrauten Erziehern unterrichtet und persönlich beraten und geführt wird, dessen Aktivitäten, Werte und Tugenden ihn auf den Eintritt in die Erwachsenengesellschaft vorbereiten und dessen Struktur zugleich eine weitgehende Beteiligung der Eltern am Leben und an der Erziehung des Jugendlichen innerhalb der „Jugendkultur“ und den regelmäßigen Kontakt zwischen Eltern und Kindern sowie zwischen Eltern und Erziehern während der ganzen Erziehungsperiode bewahrt und fördert.

„Es hat“, wie der derzeitige Leiter des „Instituts zur Erforschung der Kibbutz-Erziehung“ (*Oranim*) in einem frühen Sammelwerk über die Kibbutz-Erziehung bemerkt hat, „schon manche Versuche gegeben zu beweisen, daß die Erziehung in einer ‚Kindergesellschaft‘ der Familienerziehung vorzuziehen sei, in diesen Versuchen spielte jedoch der Faktor der Eltern überhaupt keine praktische, tagtägliche Rolle mehr . . . Der Chinuch Hameshutaf bildete zum erstenmal eine Lebensform aus, in der beide Erziehungsfaktoren, Kindergesellschaft und Eltern, zusammenwirken. Dies ist zweifellos eine der entscheidenden Neuerungen dieser Erziehungsform“ (*Gerson* 1947 a).

Es wäre eine interessante und wichtige Forschungsaufgabe, die spezifischen Probleme des Jugendalters im Kibbutz und die spezifischen Strukturen und pädagogischen Prozesse innerhalb der „Jugendkultur“ im Kibbutz gründlich zu analysieren und zu einem Vergleich mit anderen Formen der Kollektiverziehung, z. B. in der Sowjetunion (*Makarenkos* Jugendkollektive und die Erziehung im Rahmen der Jugendorganisationen), zu gelangen. Wenn man von der mittlerweile in mancher Hinsicht veralteten Untersuchung von Spiro (1958) und den mehr spekulativen Betrachtungen von Bettelheim (1969) absieht, so stellt die Studie von Betensky (1967) bislang den einzigen Beitrag zur Erfassung dieses Fragenkomplexes dar; zahlreiche Anregungen finden sich darüber hinaus innerhalb der systematischen Gesamtdarstellung des Problems der Altersgruppen von S. N. Eisenstadt (1956) und in dessen früher Forschungsarbeit über soziologische Aspekte der Altersgruppenstruktur in den Kollektivsiedlungen Israels (*Eisenstadt* 1950). Angesichts der Konzentrierung auf die Rolle der Familie in der Kibbutz-

Erziehung können in unserer Sekundäranalyse nur einige der in diesem Zusammenhang relevanten Fragen behandelt werden, insoweit als sie das Verhältnis zwischen den Generationen (Kapitel IV, 3), die ideologische Orientierung der Jugendlichen (Kapitel IV, 4), ihre Eingliederung in das Wirtschaftsleben (Kapitel IV, 5) und ihre sexuelle Identität (Kapitel IV, 6) betreffen.

3. *Die Konfliktsituation zwischen den Generationen und die Tradierung der sozialen Revolution*

Um die Dimensionen der Generationsfolge im Kibbutz zu verdeutlichen, müssen die folgenden Tatsachen noch einmal erwähnt werden: Die ersten Kibbutz-Pioniere kamen aus der familial orientierten Gesellschaftsform des osteuropäischen „Shtetl“, dessen jahrhundertelange Tradition durch die religiös begründete väterliche Autorität in der Familie gewahrt worden war. In einem scharfen Generationskonflikt hatten sie sich gegen die väterliche Autorität und gegen die von den Vätern verkörperte Gesellschaftsform aufgelehnt und sich in einer familienfeindlichen, kollektivistisch orientierten Jugendbewegung organisiert, deren Ziele die Auswanderung nach Palästina und die Schaffung eines jüdischen Staates auf der Grundlage landwirtschaftlicher Kolonisation durch die produktive „Selbstarbeit“ einer jüdischen Arbeiterschaft waren. Zum Mittelpunkt dieser kollektivistischen Jugendbewegung wurde die Kibbutz-Bewegung; die Gesellschaftsstruktur und die Werte des Kibbutz können als Ausdruck einer „Überreaktion“ der jugendlichen Pioniere gegenüber der Gesellschaftsstruktur und den Werten des „Shtetl“ betrachtet werden. In der ersten Phase dieser „Überreaktion“ lehnten die Kibbutz-Pioniere die Familie als soziale Einheit grundsätzlich ab; die Kibbutz-Bewegung sollte sich selbst aus dem Reservoir der Jugendbewegung fortsetzen. Nach der Überwindung dieser familienfeindlichen Phase und mit dem Erscheinen einer neuen, bereits im Kibbutz geborenen Generation gelangte die Kibbutz-Bewegung zu einer differenzierten Einstellung gegenüber der Familie. Die Familie sollte als biologische und emotionale Einheit erhalten und vom Kollektiv unterstützt werden; ihre Struktur sollte jedoch gegenüber derjenigen der patriarchalischen Familie grundsätzlich verändert werden. Die wirtschaftliche Abhängigkeit der Frau vom „Ernährer“ der Familie sowie die wirtschaftliche und autoritative Abhängigkeit der Kinder vom Vater wurde aufgelöst; das System der Kollektiverziehung übertrug die formale Erziehung grundsätzlich auf ausgebildete Erzieher als Vertreter des Kollektivs und organisierte die Kinder in altersgegliederten Gruppen, in denen die kollektiven Werte der Gesellschaft von Kindheit an vermittelt und eingeübt werden sollten. Die Betonung der außerfamiliären Erziehung scheint von besonderer Bedeutung für die Entwicklungsphase der Adoleszenz, in der der Jugendliche bewußt seine „Identität“ und seine Rollenbestimmung in der Gesellschaft sucht. Die Suche nach einer eigenen Identität und nach einer befriedigenden Integration in eine freiwillig akzeptierte Gesellschaftsform hatte die jugendlichen Kibbutz-Gründer in den scharfen Generationskonflikt mit ihren Vätern getrieben, denen gegenüber sie sich aufgrund der Familien- und Gesellschaftsstruktur in einer starken ökonomischen und autoritativen Abhängigkeit befunden hatten. „Unsere Gruppe wurde gegründet“, heißt es in einem Zeugnis aus dem Jahre 1922, „als eine Reaktion gegenüber dem autokratischen Erziehungssystem, das wir als Jugendliche erfahren haben“ (Zit. in *Diamond* 1957). Einschränkend muß hier betont werden, daß die schroffe Gegenüberstellung von „Shtetl“ und Kibbutz einen Teil des ideologischen Selbstverständnisses des Kibbutz ausmacht und gemeinsame Züge wie den kleinstädtischen bzw. dörflichen Charakter, die Neigung zum „Klatsch“ etc. leicht in Vergessenheit geraten läßt.

Sollte die Gesellschaftsform des Kibbutz auf der Grundlage überzeugter Identifikation der Jugendlichen in der Generationsfolge fortgesetzt werden, so mußte ein grundsätzlicher Konflikt zwischen Vätern und Söhnen vermieden werden. Es stellt sich daher für die objektive Betrachtung die Frage, ob die bestehende Struktur der Kibbutz-Gesellschaft und Kibbutz-Familie Konflikte zwischen den Söhnen und ihren Vätern im allgemeinen ermöglicht oder ausschließt, ob sich die Kibbutz-Jugend aufgrund der bestehenden Beziehungen zwischen den Generationen mit den Vätern und den von ihnen verkörperten Werten der Gesellschaft identifiziert und die Lebensform des Kibbutz fortzusetzen gewillt ist. Die Frage nach den Konflikten des Jugendlichen mit der Erwachsenenwelt bezieht sich auf mehrere „Felder“ möglicher Konflikte, die allerdings eng miteinander zusammenhängen: a) die Familie und Konflikte des Jugendlichen, die einerseits aus der Autoritätsstruktur der Familie, andererseits aus der mangelnden Möglichkeit, sich mit den eigenen Eltern und ihrer Rolle in der Gesellschaft zu identifizieren, entstehen können; b) die außerfamiliäre Gesellschaft und Konflikte des Jugendlichen, die u. a. mangels der Möglichkeit, sich mit der Gesellschaft und ihren Werten zu identifizieren und in ihr zu einer befriedigenden Selbstverwirklichung zu gelangen, entstehen können, und deren Entstehung unter anderem von der Einstellung der betreffenden Gesellschaft zur Jugend als besonderer und eigenständiger Entwicklungsphase abhängen kann; c) das kollektivistische Wertsystem selbst und dessen unterschiedliche Interpretierung bzw. praktische Erfüllung in der älteren Generation — und innerhalb derselben wäre zu unterscheiden zwischen „Funktionären“ und politisch passiven Mitgliedern, zwischen Männern und Frauen — und in der jungen Kibbutz-Generation.

Die möglichen Konflikte im Spannungsfeld der Eltern-Kind-Beziehungen hängen ihrerseits von der Struktur der Familie (autoritativ oder partnerschaftlich), von der Beziehung der Familie zur Gesellschaft (isoliert oder integriert) und vom System der Erziehung in der betreffenden Gesellschaft (familienbetont oder vorwiegend außerfamiliär oder in verschiedenen Formen der Kooperation zwischen öffentlicher und Familienerziehung) ab; zwischen der Struktur der Gesellschaft, der Struktur der Familie und der Struktur des Erziehungssystems scheint eine wechselseitige Abhängigkeit zu herrschen, deren Form ihrerseits die Stellung der Jugendlichen in der Erwachsenengesellschaft bestimmt. Kollektivistische Gesellschaften wie der Kibbutz zeigen die Tendenz, die Autoritätsstruktur der Familie zugunsten der Verbindlichkeit kollektiver Werte aufzulösen und die Abhängigkeit des Jugendlichen mehr auf das Kollektiv als auf die Familie zu beziehen. Die formale Erziehung wird von der Familie auf kollektive Erziehungsinstitutionen übertragen und der Jugend wird ein eigener, von der Erwachsenengesellschaft deutlich getrennter, altersbestimmter Status zugesprochen, der in einer „Jugendkultur" institutionalisiert und durch die Organisation altersgegliederter Erziehungsgruppen und Jugendverbände gekennzeichnet ist; diese sind ihrerseits von den kollektiven Werten geprägt und als unmittelbare Vorbereitung auf zukünftige Rollen in der Erwachsenengesellschaft angelegt. S. N. Eisenstadt (1956) hat in seinen vergleichenden Untersuchungen über das Generationsproblem eine konstante Relation zwischen der kollektivistischen Orientierung in einer Gesellschaft und der „Formalisierung" überlokaler Jugendorganisationen und altersbestimmter Erziehungsgruppen mit einem starken Bewußtsein von Werten, die mit den Werten der Erwachsenengesellschaft grundsätzlich identisch sind, mit intensivem Gemeinschaftsleben, Zeremonien des Übergangs von einer Altersstufe zur anderen und mit gemeinsamen Symbolen und Normen nachgewiesen. Insoweit als in derartigen Gesellschaften die kollektivistische Orientierung die Wertverbundenheit der Gesamtheit der Mitglieder bedeutet, wie es in der voluntativen Gesellschaftsform des Kibbutz der Fall ist, umgreift sie auch die Familie, und insoweit als der Familie ein Eigenleben und erzieherischer Einfluß auf die Kinder zugestanden werden, ermöglicht die gemeinsame kollektivistische Orientierung das größte Ausmaß der Harmonie zwischen der Familienstruktur und der gesamten Gesellschaftsstruktur (*Eisenstadt* 1956; 294 ff.) im Vergleich zu anderen, individualistisch-familial oder nicht-familial orientierten Gesellschaften. Zwischen der Identifizierung des Jugendlichen mit den Eltern und seiner Identifizierung mit der Altersgruppe muß in diesem Fall kein Widerspruch bestehen, indem beide Formen der Identifizierung zur Integration in der „ererbten" Gesellschaft führen. Die Identifizierung des Jugendlichen mit seinen Eltern und ihren Rollen in der Gesellschaft kann für ihn die Grundlage zur Identifizierung mit den entscheidenden Werten der Gesellschaft bilden. In diesen Fällen ist das Problem der Übertragung der Identifikation von der Familie auf die weiteren Organisationsbereiche und die gesamte Sozialstruktur weniger einschneidend als in anderen Typen nicht-familialer und individualistisch-familialer Gesellschaften (*Eisenstadt* 1956).

Aus diesen Überlegungen ließe sich die Hypothese ableiten, daß im Kibbutz, der das deutlichste Beispiel einer kollektivistisch orientierten Gesellschaftsstruktur mit der Formalisierung einer „Jugendkultur" bei gleichzeitiger Wahrung der emotionalen Familieneinheit gibt, Konflikte zwischen den Generationen grundsätzlich eine geringere Intensität haben als in Gesellschaften, in denen eine größere Distanz zwischen Familie und gesamter Sozialstruktur und eine stärkere individualistisch-familiale Orientierung vorherrscht. Es muß andererseits berücksichtigt werden, daß sich auch in den Kibbutzim Konflikte zwischen Familie und Kollektiv im Sinne einer Zunahme individualistisch-familialer Tendenzen im Bereich der Erziehung, des Konsums etc. gezeigt haben (vgl. Kapitel II, 3), welche die Tradierung der sozialen Revolution in der Generationenfolge belasten; dadurch wird jedoch, wenn man das bis 1966 veröffentlichte Untersuchungsmaterial zum Generationsproblem überprüft, die vorgetragene Hypothese nicht widerlegt. Die allgemeine Identifizierung der jungen Generation mit der ihnen von der Vätergeneration überlieferten Gesellschaftsform des Kibbutz drückt sich am deutlichsten in der Tatsache aus, daß etwa 90 % der Jugendlichen nach der Ableistung des Militärdienstes in der israelischen Armee als aktive Mitglieder in den Kibbutz zurückkehren (*Nagler* 1963 b; 213). Es ist in diesem Zusammenhang darauf hingewiesen worden, daß die Rückkehr der Jugendlichen in den Kibbutz in vielen Fällen nicht einer wertmäßigen Identifizierung, sondern der pragmatischen und emotionalen Anpassung an die Gesellschaftsform, in welche die Jugendlichen zufällig hineingeboren wurden, entspringe; in einer nicht repräsentativen Interviewserie erhielt Spiro (1965; 360) auf die Frage nach den Motiven zur Forsetzung des Kibbutz-Lebens von Jugendlichen häufig die Antwort: „Ich bin hier geboren; es ist mein Zuhause!". Ebenso häufig gaben Jugendliche jedoch Antworten wie „Es ist für mich die beste Lebensform" und „Weil er (der Kibbutz) gerecht, gleich und frei ist" (*Spiro* ²1965; 360). Trotz seiner im ganzen kritischen Einstellung zur Kibbutz-Erziehung kam Spiro aufgrund seines Untersuchungsmaterials zu dem Schluß, daß der junge, im Kibbutz geborene und erzogene Erwachsene eine „Persönlichkeit mit einem Gefühl für Werte und einem Gewissen, das die Erfüllung dieser Werte sichert, (darstellt). Er fühlt sich dazu getrieben, die grundlegenden Züge der Kibbutz-Kultur — ihren kollektiven Besitz, die Güterverteilung gemäß dem Bedürfnis aller, landwirtschaftliche Arbeit, kollektive Kindererziehung, Hingabe an geistige und ästhetische Werte — fortzusetzen" (*Spiro* ²1965; 462).

Eindeutiger als das beschränkte Material Spiros hat eine repräsentative Befragung von 500 Jugendlichen aus 12 Kibbutzim (*Sarell* 1960) gezeigt, daß sich die zweite, im Kibbutz geborene und erzogene Generation bewußt mit den Werten der Kibbutz-Gesellschaft identifiziert. Die „bewahrende" Tendenz bezüglich der Werte des Kibbutz ist diesen Befragungsergebnissen zufolge in der jungen Generation im allgemeinen sogar stärker entwickelt als in der Gründergeneration selbst. In ihren Einstellungen zu Fragen der Kindererziehung (familiale oder kollektive Übernachtung der Kinder), der Berufsausbildung und Arbeitszuweisung (mit oder ohne Berücksichtigung der Elternwünsche) und des Konsums (öffentliche oder private Versorgung) gibt sich die junge Generation „kollektivistischer" als die Gründergeneration. Demgegenüber zeigen sich in der Gründergeneration selbst, die in ihrer Kindheit im Familienrahmen erzogen wurde, stärkere „familiale" Tendenzen, die gewissermaßen eine Abweichung und „Erneuerung" gegenüber den ursprünglichen Werten des Kibbutz darstellen. Aufgrund dieser Tatsache muß die überwiegende Identifizierung der im Kibbutz geborenen Generation mit den ursprünglichen Werten des Kibbutz als ein „Erfolg" der kollektiven Erziehung innerhalb der „Jugendkultur" verstanden werden; diese Identifizierung führt trotz der Verstärkung familialer Werte in der Gründergeneration nicht zu einem wertmäßigen Gegensatz zwischen Söhnen und Vätern, sondern dient der bewußten Fortsetzung des von den Vätern überlieferten Wertsystems.

In die gleiche Richtung weisen die Befragungen und testpsychologischen Untersuchungen von A. I. Rabin: 90 % von 123 jungen Müttern gaben bei einer Befragung an, daß sie sich mit der Kollektiverziehung identifizieren und im Kibbutz „ihren Lebensweg" sehen (*Rabin* 1964). In einer weiteren, allerdings nicht repräsentativen Untersuchung mit Hilfe projektiver Methoden fand Rabin bei 30 Kibbutz-Jugendlichen eine allgemeine Anpassung an die Werte der Kibbutz-Gesellschaft, die sich unter anderem in der Zukunftsperspektive der Jugendlichen zeigte; im Vergleich zu einer Kontrollgruppe von familienerzogenen Jugendlichen war die Zukunftsperspektive der Kibbutz-Jugendlichen weniger individuell-spezialisiert und mehr auf die Bedürfnisse der Gesellschaft bezogen (*Rabin* 1961). Aufgrund einer entsprechenden Untersuchung der gesellschaftlichen Einstellungen von 31 Militärdienstabsolventen aus mehreren Kibbutzim kam Rabin zu der Schlußfolgerung: „Die jungen Erwachsenen des Kibbutz rebellieren nicht gegen ihre Gesellschaft; im Gegenteil fühlen sie sich in ihr verwurzelt, wollen in sie zurückkehren und setzen deren kollektive Werte unter Hintansetzung individueller Pläne und Ambitionen fort" (*Rabin* 1965; 195). Die im Kibbutz geborene und erzogene Generation scheint sich demnach in ihrer überwiegenden Mehrheit mit der Vätergeneration, der von ihr verkörperten Gesellschaftsform und ihren Werten zu identifizieren. Einige persönliche

Zeugnisse von Kibbutz-Jugendlichen, die zwar nicht dem erwähnten Befragungsmaterial entnommen sind, aber doch die darin widergespiegelte Situation der Kibbutz-Jugend kennzeichnen, sollen dies verdeutlichen.

In der Schlußfolgerung aus einem Gespräch über die „Verknüpfung der Generationen", das in der internen Zeitschrift einer Kibbutz-Organisation im Jahre 1966 abgedruckt wurde, finden sich die folgenden Sätze: „Die Probleme (der Fortsetzung) sind schwer. Aber auf der anderen Seite darf man nicht vergessen, daß es noch keine andere jüdisch-laizistische Lebensform mit einem so großen Ausmaß an Zusammenhang, Verknüpfung der Generationen und Fortsetzung gibt wie den Lebensweg des Kibbutz. Wo kann man heute noch in der jüdischen Wirklichkeit eine derartige Einheit von Familien finden? Wo gibt es noch Kinder und Kindeskinder, die ihren Vätern nachfolgen, wenn auch mit Problemen? Wo kann man heute noch so große Familien finden, die im selben Lebensrahmen und im selben Siedlungspunkt leben, eine Gemeinschaft von Arbeitern, die Seite an Seite mit ihren Kindern und Enkeln am selben Werk mitarbeiten?"

In einer Diskussion über Probleme der Fortsetzung des Kibbutz findet sich die folgende Stellungnahme eines Jugendlichen: „Hier (im Kibbutz) besteht nicht das Problem des Verrats an den Eltern, des Verlassens der Eltern. Im Gegenteil. Hier setzen die Söhne das Werk ihrer Väter fort. Sie erneuern, verbessern, kämpfen gegen das Schlechte, aber das Werk im ganzen ist dasselbe Werk. Hier besteht kein Widerspruch von Idealen, hier sind die Beziehungen tiefer. Hier drückt sich die Liebe zu den Eltern in der Identifizierung mit dem gemeinsamen Weg aus . . ., und das gibt auch eine Beziehung der Wertschätzung und emotionalen Bindung gegenüber den Eltern" (Zit. in „*Ophakim*" 1956; 272).

Die Identifizierung des Kibbutz-Jugendlichen mit den kollektiven Werten hängt, wie die zitierten Zeugnisse und sämtliche Befragungsergebnisse zeigen, nicht nur mit dem Einfluß der kollektiven Erziehungsinstitutionen, sondern auch mit der Bindung an die Eltern zusammen. Die allgemeine Konfliktlosigkeit im Verhältnis zwischen den Generationen läßt daher auf eine entsprechende grundsätzliche Konfliktlosigkeit in den Beziehungen zwischen Eltern und Kindern in der konkreten Familiensituation schließen. Allerdings berührt die Darstellung bei der Beschreibung der innerfamiliären Konfliktmöglichkeiten einen Bereich, wo Verallgemeinerungen unmöglich sind, da auch im Kibbutz jede Familie ihre eigenen inneren Beziehungen aufweist, die vom Einzelnen und seinem Charakter sowie von der Qualität der emotionalen Beziehungen in der Ehe und anderen Faktoren abhängen.

Abgesehen von den klinisch erfaßten Fällen innerfamiliärer emotionaler Konflikte, die als pathologische Abweichung von den vorherrschenden, „normalen" Familienbeziehungen betrachtet werden müssen, sind jedoch die allgemeine Struktur der Kibbutz-Familie, ihre Funktionen und ihre

Stellung in der Gesellschaft von entscheidender Bedeutung für die Bestimmung der Konfliktsituation zwischen Eltern und Kindern. Eine Familie, die einerseits die meisten Erziehungsfunktionen an außerfamiliäre Erzieher und Erziehungsinstitutionen abgegeben hat, keine tägliche Wohngemeinschaft darstellt und keine wirtschaftliche oder autoritative Abhängigkeit der Kinder von den Eltern zuläßt, andererseits eng mit den kollektiven Erziehungsinstitutionen zusammenarbeitet und grundsätzlich dieselben kollektiven Werte wie diese den Kindern zu vermitteln bestrebt ist, kann nicht die gleichen Konfliktsituationen erzeugen wie die isolierte Kleinfamilie in nichtkollektivistischen Gesellschaften, wo der Jugendliche leicht in einen Konflikt zwischen „familialen" und „öffentlichen" Werten gerät (*Dahrendorf* 1965).

Der Kibbutz-Jugendliche befindet sich in keiner wirtschaftlich-autoritativen Abhängigkeit von den Eltern, und sein tägliches Leben spielt sich vorwiegend im Rahmen der Schulgemeinschaft ab. „Frühe emotionale Unabhängigkeit und Selbstvertrauen sind", wie Rabin aufgrund seiner Untersuchungen feststellte, „kennzeichnend für das heranwachsende Kibbutz-Kind. Relative Unabhängigkeit von intensiver und problematischer Auseinandersetzung mit den Elterngestalten bleibt kennzeichnend für den Heranwachsenden und den jungen Erwachsenen im Kibbutz. Die Adoleszenz selbst ist nicht so sehr eine Sturm-und-Drang-Periode; das Kind muß nicht um seine Unabhängigkeit kämpfen — es hat diese schon lange erworben. Psychische Konflikte, die letztlich aus innerfamiliären Beziehungen stammen, sind in dieser und in anderen Perioden minimal. Als Folge hiervon sind neurotische Züge relativ selten und unbedeutend" (*Rabin* 1965; 208).
Zu entsprechenden Ergebnissen gelangte J. Arnon (1961) in einer repräsentativen Befragung von 182 Schülern und deren Eltern aus sechs Mosad-Schulen. In den Antworten der befragten Jugendlichen fiel „das Fehlen des Rebellierens gegen die Eltern auf, das die Psychologen gewöhnlich in der Adoleszenz finden und hervorheben." Im krassen Gegensatz zu amerikanischen Forschungsergebnissen, denen zufolge nur 2 % der Jugendlichen keine Konflikte mit ihren Eltern haben (*Garrison* [5]1956), gab im Kibbutz die Mehrheit (mehr als 50 %) der Jugendlichen an, keine Konflikte mit den Eltern zu haben. Durch die weitgehende Erziehung des Kibbutz-Jugendlichen in der „Jugendkultur" und die Beschränkung des Familienlebens auf die gemeinsam verbrachte Freizeit werden in der Kibbutz-Familie viele mögliche Konfliktsituationen, z. B. spätes Nachhausekommen, Geldausgaben, Benutzung eines Fahrzeugs, Rendezvous etc. vermieden, die die Beziehungen zwischen Jugendlichen und Eltern in anderen Gesellschaften belasten. Wenn die Kibbutz-Jugendlichen Konflikte mit ihren Eltern erwähnen, scheinen diese allgemeinere Probleme zu betreffen, z. B. „Gesundheit", „Benehmen", „Beziehung zu Geschwistern" etc., und in geringerem Maße die Unabhängigkeit des Jugendlichen einzuschränken (*Arnon* 1961).

Die Feststellung einer überwiegenden Konfliktlosigkeit in den Eltern-Kind-Beziehungen während der Adoleszenz, die aufgrund des vorliegenden Materials über die Kibbutz-Familie getroffen werden kann, darf nicht ohne weiteres als eine Wertung positiver Art im Hinblick auf die emotionale und erzieherische Qualität der Eltern-Kind-Beziehungen verstanden werden. Nur im einzelnen Fall könnte nachgewiesen werden, ob Konflikte wirklich nicht bestehen oder nur erfolgreich vermieden werden durch Zurückhaltung der Kinder und Nachgiebigkeit der Eltern; ob kleine Konflikte, z. B. über Fragen der Kleidung, als unwesentlich, grundsätzliche Konflikte aber als notwendig und fruchtbar gelten und dementsprechend ausgetragen werden; ob Konfliktlosigkeit gegenseitiges Verständnis oder aber Distanzierung von seiten des Jugendlichen ausdrückt. Die Vermeidung von Konflikten kann einerseits Anerkennung der Selbständigkeit des Jugendlichen, andererseits aber auch Flucht vor der erzieherischen Verantwortung gegenüber dem Jugendlichen bedeuten. Die prinzipielle Frage, ob Konfliktlosigkeit gegenüber den nächsten erwachsenen Bezugspersonen die Entwicklung einer eigenständigen Persönlichkeit eher hemmen als fördern kann, inwieweit also Konfliktlosigkeit als „Ideal" abzuweisen ist, lassen wir hier unberührt.
Bei aller Vorsicht gegenüber Verallgemeinerungen ist die Schlußfolgerung berechtigt, daß die Familienstruktur im Kibbutz die Identifizierung des Jugendlichen mit seinen Eltern erleichtert; da der Jugendliche weder der Kontrolle noch der formalen Autorität der Eltern unterworfen ist, braucht er nicht gegen sie zu rebellieren (*Spiro* ^{2}1965; 337). Das Fehlen wirtschaftlicher und autoritativer Funktionen der Eltern scheint im allgemeinen die Anerkennung der Selbständigkeit und Unabhängigkeit des Jugendlichen von seiten der Eltern zu fördern; die Möglichkeit des äußeren Zwangs ist von vornherein ausgeschlossen; es gibt kein „Elternrecht", da diese Autoritätsfunktion vom Kollektiv und dessen Organen und Vertretern erfüllt wird. Dagegen gibt es im Kibbutz ein weitgehendes, ungeschriebenes „Kinderrecht"; es ist keine Gesellschaft denkbar, wo Kinder so vollständig vor elterlichem Zwang, körperlicher und seelischer Grausamkeit, körperlicher und seelischer Vernachlässigung geschützt werden, wie es im Kibbutz durch die ständige „erzieherische Aufklärung" der Eltern und durch die Kontrolle des Kollektivs geschieht.

Die grundsätzliche Konfliktlosigkeit in den Beziehungen zwischen der Gründergeneration und der Fortsetzungsgeneration im ganzen, zwischen Eltern und Kindern im besonderen ist nur so lange gewährleistet, als zwischen Familie und Kollektiv, familialen und kollektiven Werten Harmonie vorherrscht. In dem Maße aber, als die individualistisch-familialen Tendenzen im Kibbutz stärker werden und sich zwischen der Familienerziehung und der kollektiven Erziehung in der „Jugendkultur" gewisse Gegensätze auftun, kann der Jugendliche in Loyalitäts- und Wertkonflikte geraten, die gewissermaßen Formen eines Generationskonfliktes darstellen. Einerseits können Jugendliche in Konflikt geraten mit Eltern, die sich mit dem Kibbutz und seinen Werten nicht voll identifizieren; sie können aufgrund ihrer eigenen starken, kollektiven Identifikation, zu der sie durch die Erziehung in der „Jugendkultur“ kamen, die ursprünglichen Werte des Kibbutz gleichsam „gegen“ ihre Väter bewahren und fortsetzen, etwa in der Form, daß sie ihre Familie und ihren Heimatkibbutz verlassen und sich an der Neugründung einer Pioniersiedlung beteiligen. Derartige, von jugendlichen Siedlern gegründete Kibbutzim zeigen den vorliegenden Untersuchungen zufolge eine wesentlich stärkere kollektivistische Orientierung als die mehrere Generationen umfassenden, großen Kibbutzim (*Sarell* 1960, *Talmon-Garber/Cohen* 1964). Andererseits können Jugendliche aufgrund eines starken Willens zur Selbstverwirklichung in Ausbildung, Beruf, politischer Tätigkeit etc. und aufgrund einer starken Identifizierung mit familialen Werten in Konflikt mit dem Kollektiv geraten. Es scheint das Schicksal jeder kollektivistischen Gesellschaft zu sein, daß sie trotz des Schutzes des einzelnen Mitgliedes, vor allem des Kindes, sich selbst nicht davor bewahren kann, zum „Gegner“ in Konflikten des Einzelnen zu werden; in diesem Fall tritt das Kollektiv gewissermaßen an die Stelle der traditionellen väterlichen Autorität, indem es über die Ausbildung, die Arbeitszuweisung und andere wesentliche Fragen, die den einzelnen betreffen, die letzte Entscheidung selbst gegen den Willen des Einzelnen behält, solange dieser Mitglied der Gesellschaft ist. Es scheint die Regel zu sein, daß in derartigen Konfliktsituationen die Eltern auf seiten der Kinder stehen und die Familie als Interessengemeinschaft gegenüber dem Kollektiv auftritt (vgl. Kapitel IV, 5). Die Konfliktlosigkeit in den Eltern-Kind-Beziehungen kann von daher gesehen zu einer Entfremdung zwischen Familie und Kollektiv führen; das starke „Familienbewußtsein“ kann unter Umständen das „Kollektivbewußtsein“ abschwächen. Es kann zwischen Eltern und Kindern „ein Maß und eine Ausrichtung des gegenseitigen Verständnisses entstehen, das den Erziehern und dem Kibbutz als Ganzes nicht immer zur Freude gereichen muß, da es auch gegen die Werte des Kibbutz gerichtet sein kann“ (*Arnon* 1961). Die Vernachlässigung der „ideologischen Werte“ und die stärkere Betonung individualistisch-familialer Werte, wie sie vor allem in einem Teil der weiblichen Jugend zu beobachten sind (*Talmon-Garber* 1957, 1959 c), vermag auf diese Weise zu einem gewissen Generationskonflikt zu führen, nicht gegenüber den eigenen Eltern, wohl aber gegenüber den Werten der Vätergeneration im ganzen.

Auf diesem Hintergrund müssen die erzieherischen Funktionen der Familie betrachtet werden. Im Gegensatz zur Gründergeneration, der die revolutionäre Lebensform des Kibbutz als „Ersatz“ für die Familie galt, gegen die sie rebellierte, wurde die Fortsetzungsgeneration in diese Gesellschaft hineingeboren und steht von Anfang an zugleich im familialen und im kollektiven Zusammenhang und identifiziert sich gleichermaßen mit den eigenen Eltern wie mit dem Kollektiv. Die Familie ist im Kibbutz zu einem unentbehrlichen Faktor für die Verknüpfung der Generationen geworden; sie bildet den entscheidenden Ort der Vermittlung zwischen Einzelnem und Kollektiv. Nicht nur durch „Anpassung", die sowohl „kollektivistisch" als auch „familial" sein kann, sondern durch eine befriedigende Lösung der Konflikte zwischen dem Einzelnen und dem Kollektiv, durch die Befriedigung der wachsenden individuellen und familialen Bedürfnisse von seiten des Kollektivs einerseits, durch die Teilnahme der Eltern an der Vermittlung der kollektiven Werte andererseits, muß die Fortsetzung der Kibbutz-Gesellschaft gesichert werden (vgl. Kap. IV, 4).

Abschließend bleibt die jüngste Untersuchung zum Problem des Generationsproblems im Kibbutz zu erwähnen (*Cohen/Rosner* 1970), die ein wesentlich kontrastreicheres Bild zeichnet als die bislang referierten Untersuchungen. Die Autoren gehen von Berichten aus den letzten Jahren aus, denen zufolge die Zahl der jungen Menschen, welche die Kibbutzim verlassen, ständig zugenommen hat; so hatten z. B. von den 3000 Jugendlichen eines Kibbutz-Verbandes 16,1 % bis 1967 ihre Mitgliedschaft aufgekündigt (*Cohen/Rosner* 1970; 73). Während andere Untersuchungen das Hauptproblem des Generationsverhältnisses in der Spannung zwischen Familie und Kollektiv und in der Abschwächung der kollektivistischen Wertorientierung sehen (*Sarell* 1960, *Shepher* 1969, *Talmon-Garber* 1965 a), leiten Cohen und Rosner den Generationskonflikt vor allem aus einer unterschiedlichen Interpretation des komplexen Wertsystems selbst in der „Gründergeneration" und in der jungen Kibbutz-Generation her. Im einzelnen weisen die Autoren auf folgende Unterschiede hin: a) die Auffassung des Kibbutz als „soziales Experiment" (in der Gründergeneration) gegenüber seiner Auffassung als vertrautes „Zuhause"; b) die Betonung des „kognitiven" Elements (in der Gründergeneration) gegenüber der Betonung des „emotionalen" Elements in der Frage der Tradierung der Kibbutz-Gesellschaft; c) die Betonung von „Werten" und „Konzeptionen" (in der Gründergeneration) gegenüber der Betonung „menschlicher Belange"; d) die Betonung der „institutionellen Formen" (in der Gründergeneration) gegenüber der Betonung „menschlicher Beziehungen" bei der Regulierung des gesellschaftlichen Lebens; e) die Betonung des „Kollektivs" (in der Gründergeneration) gegenüber der Betonung des „Individuums" als Bezugspunkt bei Entscheidungen über Arbeit, Beruf und andere Fragen.

Die von Cohen und Rosner herausgestellten Generationsunterschiede sind kennzeichnend für eine kollektivistische Gesellschaft, deren soziale Revolution von der Gründergeneration als „ihr Werk" betrachtet wird, die aber gleichzeitig von der jungen Generation bereits als „selbstverständliche" und

wandelbare Gesellschaftsform „übernommen" und weitergeführt wird, und zwar innerhalb einer Gesellschaft — der Gesamtgesellschaft des Staates Israel —, die von anderen als den kollektivistischen Werten geprägt wird und ihren Stempel auch der jungen Kibbutz-Generation aufdrückt.
Eine Lösung des Spannungsverhältnisses zwischen den Generationen innerhalb des Kibbutz und zwischen Kibbutz und Gesamtgesellschaft wird nur möglich sein, wenn der Kibbutz einen Prozeß des sozialen Wandels zu durchlaufen vermag, dessen Ergebnisse den Bedürfnissen und der Mentalität der jungen Generation entsprechen, welche über die Zukunft des Kibbutz zu entscheiden hat. Gerade die Darstellung des Generationsproblems bei Cohen und Rosner (1970) erlaubt es, die Haltung der jungen Kibbutz-Generation nicht als „Abweichung" von der „Ideologie", sondern als Loyalität gegenüber dem Wertsystem des Kibbutz, wenn auch auf der Grundlage einer andersartigen Interpretierung desselben, zu deuten.

4. „Ideologische Erziehung" in der Familie und die Bedeutung der Familie für die Entscheidung des Jugendlichen zur Fortsetzung des Kibbutz-Lebens

Eine gewisse Ideologiefeindlichkeit und eine überwiegend „pragmatische" Motivierung der Fortsetzung des Kibbutz-Lebens in der jungen, im Kibbutz geborenen und erzogenen Generation ist häufig beobachtet worden; die Erzieher vermissen bei den Jugendlichen „eine genügende Verwurzelung in den Grundprinzipien der Kibbutz-Bewegung" (*Allon* 1965 a). Die Ideologiefeindlichkeit scheint freilich kein besonderes Merkmal gerade der Kibbutz-Jugend zu sein, sie gilt als kennzeichnend für den überwiegenden Teil der in Israel geborenen Jugend (*Jadlin* 1966, *Kleinberger* 1969; 68 ff.). Während jedoch in der pluralistischen und individualistisch orientierten Gesellschaft *(Israels)* eine „pragmatische", „skeptische" oder „konkretistische" Einstellung der Jugend keine unmittelbare Gefahr für die Fortsetzung der Gesellschaft darstellt, besteht für die „geschlossene", kollektivistische, gegenüber der umgebenden Gesellschaft eindeutig wertbestimmte Gesellschaft des Kibbutz die Gefahr, daß die Abschwächung des kollektiven Wertbewußtseins zur Auflösung der Gesellschaft oder zur provinziellen Selbstisolierung ohne Funktion in der Gesamtgesellschaft führen kann. „Es genügt nicht", heißt es in einem grundlegenden Werk über die Kibbutz-Erziehung, „sich dem Kibbutz einzugliedern aufgrund der emotionalen Beziehung zu und seelischen Verwurzelung in ihm; . . . ich frage mich, ob die junge Generation die Grundwerte der Lehre vom Kibbutz begreifen wird und bereit sein wird, sich im Kampf für sie einzusetzen . . . Wenn sie das nicht tun wird, wird der Kibbutz nicht bestehen bleiben; . . . ich frage mich, ob unsere Zöglinge kämpfen werden für den gerechten Status der Frau in der Gesellschaft ...., für die Verwirklichung des Bildes der Kibbutz-Familie, die auf der vollen Gleichheit der Geschlechter, auf der Abschaffung des Patriarchats, auf einem neuen, gesellschaftlich-institutionellen Inhalt beruht ..." (*Golan* 1961; 291 ff.). Da es dem Kibbutz-Jugendlichen aufgrund seiner überwiegenden Erziehung in den kollektiven Erziehungsinstitutionen an einer eindeutigen ideologischen Beeinflussung nicht fehlt — in der Schulgemeinschaft findet gewissermaßen eine „Indoktrination" der Kibbutz-Ideologie in Form von Unterricht in der „Lehre vom Kibbutz", Vorträgen, Gruppengesprächen und Seminaren statt —, kann die Ideologiefeindlichkeit der jungen Generation unter anderem auf Widersprüche zwischen der „gelernten" Ideologie und der Verwirklichung dieser Ideologie durch die eigenen Eltern zurückgeführt werden. Die Gefahr der pragmatischen Anpassungs-Fortsetzung durch die junge Generation kann als eine Begleiterscheinung der wachsenden individualistisch-familialen Tendenzen in der Gründergeneration selbst betrachtet werden, denen zufolge sich die Familien als intim-emotionale Einheiten vom kollektiven Leben weitgehend abschließen, auf die Vermittlung der kollektiven Werte verzichten und so ihre vermittelnde Funktion zwischen Einzelnem und Kollektiv nicht erfüllen. Wenn daher in steigendem Maße von den Kibbutz-Pädagogen die Notwendigkeit der Teilnahme der Familie an der ideologischen Erziehung betont wird, so richtet sich diese Forderung in erster Linie an die Gründergeneration selbst und appelliert an das ideologische Bewußtsein der Eltern; denn die Eltern können ihre Kinder nicht zu Werten erziehen, von denen sie selbst nicht überzeugt sind und die sie selbst nur teilweise verwirklichen.

Während die Gründergeneration in Gestalt ihrer Funktionsträger und politischen Führer an der ursprünglichen Kibbutz-Ideologie festgehalten hat, hat sich im Laufe der Zeit die Lebenswirklichkeit des Kibbutz und die ideologische Einstellung vieler seiner erwachsenen Mitglieder in einer Richtung entwickelt, die der ursprünglichen Ideologie nicht mehr entspricht. Die Jugendlichen und jungen Erwachsenen im Kibbutz stehen in der Tat vor gewissen Widersprüchen zwischen der „gelernten" Ideologie und der gelebten Wirklichkeit im Kibbutz: Während die ursprüngliche Ideologie die gleiche Stellung der Frau in Arbeit und sozialem Leben fordert, entdeckt die junge Generation, daß Frauen in der produktiven, landwirtschaftlichen Arbeit und in aktiver, politischer Tätigkeit immer weniger zu finden sind und sich stark auf „weibliche" Arbeiten, wie die Erziehung und den kollektiven Haushalt, und auf das Familienleben konzentrieren. Während die Ideologie der Kollektiverziehung weitgehend gleich geblieben ist, bemerken die jungen Kibbutz-Mitglieder bei ihren Eltern wachsende Kritik am Erziehungssystem und „Erneuerung" in familialer Richtung, wie die teilweise Einführung der Familienübernachtung der Kinder. Andere Widersprüche betreffen die Gleichheit im Konsum, das Problem der Lohnarbeit und ähnliche Fragen.

Zweifellos bilden derartige Widersprüche zwischen Theorie und Praxis, Ideologie und Eigengesetzlichkeit der Lebensformen im Fortschritt der Gesellschaft einen der Gründe dafür, daß die junge Generation Theorie und Ideologie als solche geringschätzt und mehr pragmatisch-konkretistisch denkt. Auf der anderen Seite ist bereits mehrfach erwähnt worden, daß die junge Generation, ihren Einstellungen zu einzelnen Werten des Kibbutz zufolge, sich sogar mit größerer Konsequenz der Verwirklichung der kollektiven Werte widmet als die Gründergeneration selbst. Eine repräsentative Untersuchung, die von einem Soziologenteam der Hebräischen Universität Jerusalem in einem Kibbutz-Verband durchgeführt wurde, kam zu dem Ergebnis, daß in politisch-ideologischer Hinsicht die junge Generation eine Mittelstellung zwischen der Gründergeneration und der Pionierjugend einnimmt; diese verläßt den Heimatkibbutz in kleinen Gruppen und formiert sich als Kern neuer Pioniersiedlungspunkte in noch unerschlossenen oder militärisch bedeutsamen Gebieten. Die Gründergeneration denkt hinsichtlich der Kollektiverziehung, der Arbeit, des Konsums im allgemeinen individualistischer und familialer als die Fortsetzungsgeneration, die den ursprünglichen Werten des Kibbutz in ihren Einstellungen zu den erwähnten Fragen näher zu stehen scheint (*Sarell* 1960). Auch andere Befragungen und Untersuchungen in anderen Kibbutz-Verbänden haben die starke Identifizierung der Fortsetzungsgeneration mit den kollektiven Werten nachgewiesen (*Rabin* 1964, *Spiro* ^{2}1965).

Die unterschiedliche Identifizierung mit den kollektiven Werten in der Gründer- und Fortsetzungsgeneration hängt unter anderem mit dem unterschiedlichen Erziehungsfeld zusammen, in welchem die sozialen Normen in der Kindheit und Jugend geprägt wurden; während die Gründergeneration von einem individualistisch-familialen Hintergrund herkommt, zu dem sie trotz des scharfen Generationskonfliktes bis zu einem gewissen Grade im Alter wieder zurückzukehren scheint, wurde die Fortsetzungsgeneration von frühester Kindheit an vorwiegend in einem kollektivistisch orientierten Erziehungsfeld geprägt. Die Bedeutung des kollektivistischen Erziehungsfeldes zeigt sich in den Untersuchungen von *Rabin* (1964) und *Talmon-Garber* (1959c) deutlich in der Tatsache, daß die kollektivistischen Einstellungen der Jugendlichen sich zwischen dem 13. und 18. Lebensjahr immer mehr verstärken durch den wachsenden Einfluß der „Jugendkultur“ bei gleichzeitiger Abschwächung des familialen Einflusses. Daraus läßt sich die Hypothese ableiten, daß die kollektivistischen Werte des Kibbutz für die junge Generation in weit stärkerem Maße als für die Gründergeneration zu „Selbstverständlichkeiten“ (vgl. Kapitel IV, 3), zu verinnerlichten Regulatoren ihres Verhaltens und zum Maßstab ihres „Gewissens“ werden;

auf diese Weise könnte erklärt werden, warum die junge Generation weniger zu einer verbalen und kognitiven als zu einer pragmatischen und emotionalen Bestätigung der Werte des Kibbutz neigt (vgl. Kap. IV, 3), während die Gründergeneration, insbesondere in Gestalt ihrer „Funktionäre", leicht dazu verführt wird, die Kibbutz-Ideologie in der Form von „Moralpredigten" zu propagieren.
Bei der Untersuchung der Einstellungen zur Organisation der Übernachtung der Kinder hat sich andererseits gezeigt, daß nach der Gründung eigener Familien die individualistischen und familialen Tendenzen auch in der Fortsetzungsgeneration zunehmen, bedingt durch den größeren zeitlichen und psychologischen Abstand von der Erziehungsperiode nach der zweijährigen Militärdienstzeit und bedingt durch die eigene intensive Bindung an Ehepartner und Kinder (*Sarell* 1960, *Talmon-Garber* 1959c).
Die ideologischen Einstellungen in den Generationen mußten so ausführlich dargestellt werden, um zu zeigen, a) daß auch im politisch-ideologischen Bereich der Einfluß der Familie „individualisierend" wirkt und individualistische Einstellungen verstärkt und daher in einem grundsätzlichen Gegensatz zur Kollektiverziehung in den öffentlichen Erziehungsinstitutionen stehen kann; vom Kollektiv her gesehen besteht die Gefahr, daß verwandtschaftlich-familiale Bindungen den Vorrang gewinnen vor der Identifikation mit dem Kibbutz und seinen Werten; b) daß die intentionale Vermittlung der ideologischen Werte des Kibbutz vorwiegend in den kollektiven Erziehungsinstitutionen geschieht, daß aber im Interesse der Fortsetzung dieser Werte die Forderung nach Teilnahme der Eltern an der ideologischen Erziehung entstand, um den möglichen Gegensatz zwischen der individuellen Erziehung in der Familie und der sozialen Erziehung in der „Jugendkultur" aufzuheben. Von daher gesehen kann als das allgemeinste Ziel der ideologischen Erziehung innerhalb der Familie die persönliche Vermittlung der kollektiven Einstellungen selbst und die Schaffung persönlicher Perspektiven durch das persönliche Beispiel der Eltern und durch wertende Auseinandersetzung mit den gesellschaftlichen Problemen des Kibbutz und mit allgemeinen Problemen der Gesellschaft bezeichnet werden (*Allon* 1965a).
Die „individualisierende" Tendenz in der ideologischen Erziehung innerhalb der Familie kommt, wie es scheint, auch der psychologischen Situation und den Erwartungen des Jugendlichen entgegen: während er in der Schulgemeinschaft durch „Indoktrination" die offizielle Ideologie „lernt", erwartet er im Elternhaus nicht Indoktrination, sondern beispielhafte und persönliche Stellungnahme der Eltern, die im Gegensatz zu den Erziehern die nicht auswechselbaren und ständigen Objekte seiner Identifizierung darstellen. Man kann im Kibbutz häufig beobachten, wie die Jugendlichen auf verallgemeinernde Äußerungen ihrer Eltern über den Wert der körperlichen

Arbeit, die Pionieraufgabe des Kibbutz und andere Thesen im Sinne der offiziellen Ideologie aggressive Reaktionen zeigen, die von Teilnahmslosigkeit über Lachen und störendes Dazwischenreden bis zu offenem Protest reichen. Dagegen können leidenschaftliche Gespräche entstehen über die Motive der Eltern, in den Kibbutz einzutreten und in ihm zu bleiben, über die Möglichkeiten, den traditionellen Sozialismus in einer gewandelten Welt fortzusetzen, über die Notwendigkeit der Industrialisierung und der Relativierung des Wertes der landwirtschaftlichen Arbeit im Kibbutz und andere Fragen, zu denen die Eltern persönlich wertend Stellung nehmen.

Es ist die Offenheit einer persönlichen Auseinandersetzung und das Wagnis individueller politischer Meinungsbildung, was den Kibbutz-Pädagogen als wesentlicher Beitrag der Eltern zu der ideologischen Erziehung erscheint. Der Leiter der Erziehungsabteilung eines Kibbutz-Verbandes hat dazu bei verschiedenen Gelegenheiten Stellung genommen und gesagt: „Das Ziel ist, daß das Kind der objektiven Gesellschaft und Ideologie in ihrer überzeugten und überzeugenden Ausformung durch den Einzelnen (die Eltern) begegnet, der sie verwirklicht ... Das Elternhaus stellt vor allem für die heranwachsenden Kinder eine Prüfstelle konkreter Art für die Kibbutz-Wirklichkeit dar, etwas von der übrigen ideologisch-objektiven Beeinflussung Verschiedenes." „Wenn sich im Elternhaus nicht ein Gespräch über ein Thema entwickelt, das im Augenblick das Land oder die Welt beschäftigt, wenn nicht über die Probleme des Kibbutz gesprochen wird ..., so verschwindet die geistige Gemeinsamkeit mit unseren Kindern" (*Allon* 1957, 1963).

Zahlreiche Erfahrungsberichte von Erziehern bezeugen, daß die ideologischen Einstellungen der Eltern und die Erfüllung ihrer Rolle in der Arbeit und im gesellschaftlichen Leben entscheidenden Einfluß auf die Einstellungen der Jugendlichen, ihre Zukunftsperspektive und die Vorstellungen über ihre eigene Rolle im Kibbutz ausüben. „Erstaunlich ist die Ähnlichkeit, die zwischen den sozialen Verhaltensformen der Eltern und denen der Kinder auftaucht und die zunächst nur durch die unbewußte Identifizierung mit den Eltern entsteht ... Die in unbewußter Identifizierung in der Pubertät übernommenen Verhaltensformen werden zu einem großen Teil die späteren Verhaltensformen ... sein. So müssen wir zunächst die grundlegende Tatsache annehmen, daß auf diese Weise die soziale Erziehung im Elternhaus vermittelt wird" (*Allon* 1957).

Es entspricht der im Kibbutz zunehmenden Differenzierung der Geschlechtsrollen im allgemeinen und dem unterschiedlichen Engagement von Männern und Frauen im gesellschaftspolitischen Bereich im besonderen (*Rosner* 1967, *Shepher* 1969), daß die politisch-ideologischen Einstellungen der Jugendlichen mehr durch Identifizierung mit dem Vater und dessen Rolle in der Gesellschaft als durch Identifizierung mit der Mutter und deren Rolle in der Gesellschaft geprägt werden. Dies gilt nicht nur für die männlichen

Jugendlichen, bei denen eine überwiegende Identifizierung mit dem gleichgeschlechtlichen Elternteil generell vermutet werden kann, sondern auch für Mädchen. In einer repräsentativen Befragung von 348 Mädchen aus dem Kibbutz-Artzi-Verband gelangte M. Gerson (1959) zu dem Ergebnis, daß mehr als die Hälfte der Mädchen (55 %) mit dem Vater, aber nur ein Viertel (25,8 %) mit der Mutter über politische Themen zu sprechen pflegen; es zeigte sich außerdem, daß 70 % der Mädchen bei ihren Vätern, aber nur 58,4 % bei ihren Müttern eine überwiegende „Zufriedenheit mit dem Kibbutz" vermuteten. Entsprechendes fand D. Grün (1965) in seiner nichtrepräsentativen Befragung von 50 Kibbutz-Vätern: keine der Töchter bevorzugte die Mutter, aber 6 (43 %) den Vater als Gesprächspartner für politische Themen (5 Töchter pflegten mit beiden Eltern zusammen politische Gespräche zu führen); von den Söhnen zogen 14 (84 %) den Vater, keiner jedoch die Mutter als Gesprächspartner vor. Die Initiative zu politischen Gesprächen scheint im allgemeinen von den Jugendlichen selbst auszugehen (*Grün* 1965).

Aufgrund der Identifizierung des Jugendlichen mit seinen Eltern muß die Familie als ein entscheidender Faktor in der „funktionalen" ideologischen Erziehung betrachtet werden. Andererseits kann man angesichts der erwähnten Tendenz in vielen Familien, sich vom kollektiven Leben zu isolieren und die intim-emotionale Einheit der Familie zu betonen, die Forderung der Kibbutz-Pädagogen nach bewußter Teilnahme der Eltern an der ideologischen Erziehung als korrektive pädagogische Maßnahme betrachten, deren Ziel darin besteht, die Familie nicht nur durch die funktionale Erziehung, die sie den Kindern immer gibt (die aber auch gegen die kollektiven Werte gerichtet sein kann), sondern durch intentionale Erziehung im Sinne der kollektiven Wertvermittlung zu einem Faktor in der ideologischen Erziehung zu machen und so die Harmonie zwischen Familie und Kollektiv zu wahren.

Das vorliegende Untersuchungsmaterial gibt keinen eindeutigen Aufschluß über den wirklichen Anteil der Eltern an einer bewußten ideologischen Erziehung. J. Arnon kam in seiner Befragung von 182 Jugendlichen und deren Eltern zu dem Ergebnis, daß die Eltern sich „in nicht wenigen Fällen als Teilhaber in der Formung der Lebenseinstellung, weniger aber in der Kristallisierung der Weltanschauung" ihrer Kinder sehen (*Arnon* 1961); der Befragung zufolge sehen im allgemeinen die Hälfte der Kinder, in den höheren Altersstufen bis zu 75 % die Bedeutung des Elternhauses in den ernsten Gesprächen, die dort stattfinden; ob diese Gespräche auch politisch-ideologischen Inhalt haben, ist nicht zu ersehen. Demgegenüber fand M. Gerson in einer repräsentativen Befragung, die die Hälfte der weiblichen jugendlichen Bevölkerung von zwei Kibbutz-Verbänden erfaßte, daß 75 % der Mädchen mit den Eltern, aber nur 25 % mit den Erziehern über politische Fragen sprachen, und daß die Eltern großen Einfluß auf ihre Einstellungen zu politisch-ideologischen Fragen ausübten (*Gerson* 1959). Aus einer Befragung von 50 Vätern ergab sich, daß „Politik" und „soziale Situation" wichtige Themen in den Gesprächen der meisten Familien darstellten (*Grün* 1965). Einzelne Zeugnisse in Briefen, Tagebüchern und Befragungen weisen darauf hin, daß die demokratische Atmosphäre der Familiengespräche und ihre Intensität in der ideologischen Auseinandersetzung auf die Jugendlichen einen nachhaltigen Einfluß ausüben; in der Periode der Entfernung vom Elternhaus während der Militärdienstzeit sehnen sie sich nach diesen Gesprächen zurück.

Die erwähnten Materialien lassen trotz gewisser Widersprüche, die nicht zuletzt auf den unterschiedlichen Grad der ideologischen Identifikation der Eltern selbst zurückzuführen sind, den vorsichtigen Schluß zu, daß die Eltern auch in der bewußten ideologischen Erziehung des Jugendlichen eine wichtige Rolle spielen und zum Wertbewußtsein der Jugendlichen beitragen, vor allem in der Form persönlicher Gespräche. Man muß dabei von der Tatsache ausgehen, daß die Gemeinsamkeit der Werte, die dem Jugendlichen auch in der „Jugendkultur" vermittelt werden, Eltern und Kinder verbindet, daß das gemeinsame Wertbewußtsein die Entfremdung des Jugendlichen vom Elternhaus verhindern kann, und daß die Fortsetzung dieser Werte durch den Jugendlichen zugleich eine Fortsetzung der Familie innerhalb des Kibbutz bedeutet und daher im Interesse der Eltern liegen muß. Die persönliche Identifizierung des Jugendlichen mit seinen Eltern führt, insofern sie selbst die Werte des Kibbutz verkörpern, zugleich zur Identifizierung mit dem Kibbutz.

Wann immer die Eltern sich an der ideologischen Erziehung des Jugendlichen beteiligen, tragen sie zu seiner wertmäßigen Integration im Kibbutz bei. Wenn Eltern sich aber an der ideologischen Erziehung nicht beteiligen, tragen sie dennoch so lange zur Integration des Jugendlichen bei, als sie den Kibbutz nicht verlassen und dem Jugendlichen ein Gefühl des „Zuhause" geben; von daher gesehen kann der Familie auch im Falle der Betonung individualistisch-familialer Werte eine Bedeutung für die Entscheidung des Jugendlichen zur Fortsetzung des Kibbutz-Lebens zukommen. Demgegenüber steht der Jugendliche, der im Kibbutz keine Familie hat, in einer schwierigen Situation; er hat außerhalb der „Jugendkultur" kein persönliches „Zuhause"; bei persönlichen Wünschen, z. B. in der Berufsausbildung, steht hinter ihm keine Familieneinheit, die als Interessengemeinschaft, unter Umständen als „pressure group", seine Wünsche gegenüber dem Kollektiv unterstützt (vgl. Kap. IV, 5). Konflikte mit dem Kollektiv müssen für ihn schwerer und unbedingter sein; Selbstisolierung gegenüber der Altersgruppe könnte ihm leichter das Gefühl der Einsamkeit geben als demjenigen, der sich in den intim-emotionalen Bereich der Familie flüchten

kann. Die Vermutung liegt nahe, daß der Jugendliche ohne Familienhintergrund im Kibbutz bei einem entscheidenden Konflikt mit dem Kollektiv sich leichter zum endgültigen Verlassen des Kibbutz bewogen fühlt; seine Entscheidung zur Fortsetzung des Kibbutz-Lebens muß entschiedener und grundsätzlicher auf der Identifizierung mit der Altersgruppe, dem Kollektiv und den kollektiven Werten beruhen, die in einem gewissen Gegensatz zu den Werten seiner Herkunftsfamilie stehen.
Eine gewisse Bestätigung für diese Hypothese ist in Daten über die Verteilung der Fluktuationsquoten aus Kibbutzim in Abhängigkeit vom familialen Hintergrund zu finden. Als Beispiel folgt eine Analyse der Fälle von Fluktuation aus einem seit vierzig Jahren bestehenden Kibbutz *(Mishmar Haemek)*, die in der Zeitschrift „Hedim“ (1963) veröffentlicht wurde. Die niedrigste Fluktuationsquote zeigte sich bei den Gründern des Kibbutz selbst, von denen zwischen 1935 und 1962 nur 4,2 % den Kibbutz verließen; von den Kindern der Gründer verließen 8,9 % den Kibbutz, der größere Teil von ihnen aufgrund von Eheschließungen mit einem Partner in einem anderen Kibbutz; demgegenüber kann man eine rapide Steigerung der Fluktuationsquoten bei Zöglingen des „Mosad“ (24 %), der Jugendbewegung (34 %) und bei Neueinwanderer-Kindern (53 %) feststellen, denen der familiale Hintergrund im Kibbutz fehlte und die unter anderem aus diesem Grunde ihren Entschluß, im Kibbutz zu bleiben, nach einer Mitgliedschaft von unterschiedlicher Dauer zu einem nicht geringen Teil — bis über 50 % bei den besonders familienorientierten Neueinwandererkindern aus orientalischen Ländern — wieder rückgängig machen. Entsprechende Tendenzen lassen sich in anderen Kibbutzim nachweisen. Darüber hinaus sind dem Verfasser eine Reihe von einzelnen Fällen bekanntgeworden, in denen Jugendliche nach dem Tod ihrer Eltern oder aufgrund gestörter Familienverhältnisse den Kibbutz verlassen haben.
Mit der Einschränkung, daß das bislang vorliegende Material zu einer allgemeinen Bewertung nicht ausreicht, kann die Schlußfolgerung als gerechtfertigt gelten, daß der Familie im Kibbutz im allgemeinen eine integrierende Funktion für die Fortsetzung der Gesellschaft durch die junge Generation zukommt, die einerseits in der persönlichen Vermittlung der kollektiven Werte durch das eigene Vorbild, aber auch durch bewußte Beteiligung an der „ideologischen Erziehung“, andererseits in der emotionalen Bindung ihrer Kinder an den „Heimat-Kibbutz“ und in der Unterstützung der individuellen Wünsche und Interessen ihrer Kinder gegenüber dem Kollektiv besteht.

5. *Der Einfluß der Familie auf die Berufsausbildung des Jugendlichen und die Zuweisung seines Arbeitsplatzes in der Kibbutz-Wirtschaft*

Der dem Einzelnen angemessene Übergang in die Berufs- und Arbeitswelt gilt in der Jugendpsychologie als ein entscheidender Schritt zur „Identität" der Persönlichkeit und Integration in die Gesellschaft; dabei erweist sich der Einfluß der Eltern — mittelbar über den sozial-ökonomischen Status der Familie in der Gesellschaft und unmittelbar über die Wertorientierung der Eltern und die ökonomische sowie rechtliche Abhängigkeit der Jugendlichen von diesen — im allgemeinen als außerordentlich stark; er wächst mit der Höhe des Bildungsgrades, da höhere und akademische Bildung den Jugendlichen in gesteigertem Maße vom Elternhaus abhängig macht, wenn auch die Tendenz zur öffentlichen Begabtenförderung und Berufsberatung ebenso zunimmt wie innerhalb der Familie selbst die Auffassung der Berufswahl als freie, individuelle Entscheidung des Einzelnen und als soziale Aufstiegschance (*Friedeburg* 1965, *Lüschen/Koenig* 1966, *Wurzbacher* 1968). Alle diese Faktoren erhalten in der Kibbutz-Gesellschaft andere Akzente. Dank der Erziehung in kollektiven Erziehungsinstitutionen herrscht eine völlige Chancengleichheit für jedes Kind, unabhängig vom Elternhaus; jedes Kibbutz-Kind erhält eine zwölfjährige Schulbildung, die eine praktische Einführung in die Arbeitswelt des Kibbutz miteinschließt und den Jugendlichen in verschiedenen Arbeitszweigen, vor allem der Landwirtschaft, einsatzfähig macht. Bis zum Eintritt in die Armee muß sich der Jugendliche nicht für einen bestimmten Beruf entscheiden, und auch nach der zweijährigen Militärdienstzeit beginnt er, nachdem er die offizielle Mitgliedschaft im Kibbutz angenommen hat, sein Arbeitsleben im allgemeinen mit einem berufsneutralen Arbeitsjahr in den Arbeitsbereichen der Dienstleistungen im Kibbutz.

Man kann daher sagen, daß die Entscheidung über eine spezielle Berufsausbildung grundsätzlich nicht innerhalb der schulischen Erziehungsperiode gefällt wird; als Mitglied des Kibbutz erhält der zwanzigjährige Jugendliche vielmehr eine Ausbildung bzw. einen Arbeitsplatz gemäß den Bedürfnissen des Kibbutz und entsprechend seinen Fähigkeiten. Aus dieser Situation läßt sich die durch testpsychologische Untersuchungen erwiesene Tatsache erklären, daß bei Kibbutz-Jugendlichen im Alter von 17 Jahren die berufliche Zukunftsperspektive und persönliche Ambitionen schwächer entwickelt sind als bei Nicht-Kibbutz-Jugendlichen (*Rabin* 1961); ihre primäre Identität scheint mehr bestimmt zu sein durch die grundsätzliche Entscheidung, das Kibbutz-Leben fortzusetzen, als durch spezifische Berufsvorstellungen. Auch bei einer Befragung von Militärdienstabsolventen ergab sich, daß die Mehrzahl der Kibbutz-Jugendlichen als erste „Berufsbestimmung" ihre zukünftige Mitgliedschaft im Kibbutz angab, während städtische Jugendliche feste Berufsvorstellungen zeigten (*Rabin* 1965; 188). Bei der Bestimmung der Zukunftsperspektive des Kibbutz-Jugendlichen handelt es sich weniger um die isolierte Frage der Berufswahl als um ein gesellschaftlich vermitteltes Bild der Persönlichkeit; der Kibbutz ist keine kapitalistische Wettbewerbsgesellschaft und bedurfte bis zu seiner jüngsten Entwicklung weniger des „Spezialisten" als der grundsätzlich in verschiedenen Arbeiten nach den Bedürfnissen des Kollektivs einsatzfähigen, „kooperativen" Persönlichkeit; zudem bedingt, vom Jugendlichen her betrachtet, Ausbildung und Beruf in der egalitären, kollektivistischen Gesellschaft des Kibbutz keinen unterschiedlichen ökonomischen oder sozialen Status. Solange der Einzelne sich mit dem Kollektiv identifiziert und sich auch in seiner Arbeitstätigkeit nach den Bedürfnissen des Kibbutz richtet, muß daher die nicht-spezialisierte Ausbildung nicht notwendig zu Konflikten der Persönlichkeit führen. Es entspricht der marxistischen Orientierung der Kibbutz-Pädagogik (vgl. Kap. II, 4), daß die Verbindung von Erziehung, Unterricht und produktiver Arbeit nicht als Mittel zur Vermittlung einer strikten Spezialisierung mit dem Ziel einer eindeutigen Arbeitsteilung, sondern als die Grundlage für die Ausbildung einer „allseitigen Entwicklung" von Individuen gilt, die in einer kollektiven Wirtschaft mit einer „Disponibilität" für wechselnde Arbeitserfordernisse der Gesellschaft zusammenarbeiten (*Golan* 1961; 181 ff. und 289 f., *Marx/Engels* 1966; 123 f. und 183).

Der Verzicht auf spezialisierte Arbeitstätigkeit und der grundsätzliche Vorrang der kollektiven vor den individuellen Interessen waren in besonderem Maße kennzeichnend für die Pionierzeit der Kibbutz-Bewegung; um des Ideals der körperlichen Arbeit und des Aufbaus des jüdischen Staates willen verzichteten Kibbutz-Pioniere auf ihre berufliche Karriere; das Prinzip der Rotation galt in der nichtspezialisierten Pionierkommune nicht nur für die Funktionen der Verwaltung, sondern bis zu einem gewissen Grade auch für die Arbeitsfunktionen in der Produktion. Demgegenüber trat in der Periode der Konsolidierung nach der Staatsgründung Israels (im Jahre 1948) die Diskussion um die berufliche Spezialisierung stark in den Vordergrund, einerseits infolge der Wandlung der kolonisatorischen Wirklichkeit, die aufgrund der Automation in der Landwirtschaft und der Industrialisierung in den Kibbutzim technische und wissenschaftliche Spezialisierung erforderlich machte, andererseits infolge der Wandlung der ideologischen Situation, die eine Abschwächung der kollektiven Identifizierung in der Gründergeneration selbst mit sich brachte und zu einem differenzierten Verhältnis zwischen Einzelnem bzw. Familie und Kollektiv führte. Die Abschwächung des Pioniergeistes machte für die heranwachsende Generation die persönliche Befriedigung in der Arbeit zu einem wesentlichen Faktor in der Identifizierung mit dem Kibbutz. Die größere Öffnung des Kibbutz gegenüber der umgebenden Gesellschaft, vor allem aber die zweijährige Militärdienstzeit bringt die Kibbutz-Jugend mit Jugendlichen in Berührung, für die eine individuelle Berufskarriere einen wesentlichen Teil ihres Lebensinhaltes bedeutet. Zahlreiche Zeugnisse weisen darauf hin, daß viele Jugendliche die Unsicherheit der individuellen Zukunftsperspektive in der Arbeit als Hindernis für die volle Identifizierung mit dem Kibbutz erleben. „Wir beneideten die Stadtmädchen", heißt es in einem Bericht einer Gruppe von weiblichen Militärdienstabsolventen, „sie wissen genau, was sie nach dem Militärdienst tun werden ... Unsere Zukunft ist vernebelt, und wir wissen nicht, was wir jetzt tun werden ... Unsere Mütter wollen, daß wir lernen ..., daß wir einen Beruf haben, sie wollen nicht, daß wir wie sie werden und von einem (Wirtschafts-)Zweig zum anderen gehen" (Zit. in der Zeitschrift *Bakibbutz* 1966). Und eine Erzieherin berichtet: „Ich habe den Eindruck, daß es bei den jungen Kibbutz-Töchtern, die ich unterrichte, das Gefühl gibt: ‚ich will nicht wie meine Mutter sein, ich will etwas anderes werden'" (Zit. in *Neubauer* 1965; 239). Eine wachsende Zahl von Jugendlichen scheint die Erfüllung ihrer Berufswünsche zur Bedingung ihres Verbleibens im Kibbutz zu machen, und ein gewisser Teil der Fluktuation aus dem Kibbutz geht auf die Unvereinbarkeit der persönlichen Berufswünsche mit den Bedürfnissen des Kibbutz zurück.

Die Formen und das Ausmaß der elterlichen Einflußnahme auf die Arbeitseinteilung der Jugendlichen in der Periode nach der Gründung des Staates Israel (1948) ist in einer Befragung durch das Soziologische Institut der Hebräischen Universität Jerusalem erforscht worden (*Talmon-Garber* 1957). Der Fragebogen, der einer repräsentativen Zahl von Eltern vorgelegt wurde — er erfaßte ein Viertel der Bevölkerung in 12 Siedlungen des am stärksten „individualistisch-familial" orientierten „Ichud"-Kibbutz-Verbandes —, enthielt u. a. die folgenden Fragen: „Ist es wünschenswert, daß die Familie die Berufswahl ihrer Kinder beeinflußt?" und „Ist der Kibbutz verpflichtet, die Forderungen der Eltern in dieser Angelegenheit zu berücksichtigen?" Die Antworten der Eltern auf diese Fragen ergaben das folgende Bild:

a) Ein verhältnismäßig geringer Teil der Eltern (17 %) argumentierte kollektivistisch im Sinne der offiziellen Erziehungsideologie, d. h. den Einfluß der Eltern ablehnend mit Argumenten für das Wohl des Kibbutz: „Wie der Kibbutz den Arbeitsplatz eines jeden Mitgliedes festlegt, so auch denjenigen der Kinder ..." — „Die Eltern verzichten, aber sie wollen nicht, daß auch ihre Kinder verzichten" (d. h. „negative" Einflußnahme muß verhindert werden).

b) Ein gewisser Teil der Eltern (12,7 %) argumentierte „kollektivistisch" im Sinne der Kooperation zwischen Elternhaus und Kollektiv gemäß den Bedürfnissen des Kibbutz: „Der Erfolg ist nur garantiert, wenn Kibbutz und Eltern zusammenarbeiten." — „Die Hauptsache ist der Kibbutz, und

es ist die Funktion der Eltern, (den Jugendlichen) in die dem Kibbutz wünschenswerte Richtung zu lenken."
c) Über ein Viertel der Eltern (27 %) argumentierte „individualistisch" im Sinne der Selbstverwirklichung des Jugendlichen, d. h. elterliche Einflußnahme ablehnend zugunsten des eigenen Willens des Jugendlichen: „Das Kind ist das Entscheidende, man darf keinen Druck auf es ausüben." — „Ein Kind in der Adoleszenz ist selbständig und wehrt sich mit Recht gegen die Versuche der Eltern, ihm die Berufswahl vorzuschreiben."
d) Die größte Kategorie innerhalb der Antworten bilden „individualistisch-familiale" Argumente; 33,5 % der Eltern brachten Argumente im Sinne einer Kooperation zwischen Eltern und Kindern in der folgenden Art: „Es ist die Aufgabe der Eltern, dem Kind zu helfen, in der ihm wünschenswerten Richtung zu gehen." — „Die Eltern kennen ihre Kinder aus der Nähe und können ihnen helfen, wo sie den Weg nicht finden."
e) Die kleinste Kategorie der Antworten (9,5 %) bilden „individualistisch-familiale" Argumente im Sinne eines „Elternrechts": „Eltern sehen im Kind die natürliche Fortsetzung ihrer selbst und wollen, daß sie in ihrem Interesse entscheiden." — „Das Kind hat keinen Begriff, und der Kibbutz hat nur materielle Interessen; die Eltern haben einen umfassenden Blick und eine wache Sorge für das Kind; sie haben den Ausschlag zu geben."
Die Antworten der Eltern zeigen, daß die Berufswahl weitgehend als individuelle Entscheidung des Jugendlichen aufgefaßt wird. Nur eine Minderheit der Eltern der Gründergeneration argumentiert im Sinne der offiziellen Ideologie, der zufolge der Kibbutz Berufsausbildung und Arbeitsplatz des Einzelnen gemäß den kollektiven Interessen und Bedürfnissen bestimmt (Kategorie a und b). Die Mehrheit der Eltern macht sich mehr Sorgen um die Zukunft der eigenen Kinder als um die Zukunft des Kollektivs, argumentiert „individualistisch" (Kategorie c) und „individualistisch-familial" (Kategorien d und e) und unterstützt die Kinder in ihren individuellen Forderungen gegenüber dem Kibbutz. Diese starke individualistisch-familiale Tendenz in der Sorge der Eltern um die Zukunft ihrer Kinder wurde auch in anderen Untersuchungen bestätigt. So gelangte Arnon (1961) in seiner Befragung von 182 Eltern innerhalb des (mehr „kollektivistisch" orientierten) Kibbutz-Artzi-Verbandes zu dem Ergebnis, daß „die Sorge der Eltern für die Zukunft ihrer Kinder stark (ist), insbesondere in bezug auf die Ausbildung . . . Viele fordern eine landwirtschaftliche oder eine andere Berufsausbildung, vor allem für die Mädchen."
Andererseits erscheint der elterliche Einfluß nur zu einem minimalen Teil als Ausdruck eines autoritativen Entscheidungsrechts im Sinne des „Elternrechts" (Kategorie e). Vielmehr lehnen die meisten Eltern entweder aktive Beeinflussung des Jugendlichen grundsätzlich ab und respektieren das Entscheidungsrecht des Kollektivs (Kategorien a und b) bzw. die Eigenpersön-

lichkeit des Jugendlichen und sein Recht auf selbständige Berufswahl (Kategorie c), oder sie unterstützen den Jugendlichen durch Beratung und Lenkung auf seinem individuellen, durch Begabung und Neigung vorgezeichneten Weg (Kategorie d). Ihre erzieherische Funktion scheint demnach auch in der Frage der Berufswahl (wie auf allen anderen Gebieten der Erziehung) „individualisierend", die Eigenpersönlichkeit des Jugendlichen bestätigend und nichtautoritativ zu sein.

Während die nicht-spezialisierte Erziehung in den kollektiven Erziehungsinstitutionen die Ausbildung der beruflichen „Identität", d. h. die Schaffung einer individuellen Zukunftsperspektive hinsichtlich des Berufs, verzögert, entwickeln und bestätigen die Eltern im allgemeinen den Willen ihrer Kinder zur Selbstverwirklichung und zur Ausbildung einer individuellen Zukunftsperspektive und unterstützen zu einem nicht geringen Teil die individuellen Wünsche ihrer Kinder gegenüber dem Kollektiv.

Während das Kollektiv für den Jugendlichen die Autorität bedeutet, die formal und unter Umständen auch entgegen seinen Wünschen über seine Berufsausbildung und Arbeitseinteilung entscheidet, sind die Eltern für ihn eine emotionale und gesellschaftliche Stütze; sie stehen grundsätzlich „auf seiner Seite". Die erwähnte Befragung und das übrige vorliegende Untersuchungsmaterial weisen darauf hin, daß Konflikte über Fragen der Berufswahl nur zwischen Einzelnem und Kollektiv, nicht aber zwischen Eltern und Kindern bestehen. Die Familie tritt vielmehr in Fragen der den Jugendlichen befriedigenden Berufswahl und Zuweisung eines Arbeitsplatzes nicht selten als „Interessengemeinschaft" gegenüber dem Kollektiv auf: „Eine Gesellschaft", heißt es in einer internen Kibbutz-Zeitschrift, „die auf der Verflechtung der Generationen aufgebaut ist, die auf der Existenz einer gesunden Familienzelle ruht, muß in Rechnung stellen, daß die Einmischung der Eltern in die Interessen ihrer Kinder zu einer Dauererscheinung in ihrem Leben wird . . . Es ist sinnlos, gegen die Einwirkung der Eltern auf die Angelegenheiten ihrer Kinder zu argumentieren, wenn diese kurz vor der Aufnahme (als volle Mitglieder, Anm. d. Verf.) in den Kibbutz stehen. Es ist natürlicherweise die Absicht der Eltern, daß sie von der besten Seite her aufgenommen werden."

In derselben Stellungnahme wird allerdings auch vor den Gefahren einer übertriebenen Einmischung der Eltern in Fragen der Arbeitsplatzzuweisung für ihre Kinder gewarnt; eine Gefahr besteht zum Beispiel in der Verletzung des Gleichheitsprinzips in der Kibbutz-Gesellschaft und sie betrifft insbesondere jene Jugendlichen, denen der Familienhintergrund im Kibbutz fehlt (vgl. Kap. IV, 4); in dem Zeitungsartikel wird dazu ausgeführt: „Manchmal überschreiten Ausmaß und Formen der Einflußnahme die Grenze des im Kibbutz Üblichen und Wünschenswerten. Wann? Wenn Eltern, statt zum Verständnis der Probleme beizutragen, auf die Verantwortlichen Druck ausüben, und dies zuweilen in ziemlich drastischer Form ... Wenn sie sich vor der Tatsache verschließen, daß der Kibbutz die Regelung aller Probleme seiner Mitglieder auf die Verantwortlichen und auf die Komitees übertragen hat ... Das Problem der Einmischung im negativen Sinne muß in der Öffentlichkeit geklärt werden, denn diese Medaille hat auch noch eine andere Seite: Manchmal kann man aus dem Munde von Mitgliedern, deren Eltern nicht im Kibbutz leben oder die keine Eltern (mehr) haben, die deutliche und entschiedene Meinung hören, daß sich die Fragen ihrer Arbeit, der Gewährung weiterer Ausbildung etc. anders lösen ließen, wenn sie Eltern im Kibbutz hätten. Es entsteht (dadurch) der Eindruck, als sei unser Leben auf pressure-groups gegründet, und eine von diesen seien — die Eltern" (Zit. in „Hashavuah Bakibbutz Haartzi", Oktober 1965).

Trotz ihres individualistischen Charakters muß eine Einflußnahme der Eltern — etwa von der Hälfte der Eltern wird, wie bereits erwähnt, aktive Einflußnahme abgelehnt zugunsten des Entscheidungsrechtes des Kollektivs bzw. des Jugendlichen selbst — nicht notwendig gegen die Identifizierung mit dem Kibbutz gerichtet sein. Vielmehr haben die Eltern im allgemeinen ein natürliches Interesse daran, daß ihre Kinder eine befriedigende Arbeit innerhalb des Kibbutz finden, da die Befriedigung in der Arbeit das Verbleiben des Jugendlichen im Kibbutz, in dem auch die Eltern leben, sicherstellt. Die Analyse der Formen elterlicher Einflußnahme, die in der erwähnten Befragung ermittelt wurden, zeigt, daß nur die wenigsten Eltern (etwa 10 %) sich aktiv in die Entscheidungen des Kollektivs einmischen wollen, während die meisten Eltern ihre Aufgabe darin sehen, durch die „Schaffung einer Atmosphäre", durch „Beratung" und „Lenkung" dem Jugendlichen zu helfen, seinen individuellen Weg in die Gesellschaft und Arbeitswelt des Kibbutz zu finden. Dieser „individualisierende" Erziehungseinfluß der Eltern ist nur in dem Maße gegen die Identifizierung mit dem Kibbutz und den kollektiven Werten gerichtet, als die Eltern selbst ihren Kindern ein Beispiel der Nichtidentifizierung mit dem Kibbutz und mit der eigenen Arbeitsrolle im Kibbutz geben.

Dabei scheint für die Jugendlichen insbesondere das Vorbild des gleichgeschlechtlichen Elternteils von Bedeutung zu sein: Untersuchungen haben gezeigt, daß sich Kibbutz-Jugendliche, ähnlich wie familienerzogene Jugendliche, hinsichtlich ihrer zukünftigen Rolle im Arbeits- und Gesellschaftsleben („instrumentality dimension") vor allem mit dem gleichgeschlechtlichen Elternteil identifizieren (*Kugelmass/Breznitz* 1966) und sich vom dreizehnten Lebensjahr an mit der Arbeitsrolle des gleichgeschlechtlichen Elternteils beschäftigen (*Grün* 1965). Da die Frauen der Gründergeneration sich während der Periode der Konsolidierung der Kibbutzim in ihrer Arbeit immer mehr auf die wenig professionalisierten Dienstleistungen konzentrieren und dadurch zum Teil die „Gleichberechtigung" einbüßten, ist bei ihnen die Befriedigung in der Arbeitsrolle fragwürdiger als bei den männlichen Arbeitern (*Neubauer* 1965; 239 f.); ihre Identifizierung mit dem Kibbutz ist im allgemeinen schwächer, und die individualistisch-familiale Tendenz ist in ihren ideologischen Einstellungen in stärkerem Maße ausgeprägt als bei den Männern (*Talmon-Garber* 1959 c). Dementsprechend scheint der Einfluß vieler Mütter auf ihre Töchter auf Veränderung der bestehenden Verhältnisse gerichtet zu sein; viele Mütter wollen ihren Töchtern eine größere Befriedigung in der Arbeit erkämpfen, als sie ihnen selbst gegönnt war (*Arnon* 1961, *Talmon-Garber* 1957). Umgekehrt scheint für die Kibbutz-Töchter die unmittelbare Identifizierung mit der Arbeitsrolle der Mütter schwieriger zu sein als die entsprechende Identifizierung der Söhne mit den Vätern. Kibbutz-Töchter erstreben, wie die Untersuchung von *Sarell* (1960) zeigt, in ihrer Mehrheit (53 %) eine „produktive" Arbeit in der Landwirtschaft, obwohl die Frauen der Gründergeneration nur zu einem ganz geringen Teil (10 %) in der Landwirtschaft, größtenteils aber in den Dienstleistungbetrieben (40 %) und im Erziehungswesen (45 %) beschäftigt sind (*Leon* 1964; 134).

Die Kibbutzim kommen, wie die interne Literatur zeigt, den individuellen Arbeitswünschen der jungen Generation, insbesondere auch der Mädchen, so weit wie möglich entgegen. Die individuelle Befriedigung in der Arbeit liegt grundsätzlich auch im Interesse des Kollektivs, da sie einen wichtigen Teil der Identifizierung mit und Integration in der Kibbutz-Gesellschaft darstellt. Hinsichtlich der spezifischen Probleme der Frau betonen Kibbutz-Pädagogen die Notwendigkeit, zu einem „angemessenen Ausgleich zwischen der Rolle der Frau als Mutter und der Befriedigung in ihrer Arbeit" zu gelangen (Zit. in *Neubauer* 1965; 240). Daß ein derartiger Ausgleich im Sinne der Vereinigung von kollektiven und individuellen Interessen in vielen Kibbutzim bereits in weitem Ausmaße gelungen ist, zeigt die Tatsache, daß die überwiegende Mehrheit der jungen Generation (70 %), einschließlich der Mädchen, Befriedigung in ihrer Arbeit findet (*Sarell* 1960). Die Jugendlichen sehen ihre Berufswahl weitgehend als individuelle Entscheidung an (*Talmon-Garber* 1957), obwohl die endgültige Zuweisung eines Arbeitsplatzes nicht in ihrer Hand liegt und obwohl viele von ihnen, vor allem viele Mädchen, am Ende auf die Verwirklichung ihrer individuellen Wünsche zugunsten der kollektiven Bedürfnisse verzichten müssen.

Diese in dem bislang vorliegenden Befragungsmaterial ermittelten Tatsachen lassen die Schlußfolgerung zu, daß sowohl die Eltern als auch die Jugendlichen selbst individualistische Einstellungen in den Fragen der Berufswahl und Arbeitszuteilung vertreten, während kollektivistische Argumente im Sinne der offiziellen Ideologie in den Hintergrund getreten sind; diese „Erneuerung" (*Sarell* 1960) bedeutet jedoch eher eine Differenzierung im Sinne der Arbeitsteilung in der Industriegesellschaft als eine Desintegration des Kibbutz-Kollektivs. In diesem Prozeß der Differenzierung und der individualistischen Orientierung der Berufsvorstellungen erscheinen die Familie und familiale Eigeninteressen als ein treibender Faktor, und der erzieherische Einfluß der Eltern scheint die individualistisch-familiale Tendenz bei der Fortsetzungsgeneration zu steigern. Während die unmittelbare Identifizierung mit dem Kollektiv unter Verzicht auf individuelle Forderungen, die für die Pionierzeit kennzeichnend war, bei der Gründergeneration selbst und bei der Fortsetzungsgeneration wesentlich abgeschwächt zu sein scheint, zielen doch der Einfluß der Familie sowie die Wünsche und Entscheidungen der Jugendlichen selbst grundsätzlich auf die Identifizierung mit dem Kibbutz.

Zu einem der größten Probleme des Kibbutz verspricht der in den letzten Jahren wachsende Trend zu akademischer Bildung in der jungen Generation zu werden. Es hat den Anschein, als könnte die traditionelle Regelung, den Kibbutz-Jugendlichen ein formelles Abschlußzeugnis nach der zwölfjährigen Einheitsschule (die Vorbedingung für die Zulassung zu einer Hochschule) vorzuenthalten und ihre akademischen Ambitionen grundsätzlich auf die Kibbutz-Lehrerseminare zu beschränken, unter dem Druck der öffentlichen Meinung nicht aufrecht erhalten werden. Diese Regelung hing unter anderem mit der Überzeugung zusammen, daß die Ausbildung der jungen Generation auf die Bedürfnisse des Kibbutz abgestellt sein sollte, und daß neben der Sekundarschulbildung für alle eine Hochschulbildung für wenige Auserlesene weder ideologisch zu rechtfertigen noch ökonomisch zu leisten sei; außerdem bestand die Gefahr, daß die so ausgebildeten „Spezialisten" anschließend den Kibbutz verließen (*Bettelheim* 1969; 225 ff., *Rabin* 1965; 34 ff.).

Auf der anderen Seite kann angesichts der „Bildungsexplosion" und der wissenschaftlich-technologischen Entwicklung in der gesamten israelischen Gesellschaft eine Situation entstehen, in der aufgeschlossene und begabte Kibbutz-Jugendliche gerade dann ihre Mitgliedschaft aufkündigen, wenn sie den Eindruck gewinnen, daß „ihre" Gesellschaft hinter der allgemeinen Entwicklung zurückbleibt. Es ist von daher zu fragen, ob die gegenwärtig zu beobachtenden Zugeständnisse an die Aspiranten akademischer Bildung nicht trotz eines gewissen Aderlasses letztlich im Sinne der langfristigen Zukunft des Kibbutz wirken, und ob sich diese Lösung des Ausbildungsproblems nicht als besser erweisen wird als die Durchsetzung einer mechanistischen „Gleichheit der Bildung", besser auch als der Aufbau einer eigenen „Kibbutz-Universität", der bisweilen vorgeschlagen wird, der aber notwendigerweise die Isolierung der Kibbutz-Bewegung gegenüber der israelischen Gesellschaft verstärken müßte. Im übrigen werden an diesem Problem der akademischen Bildung besonders deutlich die engen Grenzen sichtbar, die einer kleinen, vorwiegend landwirtschaftlich orientierten Kommune gesetzt sind, und es läßt sich bislang nicht absehen, ob und wie das Problem gelöst werden kann.

Im Zusammenhang mit unserem Thema ist es interessant zu bemerken, daß auch in der Frage der akademischen Bildung im allgemeinen vor allem die Eltern als Kämpfer für die Durchsetzung der Wünsche ihrer Kinder auftreten; nicht selten wird dem Antrag eines jungen Kibbutz-Mitgliedes auf Gewährung eines Hochschulstudiums nach mehrfachem Plädoyer des Aspiranten und seiner Eltern in der Mitgliederversammlung stattgegeben, und es gibt Fälle, in denen Eltern ihren Kindern auch ohne Zustimmung der Mitgliederversammlung ein Studium ermöglichen, indem sie Geldmittel von Verwandten in Anspruch nehmen, die außerhalb des Kibbutz leben; bei Ablehnung des Ausbildungsantrages kommt es auch vor, daß Jugendliche mit ihrem Austritt aus dem Kibbutz drohen und ihn gegebenenfalls auch vollziehen.

6. *Sexualerziehung in der Familie und Probleme der sexuellen Identität von Kibbutz-Jugendlichen*

Das hauptsächliche Feld gezielter erzieherischer Beeinflussung ist auch im Bereich der Sexualerziehung nicht die Familie, sondern die Schulgemeinschaft und „Jugendkultur". Von den Grundklassen an bestehen Unterrichtsprogramme für die Sexualerziehung, die vor allem die biologische Aufklärung betreffen. Gemäß der Selbstauffassung der Kollektiverziehung als „synthetische Erziehung" und „Pädagogik des Lebens" (*Golan* 1961) kann jedoch die Sexualerziehung, zumal die biologische Aufklärung selbst, nicht als eigenständiger Bereich, sondern nur als unlösbar mit der gesamten Erziehung der Persönlichkeit verbundener Teil behandelt werden. Die Sexualerziehung liegt deshalb im allgemeinen nicht in den Händen eines Fachlehrers, sondern in den Händen des „Erziehers" der Altersgruppe, zu dem, da er mehrere Jahre in dieser Funktion arbeitet und an den außerschulischen Aktivitäten der Altersgruppe in weitem Ausmaße teilnimmt, die Jugendlichen häufig ein Vertrauensverhältnis haben. Der Erzieher soll die Aufklärung durch passende Literatur, die Vorbilder schaffen kann, und durch wissenschaftliche Lektüre ergänzen. Abendliche Gruppengespräche sind in größeren Abständen immer wieder einzelnen Problemen der Sexualerziehung in der Adoleszenz, z. B. der Onanie, gewidmet. Diese Gruppengespräche, die aufgrund des gemeinsamen Aufwachsens der Jungen und Mädchen in der Altersgruppe von frühester Kindheit an durch gegenseitige, nahe Bekanntschaft und durch eine entspannte und freundschaftliche Atmosphäre gekennzeichnet zu sein pflegen, bilden ein wichtiges Feld der

Meinungsbildung und Wertvermittlung. Die Koeduktion stellt einen wichtigen Teil der „Pädagogik des Lebens“ in der Schulgemeinschaft dar. Im „Mosad“ des Kibbutz-Artzi-Verbandes teilen Jungen und Mädchen im allgemeinen gemeinsame Klassen- und Wohnräume bis zum Abschluß der Schulzeit. In den übrigen Kibbutzim bestehen unterschiedliche Lösungen, die häufig entsprechend den Wünschen der Jugendlichen selbst getroffen werden; vor allem die Mädchen scheinen auf gemäßigtere Formen der Koedukation in den höheren Altersstufen zu drängen (*Nagler* 1963b; 212). Zu den wichtigsten Faktoren der Sexualerziehung gehört auch die Jugendbewegung, zu der jeder Kibbutz-Jugendliche gehört und die einen großen Teil der außerschulischen Aktivitäten bestimmt. In der Jugendbewegung herrscht das Ideal der geschlechtlichen Enthaltsamkeit bis zum Abschluß der Schulzeit. Einzelne Berichte, denen zufolge den Kibbutz-Jugendlichen auf Wunsch jederzeit Antikonzeptionsmittel frei zur Verfügung gestellt werden (*Neubauer* 1965; 31), können nicht als repräsentativ gelten.

Die „Erziehung zur Familie“ wird im Kibbutz als Mittelpunkt und wichtigstes Ziel der Sexualerziehung betrachtet; die Vermittlung der idealen Struktur der partnerschaftlichen Familie ist ein wesentlicher Teil der ganzen Kollektiverziehung, da die Struktur der Familie aufs engste mit der gesamten Sozialstruktur zusammenhängt (*Golan* 1961; 291 ff.). Die Sexualerziehung in den kollektiven Erziehungsinstitutionen, deren Werte nicht nur „indoktriniert“, sondern im Leben der Schulgemeinschaft, an dessen Aktivitäten Jungen und Mädchen gleichermaßen aktiv teilnehmen, „eingeübt“ werden sollen, hängt deshalb im Kibbutz eng mit der sozialen und „ideologischen“ Erziehung zusammen.

Den „Erfolg“ der Sexualerziehung in der Schulgemeinschaft zu ermessen, ist aufgrund des vorliegenden Untersuchungsmaterials kaum möglich. Die einzige Befragung zum Thema der Sexualerziehung, die als repräsentativ für einen großen Teil der Kibbutz-Jugendlichen gelten kann (*Malraux* 1964), kam zu folgenden Ergebnissen: von 122 befragten Schülern gab ein Drittel (34 % der Jungen und 38 % der Mädchen) an, daß ihrer Sexualerziehung nicht genügend Bedeutung beigemessen wurde; nur der Hälfte (50 % der Jungen und 60 % der Mädchen) half die Erziehung in der Schulgemeinschaft, sich über Liebe und Familienleben eine Meinung zu bilden. Demgegenüber scheint der größte Teil der Jugendlichen die Forderung der Gleichberechtigung und der Partnerschaft zwischen den Geschlechtern zu akzeptieren. Die meisten verneinten die Frage: „Ist es deiner Ansicht nach normal, daß den Jungen eine größere sexuelle Freiheit zugestanden wird als den Mädchen?“ Als die „wichtigsten Elemente im ehelichen Glück“ nannten 28 Jungen und 35 Mädchen (über 50 % der Befragten) „Kameradschaft“, 16 Jungen und 23 Mädchen „geistige Übereinstimmung“. Innerhalb der Schulgemeinschaft scheint die „Gleichheit“ jedoch nicht im selben Ausmaße verwirklicht zu sein. Die Frage: „Haben die Beziehungen zwischen Jungen und Mädchen eine zufriedenstellende Struktur der Gleichheit und Freiheit?" wurde nur von 51 % der Befragten bejaht. Die begrenzte Verwirklichung der „Gleichheit und Freiheit" scheint jedoch nicht mit dem System der Koedukation zusammenzuhängen, mit dem sich die überwiegende Mehrheit der Befragten (89 % der Jungen und 68 % der Mädchen) identifiziert, sondern eher mit der unterschiedlichen Teilnahme der Mädchen an sozialen und politischen Aktivitäten und mit anderen unterschiedlichen Neigungen bei Jungen und Mädchen. Am wenigsten gelöst erscheint jedoch in den Antworten der Jugendlichen das Problem der geschlechtlichen Enthaltsamkeit; zwar bejahten 68 % der Befragten die Vermeidung sexueller Bindungen während der Erziehungsperiode, und 75 % glaubten, daß die meisten sich auch wirklich sexueller Beziehungen enthielten, jedoch antworteten auf die Frage nach den Motiven der Enthaltsamkeit nur 8 Mädchen und 11 Jungen mit „Identifikation", 16 Jungen und 17 Mädchen dagegen mit „Angst vor den Folgen", 16 Jungen und 17 Mädchen mit dem Hinweis auf die „öffentliche Meinung".

Diese Befragungsergebnisse deuten darauf hin, daß die unmittelbaren sexuellen Probleme der Jugendlichen zu einem nicht geringen Teil verdrängt werden; diese durch die Ideale bzw. Tabus der Sexualerziehung auferlegte Verdrängung wird gesteigert durch die extreme Koedukation, insbesondere in denjenigen Schulgemeinschaften, wo Jungen und Mädchen gemeinsame Schlafräume teilen, und durch die Einspannung des Jugendlichen in einen ihn zeitlich ausfüllenden Rahmen schulischer und sozialer Aktivitäten und körperlicher Arbeit. Bei den klinisch erfaßten Fällen bestehen, wie ein Psychiater der Kibbutz-Bewegung berichtet, „tief unterdrückte sexuelle Schwierigkeiten, wahrscheinlich deshalb, weil die jugendliche Sexualität ein Tabu der Jugendbewegung und der Schulerziehung ist, dessen lebensmäßige Wirkung auf den Jugendlichen stärker als außerhalb des Kibbutz bemerkbar ist" (*Nagler* 1958). — Es ist bemerkenswert, daß der Kibbutz gerade auf einem Gebiet wie der Sexualerziehung, die innerhalb der Psychoanalyse, an der die Kibbutz-Erziehung weitgehend orientiert ist, zur Kritik an der Gesellschaft und an der „bürgerlichen Moral" geführt hat, zu einem normativen Wertsystem gelangt ist, das sich von der bürgerlichen Sexualmoral im wesentlichen nicht unterscheidet.

Das bislang vorliegende Untersuchungsmaterial erlaubt es noch nicht festzustellen, ob die Komplizierung und zeitliche Verzögerung der Suche der Jugendlichen nach ihrer sexuellen Identität, die durch die spezifischen Bedingungen der gleichzeitig koedukativen und puritanischen Gruppenerziehung im Kibbutz zweifellos gegeben ist, sich auch nachhaltig auf ihre sexuelle Hingabefähigkeit und ihr Glückserleben in der Liebe und Ehe auswirkt. Die einzige Besonderheit der psychosexuellen Entwicklung bei Kibbutz-Jugendlichen, die neben dem Fehlen der Homosexualität (*Nagler* 1963b) nachgewiesen werden konnte, besteht in der Ausbildung einer Art von „Inzesttabu" und „Exogamie" gegenüber der eigenen koedukativen Altersgruppe: fast nie gehen ein Junge und ein Mädchen aus derselben Altersgruppe eine Liebesbeziehung und/oder eine Ehe ein (*Spiro* ²1965; 347 f., *Talmon-Garber* 1964). Wenn man bedenkt, daß auch das „klassische" Inzesttabu zwischen (biologischen) Geschwistern nicht verhindert, daß Geschwister in vielen Fällen sexuelle Gefühle füreinander und bisweilen sexuelle Beziehungen miteinander haben, so muß man von der generellen Verbreitung dieses Tabus in den Altersgruppen des Kibbutz auf eine überaus starke Verdrängung sexueller Gefühle im Jugendalter schließen.

Die Feststellung einer tiefen Verdrängung sexueller Gefühle in der Adoleszenz und einer starken Ausrichtung der Persönlichkeit des Kibbutz-Jugendlichen an den kollektiven Gruppennormen darf indes nicht dazu verführen, daraus eine bleibende Unfähigkeit des erwachsenen Kibbutznik zu sexueller Partnerschaft und zum Erleben einer individuellen und tiefen Ich-Du-Beziehung in der Liebe und Ehe abzuleiten. In diesem Zusammenhang muß mit Entschiedenheit die These Bettelheims zurückgewiesen werden, daß die kollektive Erziehung den Jugendlichen auf die Altersgruppe fixiere und „Intimität" in einer Ich-Du-Beziehung ausschließe, daß selbst nach der Eheschließung „Mann und Frau zuerst und vor allem Teil der Gruppe bleiben. Dies führt sogar in der Ehebeziehung zu einer deutlicheren Bezogenheit (der Partner) auf den Kibbutz als zu einer gegenseitigen Bezogenheit aufeinander" (*Bettelheim* 1969; 254). Es handelt sich hier um eine ungerechtfertigte Übertragung von vermuteten „Gesetzmäßigkeiten" der „Entwicklung" des Menschen zur reifen Persönlichkeit von einer Kultur auf die andere und um eine Überbewertung der Gruppenbindungen im Kibbutz. Die repräsentativen Befragungen von Y. Talmon-Garber haben bereits in der Mitte der fünfziger Jahre den Nachweis erbracht, daß die soziale Entwicklung in den Kibbutzim zu einer Verlagerung der menschlichen Beziehungen vom Kollektiv auf die Familie geführt hat: „Mann und Frau arbeiten in den kollektiven Betrieben. Sie kommen mit den kollektiven Institutionen in Berührung und nehmen deren Dienstleistungen in Anspruch. Sie unterhalten freundliche, aber nicht allzu enge Beziehungen zu einigen anderen Familien. Die Beziehungen innerhalb der Familie und zu Verwandten haben jedoch das Übergewicht über jegliche Beziehung zu Außenstehenden gewonnen. Es gibt einen starken Widerstand gegen jede Beeinträchtigung der Privatsphäre und Unabhängigkeit der Familie (*Talmon-Garber* 1956; 125). Diesen Schlußfolgerungen aus einer repräsentativen Befragung ist um so mehr Glauben zu schenken, als die Befragung von Außenseitern des Kibbutz (Professoren und Mitarbeiter der Hebräischen

Universität Jerusalem) durchgeführt wurde, so daß die Befragten aus Loyalität gegenüber dem Kibbutz die kollektiven Werte vermutlich besonders stark, ihre „individualistisch-familiale" Wertorientierung dagegen besonsonders wenig unterstrichen haben. Es ist auch bereits mehrfach erwähnt worden, daß die Abnahme der kollektivistischen Orientierung der Kibbutz-Mitglieder, insbesondere der Frauen, in einem engen zeitlichen und inneren Zusammenhang mit der Eheschließung zu stehen pflegt (*Sarell* 1960). Schließlich bleibt zu erwähnen, daß Ehe und Familie im Kibbutz trotz der fehlenden wirtschaftlichen Abhängigkeit der Ehepartner voneinander durch eine außerordentlich starke Stabilität gekennzeichnet sind (*Gerson* 1968c).

In den meisten Gesellschaften besteht eine gewisse Einschränkung und Tabuisierung des freien Ausdrucks jugendlicher Sexualität. Als unmittelbare Autorität für diese Einschränkungen tritt im allgemeinen die Familie oder Sippe auf. Dem Kibbutz-Jugendlichen hingegen sind die Einschränkungen an erster Stelle nicht von den Eltern, sondern von den kollektiven Erziehungsinstitutionen auferlegt. Diese Tatsache legt die Vermutung nahe, daß der Jugendliche, der in den kollektiven Erziehungsinstitutionen zur Anpassung an die Gruppennormen und dadurch zu einer gewissen Verdrängung seiner sexuellen Probleme gezwungen ist, sich mit größerem Vertrauen an seine Eltern wendet, als wenn diese selbst ihm die Einschränkungen auf dem Gebiet der Sexualerziehung auferlegen würden. In der Befragung von C. *Malraux* (1964) nannten auf die Frage: „Zu wem hast du genügend Vertrauen, um über Fragen der Liebe und des Sexuallebens zu sprechen?" die Hälfte der Mädchen und ein Viertel der Jungen die Eltern. In einer internen Befragung in einem Kibbutz-Verband gaben 37 % der Mädchen und 28 % der Jungen an, über „Tatsachen des Lebens" am meisten von einem der Eltern gelernt zu haben; die entsprechenden Zahlen für die Erzieher sind 12,5 % bei den Mädchen und 21 % bei den Jungen.

Während im ganzen auch im sexuellen Bereich, wie in der Frage der Berufswahl und der persönlichen Einstellung zur Ideologie, die Ausbildung der Ich-Identität des Kibbutz-Jugendlichen zugunsten der kollektiven Identifikation weitgehend auf die Zeit nach der Erziehungsperiode verschoben wird, tritt andererseits auch hier, wie bei den Fragen der Berufswahl und der ideologischen Erziehung, die „individualisierende" Funktion der Familie auf der Grundlage des vertrauensvollen Gesprächs und des persönlichen Beispiels der Eltern deutlich hervor. Während das „Über-Ich" des Kibbutz-Jugendlichen in der Erziehungsperiode vorwiegend durch die Autorität der Altersgruppe, der Erzieher und der kollektiven Normen bestimmt wird, scheinen die ökonomische und autoritative Unabhängigkeit des Jugendlichen von den Eltern und die Konfliktlosigkeit in der Eltern-Kind-Beziehung die Möglichkeit eines partnerschaftlichen, erzieherisch wirksamen „Gesprächs“ in der Familie zu steigern. Schuldgefühle bei Übertretung der verbindlichen sexuellen Normen entstehen nicht so sehr gegenüber den Eltern als vielmehr gegenüber der Altersgruppe und den Erziehern; von diesen ist auch die Strafe zu erwarten. So wird das Eingehen einer (geschlechtlichen) Zweierbindung, wie Tagebücher von Jugendlichen zeigen, von der Altersgruppe häufig abgelehnt und unter Umständen mit starker Isolierung innerhalb der Gruppe und Druck der „öffentlichen Meinung“ beantwortet.

Die Eltern scheinen ihrerseits auf autoritative Einflußnahme im Bereich der Sexualerziehung bewußt zu verzichten. Für diese Haltung sind nicht zuletzt zwei Faktoren verantwortlich: die Unsicherheit der Eltern über gültige Normen angesichts des Widerspruchs zwischen der liberalen Sexualmoral, welche in der europäischen Jugendbewegung zur Gründungszeit der Kibbutzim propagiert wurde, und dem puritanischen Arbeits- und Lebensstil im Kibbutz, und die Ablehnung der „patriarchalischen Autorität“, welche die Gründergeneration in ihren eigenen Familien erlebt hatte. Der freiwillige Autoritätsverzicht der Eltern zugunsten der Autorität der kollektiven Erziehungsinstitutionen kann unter Umständen dazu führen, daß erzieherische Einflußnahme durch gewährende und beschützende Bindung des Jugendlichen an die Eltern, daß autoritative Abhängigkeit in der Beziehung des Jugendlichen zu den Eltern durch emotionale Abhängigkeit ersetzt wird. Eine derartige Abhängigkeit kann die individuelle Identifizierung des Jugendlichen mit seiner Geschlechtsrolle verzögern. In diesem Zusammenhang hat ein leitender Funktionsträger der Kibbutz-Erziehung in einer offiziellen Stellungnahme von den Eltern erzieherische „Distanz“ gegenüber ihren heranwachsenden Kindern und Förderung ihrer Selbständigkeit gefordert, „um eine Fixierung auf die biologische Familie zu vermeiden, die sie an der Befreiung zu einem eigenständigen Verhältnis zum anderen Geschlecht hindert“ (Zit. in *„Hachinuch Hameshutaf“* 53, 1963).

Abgesehen von der Gefahr des Verzichts auf bewußte erzieherische Einflußnahme scheint jedoch der Autoritätsverzicht der Eltern grundsätzlich die Schaffung einer demokratischen Familienatmosphäre und eines Vertrauensverhältnisses zwischen Jugendlichem und Eltern zu erleichtern. Dabei ist es charakteristisch für das Überleben der „traditionellen“ Geschlechtsrollendifferenzierung in der Kibbutz-Gesellschaft und innerhalb der Kibbutz-Familie, daß vor allem die Mutter die Rolle des vertrauten Partners in Gesprächen über die persönlich-intimen Fragen der Sexualerziehung erfüllt. Während der Vater von den Kibbutz-Jugendlichen vorwiegend als Träger der „instrumentality“-Rollen — Wissen, sachliche Entscheidungen in der Familie, Forderungen gegenüber den Kindern etc. —, betrachtet wird (*Kugelmass/Breznitz* 1966) und der hauptsächliche Gesprächspartner für politische und gesellschaftliche Themen ist (*Gerson* 1959, *Grün* 1965), zeigt

sich bei den Mädchen, in geringerem Ausmaß aber auch bei den Jungen die Tendenz, mit der Mutter mehr als mit dem Vater persönliche Gespräche über Liebe und Sexualleben zu führen. Nach der Befragung von C. Malraux (1964) sprachen 43 von 60 Mädchen und 19 von 60 Jungen mit der Mutter, aber nur 4 Mädchen und 5 Jungen mit dem Vater über Probleme der Sexualität; dementsprechend betrachten Kibbutz-Jugendliche die Mutter vor allem als Trägerin der durch Liebe, emotionale Bestätigung und Rücksichtnahme im sozialen Umgang gekennzeichneten „expressivity"-Rollen (*Kugelmass/Breznitz* 1966).
Aufgrund der spezifischen Struktur der Kibbutz-Erziehung und der Kibbutz-Familie gibt es in der Sexualerziehung im allgemeinen keine Konflikte zwischen Jugendlichem und Eltern. Der Jugendliche hat seinerseits die Möglichkeit, sich durch ausschließliche Integration in die „Jugendkultur" vom Elternhaus abzuschließen oder zu distanzieren; für die Mehrzahl der Jugendlichen, insbesondere für die Mädchen, scheinen jedoch die Eltern die vertrautesten und geliebtesten Erwachsenen zu bleiben, an die sie sich zur persönlichen Aussprache über sexuelle Probleme wenden. Gegenüber der fordernden, kontrollierenden und strafenden Autorität der kollektiven Erziehungsinstitutionen stellt die Familie häufig einen Zufluchtsort der bestätigenden Intimität dar.
Die allgemeine Konfliktlosigkeit im Bereich der Sexualerziehung in der Kibbutz-Familie erstreckt sich auch auf die Partnerwahl des Jugendlichen. Aufgrund der vollständigen wirtschaftlichen Unabhängigkeit des Jugendlichen vom Elternhaus hängt die Wahl des Partners und der Zeitpunkt der Eheschließung nicht von der Zustimmung der Eltern ab. Ein großer Teil der Jugendlichen wählt, wie die repräsentative Befragung von Y. Talmon-Garber (1964) ergeben hat, die Partner während der Militärdienstzeit, die auch Mädchen ableisten müssen, in einer Zeit also, in der die Jugendlichen außerhalb des Kollektivs und entfernt vom Elternhaus leben. Nach der Rückkehr in den Kibbutz und nach der offiziellen Annahme der Mitgliedschaft wird jedem Paar, bereits vor einer formellen Legalisierung der Verbindung, vom Kibbutz eine Wohnung zur Verfügung gestellt; die Legalisierung einer Verbindung ist grundsätzlich erst bei der Geburt eines Kindes erforderlich. Andererseits scheint die öffentliche Meinung häufigen Partnerwechsel und langes Experimentieren vor der Ehe abzulehnen (*Talmon-Garber* 1965a). Dem bislang vorliegenden Untersuchungsmaterial zufolge scheinen Kibbutz-Eltern die Partnerwahl ihrer Kinder ausschließlich als deren individuelle Angelegenheit zu betrachten; diese Einstellung wird zweifellos dadurch verstärkt, daß Heiraten innerhalb der Kibbutz-Bewegung — 83 % der Jugendlichen wählen sich ihre Partner aus Kibbutzim (*Talmon-Garber* 1964) — keinen sozialen Auf- oder Abstieg bedeuten und nicht in Verbindung mit familialem Besitz und Erbe stehen. Nur in den seltensten

Fällen scheinen Kibbutz-Eltern einen gewissen psychologischen Druck auf ihre Kinder auszuüben, sei es in bezug auf die Wahl des Partners, sei es in Richtung auf frühzeitige Legalisierung einer bestehenden Verbindung oder das Verbleiben des jungen Paares im Heimat-Kibbutz der Eltern.
Neben der bewußten und funktionalen Wertvermittlung in den kollektiven Erziehungsinstitutionen und neben dem bewußten Einfluß der Eltern auf die Sexualerziehung durch vertrauensvolles Gespräch und Beratung scheint für die Einstellung des Jugendlichen zum anderen Geschlecht, zur Ehe und Familie das lebendige Beispiel der eigenen Familie und das Vorbild der Ehe der Eltern von der allergrößten Bedeutung zu sein. Aufgrund dieser, vorwiegend durch unbewußte Identifizierung des Kindes und Jugendlichen mit den Eltern bewirkten Vermittlung von Werten und Haltungen nehmen die Eltern eine zentrale Stellung in der Sexualerziehung ein. „Wir sind überzeugt", heißt es in einer Stellungnahme eines leitenden Funktionsträgers der Kibbutz-Erziehung zu den Problemen der Sexualerziehung, „daß nur ‚Liebe Liebe erzeugt', und daß eine ungestörte Liebesfähigkeit des Erwachsenen eng mit der Liebe verbunden ist, die er von seinen Eltern und von denen, die ihn in seiner Kindheit pflegten, erhielt ... Wir vermuten, daß die Grundlagen der seelischen sexuellen Identität sich in Anpassung an das Verhältnis der Umgebung zum kleinen Kind und unter dem Einfluß der emotionalen Beziehungen zu den Eltern herausbilden, die das erste Objekt der Identifizierung mit dem gleichen Geschlecht und der Liebe zum anderen Geschlecht darstellen ... (Aus dieser Erkenntnis heraus) wenden wir mehr Aufmerksamkeit als früher auf die Steigerung des Gewichts der Eltern in unserer Erziehung ..." (Zit. in *„Hachinuch Hameshutaf"* 53, 1963).
Für den Jugendlichen sind die Eltern die wichtigsten Vorbilder für die Liebe im Ehe- und Familienleben. Der Jugendliche mißt das Ideal der Gleichberechtigung der Geschlechter und der partnerschaftlichen Familie, das ihm in den kollektiven Erziehungsinstitutionen vermittelt wird, zunächst und vor allem an der Lebenswirklichkeit der eigenen Familie. Eine selbst erfahrene Übereinstimmung zwischen den vermittelten Werten und der Lebenswirklichkeit der eigenen Familie kann die Identifizierung des Jugendlichen sowohl mit den Eltern als auch mit dem Kollektiv erleichtern. Insofern hat die grundsätzlich individualistisch orientierte Familienerziehung zugleich für die Erziehung des Jugendlichen zu den Werten der Gesellschaft große Bedeutung. Dies trifft in besonderer Weise auch für die Vermittlung von sexuellen Normen im Sinne der Tradierung der monogamen Form der Ehe zu, die als einer der wichtigsten und stärksten Stabilisierungsfaktoren einer jeden Gesellschaft gelten kann.

7. Zusammenfassende Darstellung der erzieherischen Funktionen der Familie und der Probleme des Jugendalters im Kibbutz

Die Beziehung des Kibbutz-Jugendlichen zu seinen Eltern ist durch wirtschaftliche und autoritative Unabhängigkeit und zeitlich-räumliche Einschränkung der Interaktion gekennzeichnet. Die Familie stellt nicht den äußeren Lebensrahmen dar wie in familial orientierten Gesellschaften, wo die äußere Abhängigkeit von den Eltern auch ohne tiefere emotionale Bindung bestehen bleibt. Der Kibbutz-Jugendliche führt in der „Jugendkultur" der Schulgemeinschaft ein von den Eltern unabhängiges Gruppenleben. Seine äußere Existenz und die Einführung in seine zukünftigen Rollen in der Gesellschaft werden dem Jugendlichen vom Kollektiv garantiert.

Aufgrund dieser Erziehungsstruktur sind Konflikte zwischen dem Jugendlichen und seinen Eltern auf ein Mindestmaß beschränkt im Vergleich zu den vielfältigen Konflikten des Jugendlichen mit seinen Eltern in der isolierten Privatfamilie. Nicht nur vermittelt die „Jugendkultur" grundsätzlich dieselben gesellschaftlichen Werte wie die Familie, sondern die „Jugendkultur" selbst bietet dem heranwachsenden Kibbutz-Kind eine Art „Schutzraumerziehung", ohne es von der Familie zu trennen. Weniger als in der pluralistischen, individualistisch orientierten Gesellschaft gelangt der Kibbutz-Jugendliche zu Formen der Selbständigkeit, die zu Konflikten mit oder zur Entfremdung von der Familie führen könnten: bis zum Ende der formalen Erziehungsperiode im Alter von achtzehn Jahren kann er nicht selbständig ein Arbeitsverhältnis eingehen, Geld verdienen, sich ein Fahrzeug kaufen, da sein äußerer Lebensrahmen durch das Gruppenleben in der Schulgemeinschaft bestimmt ist; es gibt im Kibbutz kein Problem der Arbeiterjugend, die mit vierzehn Jahren zusammen mit Erwachsenen im Betrieb steht, und es gibt keinen Einfluß der „Straße"; durch das intensive Gruppenleben mit seinen moralischen Normen werden außerdem die Möglichkeiten eingeschränkt, während der Erziehungsperiode sexuelle Beziehungen einzugehen. Die Erlangung der Selbständigkeit und der persönlichen Identität in bezug auf die zukünftigen Rollen in der Erwachsenengesellschaft scheint demnach für den Kibbutz-Jugendlichen zugunsten der kollektiven Identifikation mit der Altersgruppe auf die Zeit nach der Erziehungsperiode verschoben zu sein.

Diese Einschränkung seiner Selbständigkeit, die dem Kibbutz-Jugendlichen nicht durch die Geborgenheit und Autorität in der Familie, sondern durch die Geborgenheit und Autorität in der „Jugendkultur" auferlegt ist, scheint einen bruchlosen Übergang von der „Kindheit" zum „Jugendalter" zu erleichtern. Bis zu seinem achtzehnten Lebensjahr lebt er in der „Jugendkultur" in einem Zwischenstadium zwischen „Kindheit" und „Erwachsensein", das ihn grundsätzlich nicht in Konflikt mit der Erwachsenenwelt,

von der die „Jugendkultur" weitgehend abgeschlossen ist, und mit dem Elternhaus, von dem er nur emotional abhängt, bringen kann.
Die Auflösung der väterlichen bzw. elterlichen Autorität und der formalen Erziehungsfunktionen der Familie, die nicht nur für die Kibbutz-Gesellschaft, sondern in verschiedenen Formen für die moderne, komplexe Gesellschaft überhaupt kennzeichnend ist, hat im Kibbutz nicht zur Wertunsicherheit und Führungslosigkeit der Jugend geführt, da die eindeutige Wertvermittlung und erzieherische Autorität auf die kollektiven Erziehungsinstitutionen übertragen wurden. Die kollektivistische Gesellschaft scheint dieser Autorität, der Schaffung eines kollektiven, auf bestimmte Werte bezogenen „Über-Ich" des Jugendlichen, zu bedürfen, um eine Persönlichkeit zu erziehen, die die kollektivistische Gesellschaft fortzusetzen bereit ist (*Bettelheim* 1969; 125 ff.).
Dementsprechend müssen vom Ende der frühen Kindheit an die kollektiven Erziehungsinstitutionen, insbesondere die Altersgruppe, als die eindeutig wichtigsten Faktoren für die Ausbildung der „moralischen Ideologie" und des „sozialen Gewissens" der jungen Kibbutz-Mitglieder betrachtet werden (*Luria/Goldwasser/Goldwasser* 1963, *Rettig/Pasamanick* 1963).
Über die Funktionen der Familie innerhalb des Erziehungssystems des Kibbutz lassen sich aufgrund der bisherigen Darstellung die folgenden Hypothesen aufstellen:
a) Der Charakter des Zwischenstadiums zwischen „Kindheit" und „Erwachsensein", in dem der Kibbutz-Jugendliche in der „Jugendkultur" lebt, ermöglicht es, die in der Kindheit begründete Zuneigung zu und emotionale Identifizierung mit den Eltern verhältnismäßig bruchlos in der Adoleszenz zu bewahren und zu vertiefen, zumal die Eltern dem Jugendlichen nicht kontrollierend, einschränkend und bestrafend, sondern bestätigend und beschützend gegenüberstehen. Als die wichtigste Funktion der Eltern läßt sich demzufolge die individuelle emotionale Konsolidierung der jugendlichen Persönlichkeit vermuten, deren Wirkung als ein gewisser Ausgleich zu der mehr diffusen und kollektiven, sachlich orientierten Identifikation des Jugendlichen innerhalb der „Jugendkultur" aufgefaßt werden kann.
b) Die wertmäßige Harmonie zwischen Erwachsenenwelt und „Jugendkultur" und die starke emotionale Bindung zwischen Eltern und Kindern macht die Eltern zu wesentlichen Objekten der Identifizierung des Jugendlichen in bezug auf die eigenen Einstellungen und die zukünftigen Rollen in der Gesellschaft und in bezug auf die Werte der Gesellschaft. Als eine entscheidende erzieherische Funktion der Eltern läßt sich demzufolge neben der Vermittlung individueller, geistiger und charakterlicher Werte die „individualisierende" Vermittlung der Werte der Gesellschaft durch das persönliche Vorbild der Eltern vermuten; diese individualisierende Wertvermittlung auf dem Wege der lebensmäßigen Identifizierung des Jugend-

lichen mit den Haltungen und gesellschaftlichen Rollen der Eltern kann als eine wesentliche Ergänzung zu der mehr objektiv-ideologischen Wertvermittlung in den kollektiven Erziehungsinstitutionen betrachtet werden.

Zu a): Das gesamte bislang vorliegende Untersuchungsmaterial beweist, daß die Kibbutz-Jugendlichen trotz ihrer starken, auch emotionalen Verwurzelung in der Altersgruppe und „Jugendkultur“ und trotz der weitgehenden Einschränkung der Eltern-Kind-Interaktion im allgemeinen in einer engen und positiven Beziehung zu ihren Eltern stehen. Die folgenden Beispiele können die Intensität und die Qualität der Beziehungen zwischen den Heranwachsenden und ihren Eltern kennzeichnen:

Ein achtzehnjähriger Junge, ein Jahr lang vom Vater getrennt, der als Gesandter des Kibbutz im Ausland arbeiten mußte, schrieb in einigen seiner häufigen Briefe an den Vater: „... gerade zur Zeit, da ich mich außerhalb des Kibbutz befinde, fühle ich dein Fehlen mehr — als Vater, Lehrer, Freund ...“ — „... ich habe es nicht gern, ‚das Herz auszuschütten‘ im Brief ... Aber ich muß zugeben, daß ich hier dein Fehlen zu spüren beginne. Es fehlt mir der Gesprächspartner, Ratgeber, Lehrer, besonders bei dem Durcheinander von Fragen, das die Zeit erzeugt: der Kampf im Land, im Kibbutz, in der Golah, Weltpolitik etc. ...“ (Zit. in *„Baalot Imav“*, *Tel Aviv* 1959).

Eine jung verheiratete Kibbutz-Tochter, die auf ihre Frage an eine Neueinwanderin, ob sie auch ohne ihre Eltern im Land bleiben würde, eine bejahende Antwort erhielt, sagte überzeugt: „Das könnte ich nie!“ und erzählte, daß die Beziehungen zu den Eltern so eng seien, daß sie selbst, wie die meisten ihrer Mitschüler im Lehrerseminar der Kibbutz-Bewegung, bei jeder Gelegenheit, mindestens aber einmal in der Woche, ihre Eltern besuchen wolle. — Die Mutter einer anderen Kibbutz-Tochter, die nach Amerika geheiratet hatte, berichtete, daß von allem Anfang an ein regelmäßiger und intensiver Briefverkehr bestanden habe, in dem die Tochter sie an allem teilnehmen ließ, und daß die Tochter sie auch regelmäßig, im allgemeinen einmal im Jahr, im Kibbutz besuche.

Daß die angeführten Zeugnisse enger Eltern-Kind-Beziehungen im Kibbutz keine Ausnahmefälle sind, zeigen zahlreiche Befragungsergebnisse: A. I. Rabin (1965; 169) fand beim Vergleich einer Gruppe von Kibbutz-Jugendlichen mit familienerzogenen Jugendlichen, daß mehr Kibbutz-Jugendliche (im Alter von 17 Jahren) die Eltern als die am meisten geliebten Personen bezeichnen. — J. Arnon (1961) gelangte in seiner Befragung von 182 Schülern zu der Schlußfolgerung, daß „zwischen dem Heranwachsenden und seinen Eltern ein emotional-intimes Verhältnis besteht ... In dem Ausmaß, wie man in gewissen Fällen eine psychologische Distanz entdeckt, liegt ihre Ursache nicht in der autonomen Kindergesellschaft, sondern in den spezifischen Gegebenheiten von Fall zu Fall auf dem Hintergrund der natürlichen Distanzierung zwischen Kindern und Eltern im Pubertätsalter."

In einer vergleichenden Untersuchung von A. Handel (1960) über die Ideale und Formen des Selbstbildes von 70 Kibbutz-Jugendlichen und 90 städtischen Jugendlichen im Alter von 17 Jahren zeigte sich besonders deutlich die gleichzeitige Bindung an und Unabhängigkeit von den Eltern bei den Kibbutz-Jugendlichen und die bereits charakterisierte Funktionsteilung zwischen Eltern und Altersgruppe, derzufolge die Eltern mehr die individuelle, emotionale Erziehung und die Altersgruppe mehr die Ausbildung des „sozialen Gewissens" übernehmen. Der Autor kam zu dem Ergebnis, daß der Kibbutz-Jugendliche im Vergleich zum familienerzogenen Jugendlichen „eine viel größere Bereitschaft (hat), dem Befehl seines Gewissens gemäß zu handeln; öfter ist er bereit, gegen den Willen der Eltern und gegen die Gewohnheit zu handeln; er ist jedoch mehr mit dem Elternhaus verbunden und sehnt sich dorthin zurück, auch wenn er es (nur) für kurze Zeit verläßt". Die starke emotionale Bindung an die Familie zeigt sich unter anderem in den Einstellungen der Jugendlichen zu den beschränkten und freiwilligen Besuchen im Elternhaus, die in der Befragung von *Arnon* (1961) erfaßt wurden. Zwar fanden die meisten (65 %) der befragten Jugendlichen die zweimal bzw. dreimal in der Woche angesetzten Besuche im Elternhaus „genügend" — etwa 25 % wünschten häufigere Gelegenheiten zu Besuchen —, die meisten sahen diese beschränkten Besuche jedoch als wünschenswert an und sahen darin die Möglichkeit, „sich mit den Eltern zu verbinden". Viele der befragten Jugendlichen sahen die Besuche bei den Eltern als gesuchte und liebenswerte, ungelenkte Freizeit — als Ausgleich gegenüber den schweren Anforderungen in der Schulgemeinschaft —, die Gelegenheit gibt zu Gesprächen mit den Eltern (126 Antworten), zur Begegnung mit den Geschwistern (94 Antworten), zum Lesen (149 Antworten), zum Radiohören (159 Antworten) und zur Beschäftigung mit Hobbies (63 Antworten). Demgegenüber empfanden 50 % der Eltern, die an der Befragung teilnahmen, die Zahl der Besuche ihrer Kinder als „ungenügend" und würden sich ihren Kindern gerne ausführlicher widmen.

Daneben gibt es in dem Befragungsmaterial allerdings auch Hinweise darauf, daß ein gewisser Teil der Jugendlichen im Sinne der erwähnten „natürlichen Distanzierung zwischen Eltern und Kindern im Pubertätsalter" (*Arnon* 1961) die Altersgruppe und die „Jugendkultur" mehr als die Familie als den emotionalen Mittelpunkt ihres Lebens betrachten und dem Elternhaus mit Gleichgültigkeit oder Entfremdung gegenüberstehen — „meine Gesellschaft ist die Gruppe und nicht das Elternhaus", „ich halte mich lieber im Mosad auf", „in diesem Alter sind die Eltern nicht der wichtigste Faktor" —, und daß Eltern unter der Entfremdung ihrer Kinder vom Elternhaus leiden — „das Kind muß mehr mit den Eltern verbunden sein", „das Kind sollte jeden Tag das Elternhaus besuchen“ (Zit. in *Arnon* 1961). Als Gegenreaktion versuchen manche Mütter, die Kinder durch Verwöhnung an das Elternhaus zu binden, verstärken ihre Sorge um das körperliche Wohl des Kindes und entfremden es der Altersgruppe. Das klinische Material gibt Beispiele für Jugendliche, die aufgrund einer übermäßigen Bindung an die Mutter und an die Familie Anpassungsschwierigkeiten in der Altersgruppe zeigten (*Kaffman* 1965 b).

Wenn man von den Fällen einer starken Entfremdung und einer pathologischen Bindung zwischen Eltern und Jugendlichen absieht, so gibt die Existenz einer selbstverwalteten, sinnerfüllten und wertbestimmten „Jugendkultur“, die grundsätzlich dieselben Werte wie das Elternhaus vermittelt und von den Eltern bejaht wird, dem Jugendlichen im allgemeinen die Möglichkeit zu einem freien und positiven Verhältnis zum Elternhaus. Dabei scheint zwischen der Unabhängigkeit und zeitlich-räumlichen Distanz des Jugendlichen vom Elternhaus und der Möglichkeit, eine starke emotionale Bindung an die Eltern während der Adoleszenz zu bewahren, ein kausaler Zusammenhang zu bestehen. „Der Mosad ermöglicht es“ nach den Worten eines sechzehnjährigen Mädchens, „nicht abhängig zu sein von den Eltern und doch die Verbindung mit ihnen zu bewahren.“ — „Der Besuch zweimal in der Woche bewahrt“, nach der Aussage eines anderen Mädchens, „die Verbindung und den Willen, sich mit ihnen zu treffen. Jeder Besuch ist ein Erlebnis.“ — Und ein sechzehnjähriger Junge erklärte die wenigen Besuche bei den Eltern für genügend mit der Begründung: „Wenn es zu oft ist, so wird der Besuch nicht zu etwas, auf das man wartet, sondern auf das man verzichten will“ (Zit. in *Arnon* 1961).

Die „Emanzipation“ vom Elternhaus muß vom Jugendlichen im Kibbutz nicht erkämpft werden, sondern wird ihm vom Erziehungssystem gewährt. Die Verbindung mit dem Elternhaus ist zeitlich-räumlich beschränkt, aber dafür grundsätzlich positiv und vom Jugendlichen gesucht. Es gibt im Kibbutz keine äußerliche Notwendigkeit für den Jugendlichen, um der elterlichen Unterstützung, um des Geldes, der Ernährung, Kleidung, Wohnung und Ausbildung willen ein Verhältnis aufrechtzuerhalten, das emotional indifferent oder negativ geworden ist. Die einzige „Abhängigkeit“ von den Eltern besteht in der emotional-intimen Beziehung selbst. Vergleicht man die Situation der Familienerziehung im Kibbutz mit jener in den westlichen Industriegesellschaften — der englische Crowther-Report zum Beispiel hat dokumentiert, daß von den Jugendlichen im Alter von 16 bis 17 Jahren 28 % der Jungen und 6 % der Mädchen keinen einzigen Abend in der Familie verbrachten, daß weitere 36 % der Jungen und 32 % der Mädchen das Familienleben auf ein bis zwei Abende beschränkten und daß 8 % überhaupt nicht in der Familie lebten (*Crowther* 1959) —, so ergibt sich der Eindruck, daß die kollektivistische Gesellschaft des Kibbutz der Familie eher mehr

erzieherische Bedeutung und mehr erzieherische Funktionen für die Jugendlichen erhalten hat als die individualistisch-familial orientierten Gesellschaften Westeuropas.
Die entscheidende Bedeutung der Eltern und der innerfamiliären Beziehungen für die emotionale Konsolidierung der Persönlichkeit des Jugendlichen kann nicht nur an der positiven Wirkung der „normalen" Familienbeziehungen, sondern auch dort gemessen werden, wo ihm die positive Bildung ans Elternhaus fehlt. Es hat sich gezeigt, daß „auch im Kibbutz die Trennung der Familie (durch Scheidung) ein schwerer Faktor der Erschütterung im Leben des Kindes ist" (*Shafrir* 1960). Entsprechend zeigt das klinische Material, daß gestörte innerfamiliäre Beziehungen den bedeutendsten pathogenen Faktor in der Persönlichkeitsentwicklung des Kibbutz-Kindes darstellen.
Daten über das Ausmaß der Fluktuation deuten darauf hin, daß es Jugendlichen und jungen Erwachsenen wesentlich schwerer fällt, im Kibbutz-Leben Befriedigung zu finden, wenn sie nicht durch ihre Herkunftsfamilie mit einem „Heimat"-Kibbutz verbunden sind. Die Existenz der „Jugendkultur" als sozialer und emotionaler Mittelpunkt macht demnach den Jugendlichen in seiner emotionalen Entwicklung dennoch nicht unabhängig von der Existenz einer befriedigenden familialen Bindung; das Fehlen oder die Störung der Familienbeziehungen belastet seine gesamte Persönlichkeitsentwicklung und seine Integration in die außerfamiliäre Gesellschaft. Andererseits scheinen gerade die möglichen Fehlentwicklungen in der Eltern-Kind-Beziehung, wie z. B. pathologische Bindung an die Mutter, Unterdrückung und Vernachlässigung, in der Kibbutz-Familie weniger ausgeprägt zu sein als in der Privatfamilie: die beschriebene Struktur des Erziehungssystems erleichtert dem Kibbutz-Jugendlichen die allmähliche, bruchlose Herauslösung aus dem Familienrahmen und das Hineinwachsen in die Gesellschaft. Auf der Seite der Eltern scheint für dieses innere „Freigeben" des Jugendlichen das ständig geprägte erzieherische Bewußtsein der Elternschaft im Kibbutz sowie die erzieherische Kooperation zwischen Familie und Erziehungsinstitutionen von größter Bedeutung zu sein.
Zu b): Die Förderung der Unabhängigkeit und Selbständigkeit des Jugendlichen gegenüber dem Elternhaus durch die Struktur des Erziehungsfeldes im Kibbutz, verbunden mit der Bewahrung einer positiven emotionalen Identifizierung mit den Eltern, bildet die Grundlage für alle in der vorliegenden Untersuchung beschriebenen erzieherischen Funktionen der Eltern in der Adoleszenz, die sie neben ihrer grundlegenden Funktion der „emotionalen Konsolidierung" der Persönlichkeit erfüllen.
Die Darstellung der Sexualerziehung, der Berufserziehung und der ideologischen Erziehung hat gezeigt, daß ein großer Teil der Jugendlichen persönliche und sachliche Probleme vertrauensvoll mit ihren Eltern bespricht und

die Meinungen und Haltungen der Eltern unbewußt und bewußt übernimmt. Dabei scheint neben dem unmittelbaren Beispiel und Vorbild der Eltern das Gespräch die verbreiteste und wichtigste Form der erzieherischen Einflußnahme zu sein; nach Arnon (1961) sehen mehr als 60 % der 16- bis 18jährigen „die Bedeutung des Elternhauses in den ernsten Gesprächen, die dort stattfinden“; mit den Eltern „kristallisiert man“, wie ein 17jähriges Mädchen bekannte, „den Lebensweg heraus, vor allem in Gesprächen“ (Zit. in *Arnon* 1961). Der „Lebensweg“ des Jugendlichen ist in seiner allgemeinen Form durch Geburt und Erziehung festgelegt, es ist derselbe „Lebensweg“, den auch die Eltern beschritten haben: der Kibbutz. Die Identifizierung mit den Eltern ist daher grundsätzlich ein integraler Bestandteil der Identifizierung mit der Gesellschaft. Die Eltern sind für den Jugendlichen zugleich Vertreter der Gesellschaft (des Kibbutz) und ihrer Werte; das Bewußtsein der Fortsetzung dieser Gesellschaft und ihrer Werte vertieft, insofern die Eltern selbst sich damit identifizieren, die emotionale und geistige Gemeinsamkeit zwischen Jugendlichen und Eltern.

Aufgrund dieses starken gesellschaftlichen Bezugs innerhalb der Beziehungen zwischen Eltern und Kindern kommt der Familie eine entscheidende Funktion in der Vermittlung zwischen Einzelnem und Gesellschaft zu. Zwischen „privatem“ und „öffentlichem“ Leben, zwischen Familienleben und Berufs- und Arbeitsleben besteht im Kibbutz eine enge Verbindung. Der Jugendliche kann sich bewußt und kritisch mit der Rolle der Eltern in der Arbeit und im gesellschaftlichen Leben auseinandersetzen und daran seine eigene zukünftige Rolle klären. Das Beispiel der Eltern kann die in der „Jugendkultur“ indoktrinierten gesellschaftlichen Werte persönlich vermitteln und konkretisieren; trotz des großen Einflusses der kollektiven Erziehungsinstitutionen werden die sozialen Haltungen des einzelnen Jugendlichen nicht nur von diesen, sondern auch von den Eltern geprägt (*Allon* 1957 und 1963, *Melzer* 1951). Den Eltern fällt demnach neben der emotional und geistig „individualisierenden“ Funktion in der Erziehung auch eine entscheidende Funktion bei der Vermittlung der kulturellen Werte zu.

Auch im Bewußtsein der Jugendlichen selbst und der Eltern erscheint die Familie innerhalb des Ganzen des Erziehungsfeldes als einer der wesentlichen erzieherischen Faktoren. Auf die Frage: „Wer beeinflußt deine Meinungen und dein Verhalten mehr — Eltern, Erzieher oder Altersgenossen?“ nannten von 182 Jugendlichen 95 die Eltern, 98 die Erzieher und 78 die Altersgenossen; viele nannten mehrere der erfragten Einflußfaktoren gleichzeitig. Von den befragten Eltern empfanden sich etwa 50 % als „gleiche Teilnehmer“ an der Erziehung des Jugendlichen (*Arnon* 1961).

Die Funktion der Eltern, die kollektiven Werte zu vermitteln, hat da ihre Grenze, wo die Eltern selbst sich mit diesen Werten nicht identifizieren und sich in der Familie abschließen, so daß sie dem Jugendlichen nicht das Vorbild einer in der Gesellschaft integrierten Persönlichkeit geben können. Während in der Pionierzeit der Kibbutzim das ganze, zahlenmäßig sehr beschränkte Kollektiv sich als eine erweiterte „Familie" auffaßte, die die biologische Familie ersetzen sollte und das Objekt der unmittelbaren Identifizierung des Einzelnen darstellte, verlagerte sich mit dem zahlenmäßigen Wachstum der Siedlungen und ihrer Konsolidierung, mit der Abschwächung der Pionieraufgabe der Kibbutzim innerhalb der Gesamtgesellschaft und der Abschwächung des Pioniergeistes der Siedler die emotionale Identifikation des Einzelnen immer mehr von der „Primärgruppe" des Kollektivs auf die Primärgruppe der Familie. Die vorliegende Untersuchung hat den wachsenden Einfluß der Familie und den wachsenden Einfluß individualistisch-familialer Werte und Interessen im Bereich der Erziehung aufgezeigt. Viele Familien haben die Tendenz entwickelt, sich vom Kollektiv abzuschließen und private Interessen nicht nur in der Freizeitgestaltung, sondern auch im Konsum, in der formalen Erziehung und in der Arbeitszuteilung zu betonen, in Bereichen also, über die das Kollektiv zu verfügen den Anspruch erhebt. Die Rückkehr der Gründergeneration selbst, vor allem der Frauen, zu individualistisch-familialen Werten und die Stabilisierung der Familie als konfliktlose emotionale Einheit und als Interessengemeinschaft hat im Bereich der Erziehung die Gefahr mit sich gebracht, daß der Jugendliche in der Familie nicht zu emotionaler Unabhängigkeit und nicht zu den Werten der Gesellschaft erzogen wird. Die Frage, inwieweit die Jugendlichen von einem derartigen, ihrer Erziehung in den kollektiven Erziehungsinstitutionen zuwiderlaufenden Einfluß in der Familie geprägt werden, läßt sich nach dem bislang vorliegenden Untersuchungsmaterial nicht eindeutig beantworten. Es lassen sich jedoch zwei Tendenzen feststellen:

1. Aufgrund des Einflusses der Familie, aber auch der umgebenden Gesellschaft, mit der die Kibbutz-Jugend durch Presse und Rundfunk sowie durch den Militärdienst in Berührung kommt, zeigt die Forsetzungsgeneration mehr individualistisch-familial orientierte Einstellungen als die Gründergeneration während der Pionierzeit und als die „Elite" der Kibbutz-Jugend, die sich auch nach der Staatsgründung Israels der Neugründung von Pioniersiedlungen widmet. Ein großer Teil der Jugendlichen sieht Arbeit und Beruf innerhalb der Kategorie individuellen Zweckdenkens, drängt auf Spezialausbildung und betrachtet die Berufswahl als individuelle Entscheidung (*Sarell* 1960, *Talmon-Garber* 1957); viele Jugendliche neigen zu frühen Heiraten und legen großen Wert auf ein intensives Familienleben (*Talmon-Garber* 1964, 1965 a); junge Mütter drängen auf ausgedehnten Kontakt mit ihren kleinen Kindern (*Talmon-Garber* 1959c). Demgegenüber wurde das allgemeine ideologische Bewußtsein und die Bereitschaft zu poli-

tischer Betätigung, vor allem bei den weiblichen Mitgliedern der Fortsetzungsgeneration, abgeschwächt (*Shepher* 1969). Diese allgemein zu beobachtende Tendenz, die in sich noch keine unmittelbare Gefahr für die Fortsetzung des Kollektivs bedeuten muß — dieselben Jugendlichen identifizieren sich grundsätzlich mit dem Kibbutz —, kann in ihren extremen Formen, deren Vertreter vorwiegend unter den weiblichen Mitgliedern der Fortsetzungsgeneration zu finden sind, zur Abschließung junger Familien vom gesellschaftlichen Leben führen. „Ich habe gar nicht das Gefühl", sagte in diesem Zusammenhang eine Mutter der Gründergeneration, „daß wir auf unsere Töchter als (gutes) Beispiel gewirkt haben ... Die Pioniere nahmen sich keinen Beruf, weil sie an Aktivität (in verschiedenen Wirtschaftszweigen und in der Gesellschaft) interessiert waren; unsere Töchter pflegen das Haus und den engen Familienkreis, zeigen Interesse am Arbeitsplatz und manchmal am Rahmen der Gemeinschaft der jungen Kibbutz-Mitglieder. Aber ich sehe keinerlei Neigung zu öffentlicher Aktivität im weiteren Rahmen" (Zit. in *„Hashavuah Bakibbutz Haartzi"*; 18. 2. 1966).

Man kann sich im Zusammenhang mit der Selbstisolierung von Jugendlichen im Rahmen der Herkunftsfamilie oder der selbst begründeten Familie nicht dem Gedanken verschließen, daß es sich dabei um eine Tendenz handelt, die dem Jugendlichen gerade in der kollektivistischen Gesellschaft mit ihrer starken Formalisierung von Altersgruppen (*Eisenstadt* 1956) und mit ihrer starken Betonung von Gruppennormen als eine Möglichkeit des „Protestes" gegen „Druck" und „Manipulation" von seiten der Gesellschaft nahegelegt wird; eine Tendenz, die sich bei Jugendlichen in individualistisch-familial orientierten Gesellschaften mit umgekehrten Vorzeichen darin ausdrückt, daß außerfamiliäre Gruppen zum Zentrum der Solidarität von Jugendlichen und zu Trägern des Protestes gegen die Gesellschaft werden.

2. Andererseits zeigt die junge Generation dank ihrer von früher Kindheit an erfahrenen Erziehung in den kollektiven Erziehungsinstitutionen im allgemeinen eine stärkere Identifizierung mit den Werten des Kibbutz als die gealterte Gründergeneration in der Periode der Konsolidierung (*Sarell* 1960). Aufgrund ihrer starken Geprägtheit durch die „Jugendkultur" setzen sich viele Jugendliche kritisch mit den individualistisch-familialen Einstellungen ihrer Eltern auseinander. Nach den Worten eines Schulabsolventen ist im Kibbutz in allen Lebensgebieten „die kleinbürgerliche Tradition ... spürbar ... Nicht selten ist die Familienatmosphäre die entscheidende in ihrem Einfluß. Und trotz der Tatsache, daß in den letzten Jahren im Mosad der Kontakt zur Familie sehr eingeschränkt ist, ist der Einfluß beträchtlich, und nicht auf der guten Seite" (Zit. in *„Ofakim"* 1956; 268). Entsprechend dieser Kritik am elterlichen Einfluß fand *M. Gerson* bei einer Befra-

gung von 348 Mädchen im Alter zwischen 15 und 18 Jahren bei vielen Jugendlichen scharfe Kritik gegenüber den Eltern, die, wie die im folgenden zitierte Aussage beispielhaft zeigt, mit der Stellung der Eltern zur Gesellschaft und ihren Werten zusammenhängt: „Oft kam ich mit ihnen (den Eltern) in Streit . . . Ich werde im Kibbutz erzogen und will mich mit ihnen als aktiven, arbeitenden, engagierten Kibbutz-Mitgliedern identifizieren . . . Und da kam es zum Zusammenstoß. Sie erfüllen meiner Ansicht nach nicht ihre Funktion als Kibbutznik, wie man sie sehen muß. Deshalb kam ich noch nicht zu einer vollen Bejahung ihrer Meinung (in anderen wichtigen Problemen) . . ." (Zit. in *Gerson* 1957).
Viele Jugendliche, vor allem Mädchen, die es im allgemeinen aufgrund der problematischen Stellung der Frau im Kibbutz schwerer haben als die Jungen, sich mit der gesellschaftlichen Rolle des gleichgeschlechtlichen Elternteils zu identifizieren, da diese Identifizierung oft gegen das Kollektiv und die in der „Jugendkultur" erfahrene Erziehung gerichtet sein müßte, distanzieren sich demnach von den Eltern, wenn diese ihnen nicht das Vorbild einer im Kibbutz integrierten Persönlichkeit bieten. Diese Tatsache erweist von neuem die große Bedeutung des gesellschaftlichen Bezugs in den Beziehungen zwischen Kibbutz-Jugendlichen und ihren Eltern, und die entscheidende Funktion, die die Eltern als Vermittler der gesellschaftlichen Werte erfüllen können, wenn sie selbst sich mit diesen Werten identifizieren und sie den Kindern vorleben. Es zeigt sich andererseits, daß eine ausschließlich oder auch nur vorrangig familiale Erziehung leicht zur Isolierung der einzelnen Familien gegenüber der Gesellschaft, zur Funktionslosigkeit der Familie im Hinblick auf die „Erziehung zur Gesellschaft" und, als Folge davon, zur Desintegration des Kollektivs führen könnte.
Die widersprüchlichen Tendenzen in den Einstellungen der Fortsetzungsgeneration der Kibbutz-Gesellschaft deuten auf das Problem des Ausgleichs zwischen privaten und öffentlichen Interessen, das sich in jeder Gesellschaft in immer neuer Form stellt. Das Vorherrschen von Privatinteressen wird immer eine Abschwächung des Gemeingeistes mit sich bringen, während umgekehrt das Vorwalten öffentlicher Interessen eine Einschränkung der Privatsphäre zur Folge haben muß. Es wurde eingangs auf die überwiegende Geltung von privaten Werten und Tugenden in der deutschen Gesellschaft und die daraus entstehende Diskrepanz zwischen Familie und Öffentlichkeit hingewiesen (*Dahrendorf* 1965). Demgegenüber lag im Falle des Kibbutz die Vermutung nahe, daß aufgrund der starken kollektivistischen Orientierung die Privatsphäre eine wesentliche Einschränkung erfahren müsse. Statt dessen hat sich im Kibbutz die überraschende Tatsache gezeigt, daß nicht nur ein intensives Familienleben möglich und die Regel ist, sondern individualistisch-familiale Werte so stark zur Geltung kommen, daß sie den Gemeingeist abzuschwächen in der Lage sind. Die Möglichkeit zu diesem Kon-

flikt ist freilich nur dadurch gegeben, daß der Kibbutz trotz seiner kollektivistischen Orientierung eine auf freiwilliger Mitgliedschaft beruhende, demokratische Gesellschaft darstellt. Die Freiwilligkeit und die Forderung der demokratischen Regelung von Konflikten machen den Ausgleich zwischen privaten und öffentlichen Interessen zu einem Problem, das nicht durch feste Regulative der Gesellschaft, sondern nur in einem dynamischen Anpassungsprozeß immer wieder neu gelöst werden kann.

Die Zukunft des Kibbutz wird in weitem Ausmaße von der Möglichkeit abhängen, familiale und kollektive Interessen und Werte, familiale und kollektive Identifikation zu vereinigen; sie wird davon abhängen, inwieweit die Eltern der Gründergeneration und die Eltern der Fortsetzungsgeneration neben der Funktion der individuellen, emotionalen und geistigen Erziehung auch die Funktion übernehmen, die Nachkommen zu den Werten und zur Fortsetzung der kollektivistischen Gesellschaft zu erziehen.

Das bislang zugängliche Untersuchungsmaterial und die vorliegende Arbeit zeigen, daß dieses Experiment der Vereinigung von kollektivistischem Gesellschaftsleben und intensivem Familienleben in den Kibbutzim weitgehend gelungen ist, wenn auch eine wachsende Tendenz zur Abschwächung der kollektiven zugunsten der individualistisch-familialen Identifikation nicht zu verkennen ist. Die überwiegende Fortsetzung des Kibbutz und seiner Werte durch die im Kibbutz geborene und erzogene Generation bei gleichzeitiger starker Bindung an die Herkunftsfamilie und die selbst innerhalb des Kibbutz begründete Familie ist der beste Beweis für den „Erfolg" des kollektiven Erziehungssystems.

Für die bislang zu überschauende Entwicklung der Kibbutz-Bewegung und das Verhältnis zwischen Familie und Kollektiv stellen die folgenden Bemerkungen eines Psychiaters der Child-Guidance-Clinic in Oranim eine bedenkenswerte Interpretation dar: „In jeder Entwicklungsphase des Kibbutz mußten wir uns mit neuen Gegebenheiten und neuen Formen der Beziehungen (zwischen Familie und Kollektiv, Anm. d. Verf.) auseinandersetzen. Es besteht kein Widerspruch zwischen der Intensivierung des Familienlebens und der Identifikation mit den Werten des Kibbutz; dies ist vielmehr nur ein Aspekt des Wandels. Vor zwanzig oder dreißig Jahren war das Familienleben wirklich nicht von gleicher Art wie heute. Aber wir stellen keine geschlossene Gesellschaft dar, die von den äußeren Bedingungen unabhängig ist, und diese Bedingungen sind im Wandel. Ich kann die Schlußfolgerungen nicht gutheißen, denen zufolge jene, die für eine Verbesserung des Lebensstandards kämpfen, auf eine Abschwächung der Ideale des Kibbutz und seiner Lebensweise abzielen ... Wenn das Kibbutz-Mitglied für ein intensiveres Familienleben kämpft (und es gibt Gründe dafür, daß es dies tut), und wir versuchen, dies aufzuhalten, dann werden wir mit Sicherheit einen sehr ernsthaften und konkreten Konflikt erzeugen. Wir können jedoch die Intensivierung des Familienlebens verstehen und akzeptieren, ohne sie in sich für eine Abschwächung der Identifikation mit den allgemeinen Werten des Kibbutz zu halten" (*Kaffman* in *Neubauer* 1965; 239).

V. Schlußfolgerungen

Das Erziehungssystem des Kibbutz und die Funktionen der Familie innerhalb dieses Systems sind nicht zu trennen von jenen spezifischen historischen, sozial-ökonomischen und politisch-ideologischen Faktoren, welche die Kibbutz-Gesellschaft determinieren. Die Leistungen und die Probleme der Kibbutz-Erziehung können demzufolge nicht ohne weiteres auf andere Gesellschaften und deren Erziehungssysteme übertragen werden. So kann, um nur einen grundsätzlichen Aspekt zu nennen, keine pluralistische Industriegesellschaft die Einheitlichkeit des Wertsystems bieten, die der Kibbutz als eine auf freiwilliger Mitgliedschaft beruhende Kommune mit gemeinsamer politisch-ideologischer Orientierung aufweist und die für die Kontinuität des gesellschaftlichen Lebens und des Generationsverhältnisses und für die Beziehung zwischen Einzelnem und Kollektiv von großer Bedeutung ist. Schlußfolgerungen, die aus der Erforschung der Kibbutz-Erziehung gezogen werden, müssen daher immer den Rahmen der sozio-kulturellen Besonderheiten dieses Erziehungssystems wahren. Dennoch stellt die Kibbutz-Erziehung eine fruchtbare Herausforderung für alle dar, die sich mit den Erziehungsproblemen der heutigen Gesellschaft beschäftigen.

Die erste Herausforderung ist darin zu sehen, daß durch das gelungene Experiment der Kibbutz-Erziehung die in der Entwicklungspsychologie weit verbreitete Auffassung von der Notwendigkeit und ausschließlichen Bedeutung einer einzigen kontinuierlichen Muttergestalt für die Sozialisierung des Kindes widerlegt, zumindest aber relativiert wird. Das Beispiel des Kibbutz zeigt, daß eine frühe Gruppenerziehung und die Betreuung des Kindes durch mehrere Erwachsene während der ersten Lebensjahre die normale Entwicklung der Persönlichkeit nicht beeinträchtigen muß, daß ein Kind die gleichzeitige psycho-soziale Bindung an mehrere Muttergestalten und an eine Kindergruppe in frühem Alter in seine weitere Persönlichkeitsentwicklung integrieren kann. Diese Erkenntnis ist zwar nicht neu (*Mead* 1954 u. a.), die vergleichende Sozialisationsforschung hat aber bislang nicht über ein so geeignetes „Modell“ der Kollektiverziehung verfügt, wie es die Kibbutz-Erziehung darstellt. Ein derartiges Modell gewinnt aber immer mehr an Bedeutung, wenn man bedenkt, daß die ständig zunehmende Tendenz zu außerhäuslicher Erwerbstätigkeit der Frauen, zur Vorverlegung des Einschulungsalters und zur Entwicklung vorschulischer Erziehungseinrichtungen (nicht zuletzt mit dem Ziel kompensatorischer Erziehung für in der Familie vernachlässigte und sozial unterprivilegierte Kinder) in allen Industriegesellschaften zu beobachten ist.

Anerkennt man die Tendenz zu einer wachsenden Übernahme erzieherischer Funktionen der Familie durch gesellschaftliche Institutionen als eine objektive Tatsache, so kann man im Zusammenhang mit den damit auftauchenden Problemen eine zweite Herausforderung der Kibbutz-Erziehung entdecken. Sie besteht darin, daß das Beispiel der frühen Gruppenerziehung im Kibbutz beweist, daß bestimmte Bedingungen notwendig sind, um bei einer weitgehenden Trennung des Kindes von der Mutter Entwicklungsstörungen und -hemmungen, Erscheinungen der „Institutionalisierung" und des „Hospitalismus" des Kindes zu vermeiden. Auch im Kibbutz bedurfte es einer jahrzehntelangen pädagogischen Erfahrung, um diese Bedingungen — es seien hier nur die geringe Größe der Kindergruppen, die Kontinuität der Erzieher, die Vielfalt geistiger Anregungen und die ständige Verbindung der Kindergruppen mit der Erwachsenenwelt genannt — zu erkennen und zu verwirklichen. Es unterliegt keinem Zweifel, daß derartige Bedingungen in einer kleinen Kommune, in der sich unter einer überschaubaren Anzahl von miteinander vertrauten Menschen Produktion, Konsum und Freizeit abspielen, leichter zu schaffen sind als in der Massengesellschaft. Es zeigt sich aber am Beispiel des Kibbutz, daß „Institutionalisierung" und „Hospitalismus" keine notwendigen Begleiterscheinungen einer weitgehend außerfamiliären Erziehung von Kindern in Institutionen der Gesellschaft, sondern immer nur die Folge schlechter Erziehungsbedingungen in den entsprechenden Institutionen sind. Nach den Erfahrungen der Kibbutz-Erziehung muß man außerdem die „Trennung" des Kleinkindes von der Mutter und von der Familie als einen „relativen" Begriff und Tatbestand betrachten; das heißt, der zeitlich-räumliche Faktor der Eltern-Kind-Interaktion entscheidet nicht über die emotionale und erzieherische Bedeutung der Mutter und der Familie für die Persönlichkeitsentwicklung des Kindes.

An dieser Stelle scheint mir der Hinweis auf eine dritte Herausforderung der Kibbutz-Erziehung angebracht. Das Besondere dieses Erziehungssystems liegt nämlich gerade nicht in der Alternative von Kollektiverziehung oder Familienerziehung, sondern in deren Vereinigung. Man darf aufgrund der im einzelnen bereits angeführten Forschungsdaten vermuten, daß ohne die primäre, kontinuierliche und intensive Bindung an die biologische Mutter und Familie auch unter den obwaltenden günstigen Erziehungsbedingungen in den Kinderinstitutionen des Kibbutz gewisse Entwicklungsstörungen und -hemmungen bei kleinen Kindern nicht unbedingt verhindert werden könnten. Spiele, Gespräche und andere Aktivitäten im Rahmen der Familie erreichen aber im Kibbutz eine Ausdehnung und Intensität, die zumindest in jenen Familien in der modernen Industriegesellschaft nicht erreicht werden, wo die Mutter arbeitstätig und gleichzeitig mit Haushaltspflichten belastet ist. Unter diesem Gesichtspunkt ist der Kibbutz schon durch die Befreiung der Frau vom Haushalt, d. h. durch die Kollektivierung der Haushaltsservices im Vorteil gegenüber anderen Gesellschaften. Ebenso wichtig wie die Vielfalt der innerfamiliären Aktivitäten ist die Kooperation zwischen Erziehungsinstitutionen und Familie, die im Kibbutz sowohl ständige persönliche Kontakte und gegenseitige Besuche der an der Erziehung beteiligten Erwachsenen als auch ein weitverzweigtes, in keiner anderen Gesellschaft in gleichem Ausmaß verwirklichtes System der Elternerziehung, Elternberatung und psychiatrischer Konsultationen umfaßt. Es bedarf keines einzelnen Beweises für die Tatsache, daß gerade der Mangel an Kooperation zwischen gesellschaftlichen Erziehungsinstitutionen und Familie, an Elternerziehung und -beratung und an systematischer Familien- und Gruppentherapie im Rahmen der vorschulischen und schulischen Erziehung in starkem Maße für die Erziehungsprobleme unserer Tage, nicht zuletzt auch für die Abnahme der erzieherischen Bedeutung der Familie verantwortlich zu machen ist.

Eine planvolle Funktionsteilung zwischen Familie und gesellschaftlichen Erziehungsinstitutionen kann, wie die Kibbutz-Erziehung zeigt, im Dienste der seelischen Gesundheit der Kinder und im Dienste der Verwirklichung einer fortschrittlichen, nicht-autoritären und möglichst repressionsfreien Erziehung stehen.

Wenn in den bislang vorgetragenen Schlußfolgerungen vor allem von Leistungen der Kibbutz-Erziehung und von möglichen Herausforderungen dieses „Modells“ an die erzieherische Planung in unserer Gesellschaft die Rede war, so müssen abschließend auch einige offene Probleme angesprochen werden. Unter anderem müßte durch weitere Untersuchungen die Frage geklärt werden, ob die im Kibbutz verwirklichte frühe und ständige Gruppenerziehung zur Ausbildung eines Persönlichkeitstypus führt, der durch ein „kollektivistisches“ Über-Ich, d. h. durch eine starke Angepaßtheit an Gruppennormen, und durch ein „kollektivistisches“ Ich, d. h. durch einen Mangel an Individuation und Personalisation gekennzeichnet ist. Da alle diese Begriffe und die mit ihnen verbundenen Vorstellungen gesellschaftlich bedingt und vermittelt sind, muß man davon ausgehen, daß Individuation und Anpassung an Gruppennormen ebenso wenig als Alternativen gelten dürfen wie Familienerziehung und Kollektiverziehung. Das Ziel jeder Gesellschaft, ihr Wertsystem zu perpetuieren, scheint der Kibbutz bislang erreicht zu haben, und die Perpetuierung des Kibbutz kann nur von Persönlichkeiten geleistet werden, die die Normen dieser kollektivistischen Gesellschaft verinnerlicht haben.

Die Eingliederung der jungen Generation in die kollektivistische Kibbutz-Gesellschaft ist vor allem dank der Verwirklichung eines Systems der Kollektiverziehung gelungen. Die Altersgruppe ist zum wichtigsten Faktor bei der Ausbildung des „sozialen Gewissens“ der Persönlichkeit geworden; die Identifizierung mit der Altersgruppe bereitet das Kind systematisch „auf die Identifizierung mit dem größeren Kollektiv vor“ (*Talmon-Garber* 1959 c). Dies zeigt sich an der außerordentlich großen Kooperationsbereitschaft der Kibbutz-Kinder (*Shapira/Madsen* 1969) ebenso wie an der Ausrichtung ihres moralischen Bewußtseins auf die Instanz und die Normen der Altersgruppe (*Luria/Goldwasser/Goldwasser* 1963) und an den Einstellungen der Kibbutz-Jugendlichen zu Fragen der Arbeit, des Berufs, der Ideologie und der Sexualität. Andererseits ist im Kibbutz die Mutter-Kind-Beziehung als diejenige Primärbeziehung erhalten geblieben, welche die Grundlagen für die Soziabilität des Kindes legt und welche in der Folge die Persönlichkeit fähig macht zu einem individuellen Erleben der kollektiven Bezüge, aber auch zum Widerstand gegen etwaige Ansprüche des Kollektivs, die der Selbstverwirklichung im Wege stehen.
Man könnte hier einwenden, daß gerade durch die konfliktlose Emotionalität der Beziehungen zwischen Eltern und Kindern, die im Kibbutz auch noch für das Jugendalter kennzeichnend ist, der Anpassungscharakter der Kibbutz-Erziehung gesteigert wird. Es wäre in der Tat denkbar, daß der „Preis“ für die starke Bindung des Kibbutzniks an Gruppennormen und für die (durch die Struktur des Erziehungsfeldes bedingte) Vermeidung von Konflikten zwischen Eltern und Kindern — unter anderem für die Abschwächung der ödipalen Bindungen — ein Mangel an profilierter Individuation und an schöpferischer Unruhe bei Jugendlichen und jungen Erwachsenen wäre; es ist in diesem Zusammenhang häufig beobachtet worden, daß es der im Kibbutz geborenen und erzogenen Jugend an jener geistig-seelischen Differenziertheit fehlt, die für die europäischen Juden der Gründergeneration der Kibbutzim charakteristisch war. Derartige Beobachtungen bleiben indes verhältnismäßig belanglos, solange man nur das geistige Profil der Kibbutz-Jugend mit demjenigen ihrer Väter vergleicht, ohne es gleichzeitig am geistigen Profil der familienerzogenen israelischen Jugend außerhalb des Kibbutz zu messen. Die wenigen bislang greifbaren Vergleichsdaten von im Kibbutz erzogenen und familienerzogenen israelischen Jugendlichen (*Handel* 1960, *Rabin* 1965, *Rettig/Pasamanick* 1963) lassen eine Feststellung geringerer Reife, diffuserer Emotionalität oder schwächerer Kreativität auf seiten der Kibbutz-Jugendlichen nicht zu.
Neben dem Phänomen der Plastizität der Persönlichkeit sollte auch der Frage nach der Individualität der Persönlichkeit, die sich den jüngsten Untersuchungsergebnissen zufolge bereits in der frühen Kindheit an den sehr unterschiedlichen Reaktionen des einzelnen Kindes auf ähnliche oder

gleiche Umweltbedingungen innerhalb des kollektiven Erziehungssystems nachweisen läßt (*Kohen-Raz* 1968, *Marcus/Thomas/Chess* 1969), stärkere Aufmerksamkeit geschenkt werden. In diesem Zusammenhang muß berücksichtigt werden, daß der Kibbutz-Jugendliche durch Exkursionen, Presse und Rundfunk, insbesondere aber durch die obligatorische zweijährige Dienstzeit in der israelischen Armee mit der Gesellschaft außerhalb des Kibbutz und mit deren Werten konfrontiert wird, und daß die damit verbundene Auseinandersetzung mit dem Kibbutz, mit der persönlichen Mitgliedschaft im Kibbutz und mit sich selbst eine entscheidende Phase der Persönlichkeitsentwicklung darstellt, in welcher wesentliche Schritte zur Erreichung der „Identität" der Persönlichkeit *(Erikson)* gemacht werden können.

Wenn eine vergleichende Analyse der Persönlichkeitsstruktur von kollektivistisch und von individualistisch-familial erzogenen Jugendlichen wenig signifikante Unterschiede ergibt, so mag dies als ein Zeichen für die große Plastizität der Persönlichkeit, auch nach Abschluß der formalen Erziehungsphase im achtzehnten Lebensjahr, gewertet werden. Diese Erkenntnis darf neben der Einsicht in die überaus große Bedeutung der frühkindlichen Erziehung und in die Möglichkeit, die frühkindliche Erziehung im Rahmen einer kombinierten Gruppen- und Familienerziehung ohne Schaden für die psycho-soziale Entwicklung des Kindes zu verwirklichen, einen wichtigen Platz in der Sozialisationsforschung beanspruchen. An der gleichen Stelle könnte freilich auch die Kritik der Kollektiverziehung im Kibbutz ansetzen; mit der Frage nämlich, warum es im Positiven nur in sehr beschränktem Maße gelungen zu sein scheint, das Ziel der Kibbutz-Erziehung — die Schaffung eines qualitativ „neuen" Menschen — zu erreichen.

Auf drei weitere Probleme, deren gründliche Erforschung noch aussteht, sei abschließend kurz hingewiesen.

Die Tatsache, daß sich der Kibbutz als Produktivgenossenschaft über fünfzig Jahre lang bewährt und den Wandel von einem familienfeindlichen „Bund" zu einer familienfördernden Kommune, von einem rein landwirtschaftlichen zu einem kombinierten landwirtschaftlichen und industriellen Dorf überdauert hat, könnte Anlaß sein, an diesem Modell den Faktor „Zeit", den Faktor „Ideologie" und andere Faktoren zu untersuchen, die für das Überleben und für den sozialen Wandel kollektivistischer Lebens- und Wirtschaftsformen in nichtkollektivistischer Umgebung maßgeblich sind.

Die Tatsache, daß die Familie in allen Lebensbereichen des Kibbutz wachsende Bedeutung erlang hat und Tendenzen zur Differenzierung der Geschlechtsrollen im privaten und kollektiven Haushalt zugenommen haben, könnte die Anregung dafür geben, jene Faktoren (biologische, emotionale, soziale etc.) neu zu erforschen, welche die Geschlechtsrollendifferenzierung und die Familienstruktur beeinflussen.

Theorie und Praxis der Kibbutz-Erziehung könnten ausgenutzt werden, um zu einer neuen Konzeption der „Kollektiverziehung“ zu gelangen, die auch über die Grenzen der kollektivistischen Gesellschaften hinaus relevant ist. Kollektiverziehung muß nicht bedeuten und bedeutet im Kibbutz nicht die „Isolierung“ des Nachwuchses in Kinder- und Jugendkollektiven; sie kann sich verstehen und versteht sich im Kibbutz als „Kollektiverziehung“ im ursprünglichen Sinne dieses Wortes, d. h. als eine „Versammlung“ von erzieherisch wirksamen Faktoren — Eltern, professionellen Erziehern und Altersgruppe — mit dem Ziel, durch gemeinsame Aktion den Kindern ein Maximum an emotionalen, geistigen und sozialen Anregungen zu geben. In diesem Sinne einer Altersgruppenerziehung unter der Bedingung konsequenter Zusammenarbeit von Eltern und Erziehern kann die Verwirklichung eines Systems der „Kollektiverziehung“ auch in unserer Gesellschaft zu einer wesentlichen, vielleicht sogar notwendigen Alternative zur (isolierten) Familienerziehung werden, zumindest für Kinder vom dritten Lebensjahr an. Eine so verstandene „Kollektiverziehung“ wäre gleichzeitig als Alternative zu einer Heim- und Hort-, Vorschul- und Schulerziehung „ohne Eltern“ (*Frankenstein* 1963), wie sie in unserer Gesellschaft immer noch die Regel ist, dringend zu wünschen.

Eine weitere Erforschung der Kibbutz-Erziehung könnte dazu beitragen, dem Sozialisationsfaktor „Altersgruppe“, der in der Sozialisationsforschung, soweit sich diese mit der vorschulischen Entwicklungs- und Erziehungsphase beschäftigt hat, vernachlässigt worden ist, die ihm gebührende Beachtung zu schenken und das wichtigste allgemeine Erziehungsziel jeder Altersgruppenerziehung — Kooperationsfähigkeit — stärker und konkreter ins Bewußtsein von Pädagogen und pädagogischer Öffentlichkeit zu rücken.

Literaturverzeichnis

Das Literaturverzeichnis gliedert sich in einen allgemeinen (A) und einen speziellen Teil (B). Der spezielle Teil enthält die benutzte und zitierte Quellen- und Sekundärliteratur über den israelischen Kibbutz und über Kibbutz-Erziehung. Soweit allgemeine Darstellungen gelegentliche Hinweise auf die Kibbutz-Erziehung bringen, werden sie sowohl im allgemeinen als auch im speziellen Teil des Literaturverzeichnisses erfaßt. Sämtliche hebräischsprachige Titel werden in deutscher Übertragung d. Verf. und mit dem Vermerk (hebr.) bibliographiert.

A. Allgemeiner Teil

Adorno, Th. W.: Erziehung zur Mündigkeit. Vorträge und Gespräche mit Hellmut Becker 1959—1969. Hrsg. von G. Kadelbach. Frankfurt 1970.

Aebli, Hans: Die geistige Entwicklung als Funktion von Anlage, Reifung, Umwelt- und Erziehungsbedingungen. In: Roth 1968, S. 151—191.

Ainsworth, M. D. u. a.: Deprivation of maternal care. A reassessment of its effects. Geneva 1962 (= World Health Organization Public Health Paper Nr. 14).

Anshen, Ruth (Hrsg.): The Family. Its Functions and Destiny. New York 1949.

Anweiler, O.: Geschichte der Schule und Pädagogik in Rußland. Vom Ende des Zarenreiches bis zum Beginn der Stalin-Ära. Berlin 1964 (= Osteuropa-Institut an der Freien Universität Berlin. Erziehungswissenschaftliche Veröffentlichungen Bd. 1).

Bell, N. W./Vogel, E. F. (Hrsg.): A modern introduction to the family. London 1960.

Bittner, G./Rehm, W. (Hrsg.): Psychoanalyse und Erziehung. Ausgewählte Beiträge aus der Zeitschrift für psychoanalytische Pädagogik. München 1966 (= Goldmann Taschenbuch Nr. 1702).

Bittner, G./Schmid-Cords, E. (Hrsg.): Erziehung in früher Kindheit. Pädagogische, psychologische und psychoanalytische Texte. München 1968 (= Erziehung in Wissenschaft und Praxis, 6).

Bossard, J. H. S./Boll, E. S.: The sociology of child development. New York etc. [4]1966.

Bowlby, John: Child Care and the Growth of Love. Penguin Books [2]1965 (= Pelican Books A 271).

Brezinka, W.: Erziehung als Lebenshilfe. Eine Einführung in die pädagogische Situation. Stuttgart [6]1968.

Bronfenbrenner, Urie: Soviet methods of character education: Some implications for research. In: *American Anthropologist,* 1962, 550—564.

Burgess, E.: The Family. From Institution to Companionship. New York 1953.

Charčev, A. G.: Ehe und Familie in der UdSSR. Versuch einer soziologischen Erforschung (in russischer Sprache). Moskau 1964.

Claessens, D.: Familie und Wertsystem. Eine Studie zur „zweiten, sozio-kulturellen Geburt" des Menschen. Berlin 1962.

Crowther, G. (Report): 15 to 18. Ministry of Education. Central Advisory Council for Education. HMSO 1959.

Dahrendorf, R.: Gesellschaft und Demokratie in Deutschland. München 1965.

Eisenstadt, S. N.: From Generation to Generation. Age Groups and Social Structure. New York—London 1956. Dt. Ausgabe: Von Generation zu Generation — Altersgruppen und Sozialstruktur. München 1966.

Ders.: The Israeli Society. London 1967.

Erikson, E. H.: Childhood and Society. New York 1950. Dt. Ausgabe: Kindheit und Gesellschaft. Stuttgart ^{2}1961.

Flitner, A.: Der Streit um die Vorschul-Erziehung. In: Bittner/Schmid-Cords 1968, S. 364—384.

Frankenstein, C.: The School Without Parents. In: *Scripta Hierosolymitana,* Vol. XIII. Jerusalem 1963.

Friedeburg, L. von (Hrsg.): Jugend in der modernen Gesellschaft. Köln-Berlin 1965 (= Neue Wissenschaftl. Bibliothek, 5).

Fürstenau, P.: Soziologie der Kindheit. Heidelberg 1967 (= Gesellschaft und Erziehung, III).

Garrison, C. H.: Psychology of Adolescence. Prentice Hall ^{5}1956.

Goode, W. J.: World Revolution and Family Patterns. Glencoe, Illinois 1963.

Ders.: Die Struktur der Familie. Köln-Opladen ^{2}1966.

Goslin, D. A. (Hrsg.): Handbook of Socialization Theory and Research. Chicago 1969.

Hill, Reuben: Sociology of Marriage and Family Behavior 1945—1956. In: *Current Sociology* 1, 1958.

Hillig, G.: Erziehung zum Kollektiv durch das Kollektiv. Zu einer Kategorie bei A. S. Makarenko. In: *Bildung und Erziehung,* 1964, 429—444.

Horkheimer, M. (Hrsg.): Studien über Autorität und Familie. Paris 1936.

Jadlin, A.: Die israelische Jugend der sechziger Jahre (hebr.). In: *Niv Hakvutzah,* 1966, S. 16 ff.

Kaplan, Bert (Hrsg.): Studying Personality Cross-Culturally. New York etc. 1961.

Kleinberger, A. F.: Society, Schools and Progress in Israel. Pergamon Press 1969.

Koenig, Renè: Materialen zur Soziologie der Familie. Bern 1946.

Liegle, L.: Familienerziehung und sozialer Wandel in der Sowjetunion. Berlin 1970 (= Osteuropa-Institut an der Freien Universität Berlin. Erziehungswissenschaftliche Veröffentlichungen Bd. 5).

Lüschen, G./Koenig, R.: Jugend in der Familie. München 1966 (= Überblick zur wissenschaftl. Jugendkunde Bd. 3).

Marx/Engels über Erziehung und Bildung. Zus.gest. von Prof. P. N. Grusdew. Berlin (Ost) 1966.

McCandless, B. R.: Childhood Socialization. In: Goslin 1969, S. 791—819.

McNeil, E. B.: Human Socialization, Belmont 1969.

Mead, M.: Some Critical Considerations on the Problem of Mother-Child-Separation. In: *American Journal of Orthopsychiatry,* 1954, 471—483.

Meng, H. (Hrsg.): Psychoanalyse und Alltag. Darstellungen namhafter Wissenschaftler. München 1965 (= Goldmann Taschenbuch Nr. 1682).

Mollenhauer, K.: Sozialisation und Schulerfolg. In: Roth 1968, S. 269—296.

Murdock, G. P.: The Universality of the Nuclear Family. In: Bell/Vogel 1960, S. 37—44.
Neill, A. S.: Theorie und Praxis der antiautoritären Erziehung. Das Beispiel Summerhill. Reinbek 1969 (= Rowohlt Taschenbuch Nr. 6707/6708).
Nimkoff, M. (Hrsg.): Comparative Family Systems. Boston 1965.
Parsons, T./Bales, R. F.: Family, Socialization, and Interaction Process. Glencoe, Illinois 1955.
Rheingold, H. L.: The Social and Socializing Infant. In: Goslin 1969, S. 779 bis 790.
Richter, H.-E.: Eltern, Kind und Neurose. Psychoanalyse der kindlichen Rolle. Stuttgart 1963.
Ders.: Patient Familie. Reinbek 1970.
Roth, H. (Hrsg.): Begabung und Lernen. Ergebnisse und Folgerungen neuer Forschungen. Stuttgart 1968 (= Deutscher Bildungsrat. Gutachten und Studien der Bildungskommission Bd. 4).
Schultze, W.: Vorschulerziehung in der Diskussion. Eine Zwischenbilanz der Reformbestrebungen in der Bundesrepublik Deutschland. In: *Internationale Zeitschrift für Erziehungswissenschaft,* 1970, Nr. 1, S. 23—43.
Spitz, Renè: Hospitalism. An inquiry into the genesis of psychiatric conditions in early childhood. In: *Psychoanalytic Study of the Child,* 1945, 53—74. Dt. Übers. in Bittner/Schmid-Cords 1968, S. 77—98.
Ders.: Hospitalism. A follow-up report. In: *Psychoanalytic Study of the Child,* 1946 a, 113—117. Dt. Übers. in Bittner/Schmid-Cords 1968, S. 99—103.
Ders.: The Smiling Response. A Contribution to the Ontogenesis of Social Relations. In: *Genetic Psychological Monographs,* 1946 b.
Ders.: Die Entstehung der ersten Objektbeziehungen. Stuttgart 1959.
Trouillet, B.: Die Vorschulerziehung in neun europäischen Ländern. Weinheim-Berlin ²1968 (= Deutsches Institut für Internationale Pädagogische Forschung. Dokumentationen zum in- und ausländischen Schulwesen Bd. 8).
Ulshoefer, H.: Mütter im Beruf. Die Situation erwerbstätiger Mütter in neun Industrieländern. Annotierte Bibliographie. Weinheim etc. 1969 (= Pädagogisches Zentrum. Veröffentlichungen. Reihe A: Dokumentation, Bd. 9).
Wurzbacher, G. (Hrsg.): Der Mensch als soziales und personales Wesen. Beiträge zu Begriff und Theorie der Sozialisation. Stuttgart 1963.
Ders. (Hrsg.): Die Familie als Sozialisationsfaktor. Der Mensch als soziales und personales Wesen, Bd. III. Stuttgart 1968.
Zigler, E./Butterfield, E. C.: Motivational Aspects of Changes in IQ Test Performance of Culturally Deprived Nursery School Children. In: *Child Development,* 1968, 1—14.

B. Spezieller Teil

Allon, Moni: Erziehung im Elternhaus zur Gesellschaft im Kibbutz (hebr.). In: *Ofakim* 1957.
Ders.: Die Funktion der Eltern in der Erziehung der Heranwachsenden (hebr.). In: *Hachinuch Hameshutaf* 52, 1963, 17—21.
Ders.: Die ideologische Erziehung (hebr.). In: *Hachinuch Hameshutaf* 58, 1965.
Ders.: Some Issues of Adolescence. In: *Neubauer* 1965, S. 160 ff.
Ders.: Über die Sozialisation in der Erziehung (hebr.). In: *Hachinuch Hameshutaf* 64/65, 1968, S. 32—34.

Ders.: Die Altersgruppe und die Erziehungsgruppe (hebr.). In: Sammelband zu Problemen der Erziehung im Jugendalter, Heft 2. Hrsg. von der Erziehungsabteilung des Kibbutz Haartzi. (Tel Aviv) 1970, S. 19—24.

Arnon, J.: Eltern und Kinder im Pubertätsalter (hebr.). In: *Ofakim* 1961.

Baratz, J.: Siedler am Jordan. Die Geschichte vom ersten Kibbutz erzählt von Joseph Baratz. Göttingen o. J.

Bar-Yoseph, R.: The Patterns of Early Socialization in the Collective Settlements in Israel. In: *Human Relations,* 1959, 345—360.

Beiling, Eva: Die gesellschaftliche Eingliederung der deutschen Einwanderer in Israel. Frankfurt 1967.

Ben-David, J.: Agricultural Planning and Village Community in Israel. Paris (Unesco) 1964.

Ders.: Conforming and Deviant Images of Youth in a New Society. In: Actes du V-e Congres Mondial de Sociologie. Louvain 1964, Vol. IV, S. 405—414.

Ben-Shalom, A.: Deep Furrows. Pioneer Life in the Collective in Palestine. New York 1937.

Bentwich, J. S.: The Kibbutzim. In: Ders.: Education in Israel. London 1965, S. 112—119.

Bentwich, N. (Hrsg.): A New Way of Life. London 1949.

Ben-Yoseph, A.: The Purest Democracy in the World. New York-London 1963.

Ben-Zeev, J.: „Refusion" und „overprotection" in den Eltern-Kind-Beziehungen in der Kollektiverziehung (hebr.). Oranim (Avodat Gemer) 1959.

Betensky, M.: The Role of Adolescence in Israeli Collectives. In: *Adolescence,* 1967, 335—344.

Bettelheim, Bruno: Does Communal Education Work? In: *Commentary,* 1962, 117—126.

Ders.: Book Review of Peter B. Neubauer (ed.), Children in Collectives: Childrearing Aims and Practices in the Kibbutz. In: *The New York Review of Books,* 1966, Nr. 3.

Ders.: The Children of the Dream. London 1969.

Biermann, G./Biermann, R.: Kinder in Israel. In: *Praxis der Kinderpsychologie und Kinderpsychiatrie,* 1967, 97—112.

Blitsten, D.: Experiments with Family Life in Russia and Israel. In: Dies.: The World of the Family. New York 1963, S. 233—246.

Borochow, Ber: Zionismus und Sozialismus. Wien 1932.

Bowlby, John: Children in the Kibbutz. In: *The Guardian,* 3. 12. 1963.

Ders.: Child Care and the Growth of Love. London 1965. Darin insbes. S. 48—50 und S. 205—210.

Bronfenbrenner, Urie: Buchbesprechung über B. Bettelheim, The Children of the Dream. In: *Saturday Review,* 20. 9. 1969.

Brun, Marcel B.: Der Kibbuz. Die Verwirklichung einer Illusion. Studie über die Gemeinschaftssiedlungen im Lande Israel. Zürich 1950.

Buber, Martin: Pfade in Utopia. In: Werke, Erster Band. München-Heidelberg 1962, S. 833—1002.

Caplan, G.: Clinical Observations on the Emotional Life of Children in the Communal Settlements in Israel. In: Senn, M. (Hrsg.): Problems of Infancy and Childhood, New York 1954, S. 91—120.

Chasan, B.: Das Elternhaus im Kibbutz (hebr.). In: *Hachinuch Hameshutaf* 52, 1963.

Cohen, Eric: A Selection of Recent Sociological and Related Publications on Collective Settlements in European Languages. Givat Haviva (Israel) 1964.

Ders.: Progress and Communality: Value Dilemmas in the Collective Movement. In: *Internat. Rev. of Community Development*, 1966.
Ders.: A Comparative Study of the Political Institutions of Collective Settlements in Israel. Jerusalem (Hebrew University) 1968. (Mimeograph)
Cohen, E./Rosner, M.: Relations between generations in the Israeli Kibbutz. In: *Journal of Contemporary History*, 1970, 73—86.
Darin-Drabkin, Ch.: Patterns of Co-operative Agriculture in Israel. Tel Aviv 1962.
Ders.: The Other Society. The Kibbutzim in Israel. London 1962. Gek. deutsche Übersetzung unter dem Titel: Der Kibbuz. Die neue Gesellschaft in Israel. Stuttgart 1967.
Dekel, Sh.: Eltern und Kinder in der Kollektiverziehung (hebr.). Oranim (Avodat Gemer) 1960.
Desroche, Henri: Au pays du Kibboutz. Essai sur le secteur coopératif israélien. Basel 1960.
Diamond, S.: Kibbutz and Shtetl. The History of an Idea. In: *Social Problems*, Vol. 5, 1957, Nr. 2, 71—99.
Douart, G.: Du Kolkhose au Kibboutz. Paris 1961.
Eisenberg, L./Neubauer, P.: Mental Health Issues in Israeli Collectives. In: *Journal of the Am. Acad. of Child Psychiatry*, 1965, 426—442.
Eisenstadt, S. N.: Age Groups and Social Structure. An Analysis of Some Aspects of Socialization in the Communal . . . Settlements in Israel. Jerusalem 1950.
Ders.: Buchbesprechung über *M. E. Spiro*, Children of the Kibbutz. In: *American Anthropologist*, 1956, Nr. 5.
Ders.: From Generation to Generation. Glencoe (Ill.) 1956. Darin insbes. S. 241 bis 247 und S. 294—303. Dt. Übers. unter dem Titel: Von Generation zu Generation. München 1966. Darin insbes. S. 101—105, 307—310.
Etzioni, A.: The Organizational Structure of ‚Closed' Educational Institutions in Israel. In: *Harvard Educational Review*, 1957, 107—125.
Ders.: The Functional Differentiation of Elites in the Kibbutz. In: *The American Journal of Sociology*, 1959, Nr. 5.
Faigin, Helen: Some Observations on the Young Children in the Kibbutz. In: *Journal of Abnormal and Social Psychology*, Vol. 56, 1958, 117—129.
Fishman, A.: The Religious Kibbutz Movement. The Revival of the Jewish Religious Community. Jerusalem 1957.
Friedmann, G.: L'aventure Kibboutsique et les défis du siècle. In: *Revue française de sociologie*, 1964, 259—289.
Gerson, Hermann: Werkleute. Ein Weg jüdischer Jugend. Berlin 1935.
Gerson, Menachem: Die Funktion der Eltern in der Kollektiverziehung (hebr.). In: *Zohar* 1947 a, S. 17—31.
Ders.: Das Problem der Disziplin in unserer Erziehung (hebr.). In: *Zohar* 1947 b, S. 125—143.
Ders.: Die Beziehungen zwischen Töchtern und Eltern (hebr.). In: *Ofakim* 1957. Abgedr. in: *Gerson* 1968, S. 87—107.
Ders.: Ideologische Werte der Kibbutzbewegung im Leben von Kibbutz-Mädchen (hebr.). In: *Ofakim* 1959. Abgedr. in: *Gerson* 1968, S. 108—132.
Ders.: Die Erweiterung des Einflußbereiches der Familie in der Kollektiverziehung (hebr.). In: *Hedim* 1961. Abgedr. in: *Gerson* 1968, S. 56—71.
Ders.: Family Problems in the Kibbutz. In: Neubauer 1965, S. 233 ff.
Ders.: Buchbesprechung über *A. I. Rabin*, Growing Up in the Kibbutz. In: *Internat. Zeitschrift für Erziehungswissenschaft, 1967, 245—247.*

Ders.: Die Erziehung und die Familie in der Kibbutzwirklichkeit (hebr.). Merchavia, Sifriat Poalim 1968 a.
Ders.: Das Verhältnis der weiblichen Jugendlichen zur Arbeit (hebr.). In: *Gerson* 1968 b, S. 72—86.
Ders.: Die Stabilität der Kibbutz-Familie (hebr.). In: *Gerson* 1968 c, S. 179—190.
Gerson, M./Nathan, M.: Untersuchung über die Metaplot im Kleinkindalter innerhalb der Kibbutzbewegung (hebr.). Oranim (Institut zur Erforschung der Kollektiverziehung. Mitteilungen, Nr. 3) 1969.
Gewirtz, J. L.: The Course of Smiling by Groups of Israeli Infants in the First 18 Months of Life. In: *Scripta Hierosolymitana*, Vol. 14, 1965. Abgedr. in: *B. M. Foss* (Hrsg.): Determinants of Infant Behaviour, III. London 1965, S. 205—260.
Gewirtz, J. L./Gewirtz, H. B.: Stimulus conditions, infant behaviors, and social learning in four Israeli child-rearing environments: A preliminary report illustrating differences in environment and behavior between the „only" and the „youngest" child. In: *B. M. Foss* (Hrsg.): Determinants of Infant Behaviour, III. London 1965, S. 161—184.
Gewirtz, H. B./Gewirtz, J. L.: Visiting and Caretaking Patterns for Kibbutz Infants: Age and Sex Trends. In: *American Journal of Orthopsychiatry*, 1968, 427—443.
Dies.: Caretaking Settings, Background Events and Behavior Differences in Four Israeli Child Rearing Environments. Some Preliminary Trends. In: *B. M. Foss* (Hrsg.): Determinants of Infant Behaviour, IV. London 1969, S. 229—252.
Golan, Shmuel: Die Sexualität des kleinen Kindes (hebr.). In: *Zohar* 1947, S. 41 bis 52.
Ders.: The Theory of Collective Education. Johannesburg 1962.
Ders.: Collective Education in the Kibbutz. In: *American Journal of Orthopsychiatry*, 1958, 549—556.
Ders.: Collective Education in the Kibbutz. In: *Psychiatry*, 1959, 167—177.
Ders.: Die Kollektiverziehung (hebr.). Sifriat Hapoalim 1961.
Ders.: Über die Erzieher und Eltern in unserer Erziehung (hebr.). In: *Golan* 1961. S. 95—110.
Golan, Sh./Lavi, Z.: Collective Education. Tel Aviv (Kibbutz Artzi Hashomer Hatzair) 1961.
Dies.: The Kibbutz and Communal Education. In: *Neubauer* 1965, S. 323—329.
Grün, David: Die erzieherischen Funktionen des Vaters im Kibbutz (hebr.). Oranim (Avodat Gemer) 1965.
Halpern, H.: Alienation from Parenthood in the Kibbutz and America. In: *Marriage and Family Living*, 1962, 42—46.
Handel, Amos: Die Selbstvorstellung des jugendlichen Kibbutznik (hebr.). In: *Megamot*, 1960, 142—159.
Heimpel, Elis.: Kampf mit den Steinen. In: *Die Sammlung*, 1960, 421—433.
Hirschfeld, A.: Die gegenseitigen Beziehungen zwischen Eltern und Erziehern in der Kibbutz-Erziehung (hebr.). Oranim (Avodat Gemer) 1958.
Horigan, F. D.: The Israeli Kibbutz. Psychiatric, Psychological and Related Social Studies with Emphasis on Family Life and Family Structure. A Survey of Literature. Washington (US Dep. of Health, Education and Welfare) 1962.
Horowitz, A.: Die Familie im Kibbutz (hebr.). In: *Niv Hakvuzah*, 1956, 252 bis 261.
Dies.: Über den Vorzug der kollektiven Übernachtung (hebr.). In: *Igeret Lechinuch*, 1963, 15 f.

Dies.: (Hurwitz, E.): The Familiy in the Kibbutz. In: *Neubauer* 1965, S. 351—364.
Imhof, Chr. von: Israel — die zweite Generation. Stuttgart 1965.
Infield, Henrik F.: Cooperative Living in Palestine. New York 1944.
Infield, H./Maier, J. B.: Cooperative Group Living. An International Symposium on Group Farming and the Sociology of Cooperation. New York 1950.
Irvine, E. E.: Observations on the Aims and Methods of Early Child Rearing in Communal Settlements in Israel. In: *Human Relations*, 1952, 247—276.
Dies.: Children in Kibbutzim: Thirteen Years After. In: *Journal of Child Psychology and Psychiatry, 1966, 167—178.*
Kaffman, M.: Another Look at „Children of the Kibbutz" (*M. E. Spiro*). In: *Israel Horizons*, 1959, Nr. 5, S. 15—20.
Ders.: Evaluation of Emotional Disturbance in 403 Israeli Kibbutz Children. In: *American Journal of Psychiatry*, 1961, 732—738.
Ders.: Children of the Kibbutz. Clinical Observations. In: *Current Psychiatric* Therapies, Vol. 3. New York 1963, S. 171—179.
Ders.: A Comparison of Psychopathology: Israeli Children from Kibbutz and from Urban Surroundings. In: *American Journal of Orthopsychiatry*, 1965 a, 509—520.
Ders.: Family Diagnosis and Therapy in Child Emotional Pathology. In: *Family Process*, 1965 b, 241—258.
Kanovsky, E.: The economy of the Israeli Kibbutz. Cambridge (Harvard Middle Eastern Monograph Series) 1966.
Kardiner, A.: Der Einfluß von sozialem Druck, Not und Entbehrungen auf das Affektleben. In: *Pfister-Ammende, M.* (Hrsg.): Geistige Hygiene. Forschung und Praxis. Basel 1955, S. 197—212.
Katz, F.: Kibbutz-Kinder als Eltern (hebr.). In: *Hachinuch Hameshutaf*, 54, 1964, 3 ff.
Kohen-Raz, R.: Mental and Motor Development of Kibbutz, Institutionalized and Home-Reared Infants in Israel. In: *Child Development*, 1968, 489—504.
Kraft, I.: A new man in the Kibbutz. A review of recent writings on the Israel collective settlements. In: *Teachers College Record*, 1967, 588—595.
Kreitler, H./Kreitler, Sh.: Children's Concept of Sexuality and Birth. In: *Child Development*, 1966, 363—378.
Kugelmass, Sol/Breznitz, Sh.: Perception of Parents by Kibbutz Adolescents. In: *Human Relations*, 1966, 117—121.
Dies.: The Development of Intentionality in Moral Judgement in City and Kibbutz Adolescents. In: *Journal of Genetic Psychology*, 1967, 103—111.
Kurzweil, Z. E.: Some Aspects of Kibbutz Education. In: *Ders.:* Modern Trends in Jewish Education. New York-London 1964, S. 146—170.
Landshut, S.: Die Kvuzah (hebr.). Tel Aviv 1944.
Laqueur, W.: Heimkehr. Reisen in die Vergangenheit. Berlin 1965.
Lavi, Zvi: Die Theorie der Mutter-Deprivation in neuem Licht (hebr.). In: *Hachinuch Hameshutaf* 63, 1967, 24—35.
Ders.: Die Altersgruppe (hebr.). In: Sammelband zu Problemen der Erziehung im Jugendalter, Heft 2. Hrsg. von der Erziehungsabteilung des Kibbutz Haartzi. (Tel Aviv) 1970, S. 11—18.
Leon, Dan: The Kibbutz. A Portrait from Within. Tel Aviv 1964.
Lewin, G.: Die Eltern-Kind-Beziehungen im Schulkindergartenalter (hebr.). In: *Ofakim* 1953.
Ders.: Die Identifizierung mit mehreren Muttergestalten im Säuglingsalter (hebr.). In: *Hachinuch Hameshutaf* 47, 1960.

Ders.: Infancy in Collective Education. In: *Neubauer* 1965, S. 69—73.
Ders.: Entwicklungen in der Psychologie (hebr.). In: *Hachinuch Hameshutaf* 63, 1967 a, 11—18.
Ders.: Neue Theorien in der Erforschung des ersten Lebensjahres (hebr.). In: *Hachinuch Hameshutaf* 63, 1967 b, 35—38.
Ders.: Zwillinge. Eine Untersuchung über Probleme von Zwillingen im Alter von 7 bis 10 Monaten und von ein bis drei Jahren, die gemeinsam oder getrennt erzogen werden (hebr.). Oranim (Institut zur Erforschung der Kollektiverziehung. Mitteilungen, Nr. 2) 1968.
Liegle, L.: Kibbutzerziehung. Zu *B. Bettelheim,* The Children of the Dream. In: *Zeitschrift für Pädagogik,* 1970, 305—310.
Lucas, E.: Family Life in the Kibbutz. In: *Bentwich* 1949.
Luft, Gerda: The Kibbutz in Crisis. In: *Commentary,* 1961, 334—340.
Luria, Z./Goldwasser, M./Goldwasser, A.: Response to Transgression in Stories by Israeli Children. In: *Child Development,* 1963, 271—280.
Malraux, C.: Civilisation du Kibboutz. Paris 1964.
Marcus, J. A./Thomas, A./Chess, St.: Behavioral Individuality in Kibbutz Children. In: *The Israel Annals of Psychiatry and Related Disciplines,* 1969, 43—54.
Meier-Cronemeyer, H.: Kibbuzim zwischen Resignation und Hoffnung. Hannover 1967.
Ders.: Jüdische Jugendbewegung. In: *Germania Judaica,* 1969 a, Heft 1/2 und 3/4.
Ders.: Kibbuzim — Geschichte, Geist und Gestalt. Erster Teil. Hannover 1969 b.
Melzer, G.: Erziehungsfaktoren in der Kibbutz-Gesellschaft (hebr.). In: Probleme der Kollektiverziehung (hebr.). S. 19—27.
Merlin, W.: Gelebtes Utopia. Brief aus dem Kibbuz. In: *Merkur,* 1953, 276—290.
Ders.: Der Kibbutz — Illusion und Wirklichkeit des Landarbeiterkollektivs in Israel. In: *Frankfurter Hefte,* 1957, 387—400.
Mitter, Wolfgang: Die Kibbutz-Schule. In: *Ders.:* Israel. Ein pädagogisches Modell. In: *Die Deutsche Schule,* 1963, 534 ff.
Moeller, R.: Kleinkinderfürsorge in Israel. In: *Praxis der Kinderpsychologie und Kinderpsychiatrie,* 1961, 105—110.
Mohr, G. J.: Behavior Research in Collective Settlements in Israel: Discussion. In: *American Journal of Orthopsychiatry,* 1958, 584—586.
Nagler, Shmuel: Probleme der Psychologie des Jugendalters (hebr.). In: *Ofakim* 1958.
Ders.: Ist die kollektive Übernachtung im Kinderhaus ein pathogener Faktor? (hebr.). In: *Igeret Lechinuch,* 1963 a, 6—14.
Ders.: Clinical Observations on Kibbutz-Children. In: *The Israel Annals of Psychiatry and Related Disciplines,* 1963 b, 201—216.
Ders.: Psychotherapie im Rahmen der Kollektiverziehung (Kibbutzim in Israel). In: *G. Biermann* (Hrsg.): Handbuch der Kinderpsychotherapie. Zweiter Band. München 1969, S. 727—744.
Nathan, M.: Sexuelle Erziehung im Kibbutz in den Augen der Zöglinge (hebr.). In: Sammelband zu Problemen der Erziehung im Jugendalter, Heft 2. Hrsg. von der Erziehungsabteilung des Kibbutz Haartzi. (Tel Aviv) 1970, S. 95—98.
Ders.: A study on the attitudes to love and sex of 500 18 year olds in the Kibbutz. In Vorbereitung.
Neubauer, P. B.: Group Living: New Patterns in Family Life. In: *Child Study,* 1950, 105 f.
Ders. (Hrsg.): Children in Collectives: Child Rearing Aims and Methods in the Kibbutz. Springfield (Ill.) 1965.

Oettinger, Sch.: Der israelische Kibbuz. In: *Germania Judaica,* 1966, Heft 1.
Oppenheimer, Franz: Genossenschaftliche Kolonisation in Palästina. Köln 1910.
Ders.: Merchavia. A Jewish Co-operative Settlement in Palestine. Köln-New York 1914.
Orenstein, M.: Zur Problematik der Kibbuzbewegung in Erez Isreal. Berlin 1934.
Pallmann, Martin: Der Kibbuz. Zum Strukturwandel eines konkreten Kommunetyps in nichtsozialistischer Umgebung. Basel-Tübingen 1966.
Pelled, N.: On the formation of object-relations and identifications of the Kibbutz child. In: *The Israel Annals of Psychiatry and Related Disciplines,* 1964, 144—161.
Peres, J.: Youth and Youth Movements in Israel. In: *The Jewish Journal of Sociology,* 1963, Nr. 1.
Prag, Alexander: Some Demographic Aspects of Kibbutz Life in Israel. In: *The Jewish Journal of Sociology,* 1962, Nr. 1.
Preuss, W.: Die jüdische Arbeiterbewegung in Palästina. Wien 1936.
Ders.: Das Genossenschaftswesen in der Welt und in Israel. Berlin 1958.
Rabin, A. I.: Personality Maturity of Kibbutz and Non-Kibbutz Israeli Boys. In: *Journal of Projective Techniques,* 1957 a, 148—153.
Ders.: The Israeli Kibbutz as a „Laboratory" for Testing Psychodynamic Hypotheses. In: *Psychological Record,* 1957 b, 111—115.
Ders.: Infants and Children under Conditions of Intermittent Mothering in the Kibbutz. In: *American Journal of Orthopsychiatry,* 1958 a, 577—584.
Ders.: Some Psychosexual Differences Between Kibbutz and Non-Kibbutz Israeli Boys. In: *Journal of Projective Techniques,* 1958 b, 328—332.
Ders.: Kibbutz Children: Research Findings to Date. In: *Children,* 1958 c, 179 bis 185.
Ders.: Attitudes of Kibbutz Children to Family and Parents. In: *American Journal of Orthopsychiatry,* 1959, 172—179.
Ders.: Kibbutz Adolescents. In: *American Journal of Orthopsychiatry,* 1961, 493—504.
Ders.: Kibbutz Mothers View „Collective Education". In: *American Journal of Orthopsychiatry,* 1964, 140—142.
Ders.: Growing Up in the Kibbutz. New York 1965.
Ders.: Children's Apperception Test Findings with Kibbutz and Non-Kibbutz Preschoolers. In: *Journal of Projective Techniques,* 1968 a, 420—424.
Ders.: Some Sex Differences in the Attitudes of Kibbutz and Urban Children in Israel. In: *The Israel Annals of Psychiatry and Related Disciplines,* 1968 b, 62 ff.
Ders.: Buchbesprechung über *B. Bettelheim,* Children of the Dream. In: *Children* 7. 8. 1969.
Rapaport, David: The Study of Kibbutz Education and its Bearing on the Theory of Development. In: *American Journal of Orthopsychiatry,* 1958 a, 587—597.
Ders.: Die Kibbutz-Erziehung und ihre Bedeutung für die Entwicklungspsychologie. In: *Psyche* 6, 1958b, 353—366.
Ravniv, M.: Das Problem der Beziehungen zwischen Mutter und Metapelet (hebr.). In: Probleme der Kollektiverziehung (hebr.). Tel Aviv 1951.
Razon, Chava: Die Erforschung der Kibbutz-Familie (hebr.). In: *Hedim* 1963.
Rettig, S./Pasamanick, B.: Some observations on the moral ideology of first and second generation collective and non-collective settlers in Israel. In: *Social Problems,* 1963, 165—178.
Ron-Polani, J.: Über die Erziehung im Kibbutz (hebr.). Tel Aviv 1954.

Ders.: From Collective Education to Education in Collectivism. In: *Neubauer* 1965, S. 330—341.
Ders.: Über die Familie und die Kollektiverziehung (hebr.). In: *Igeret Lechinuch*, 1959.
Ders. (Ron-Polany, Y.): The Parent-Child-Relationship in Collective Education in Israel. In: *Internat. Zeitschrift für Erziehungswissenschaft*, 1965, 224—228.
Rosenberger, L.: Schwierige Kinder (hebr.). In: *Zohar* 1947, S. 261—267.
Dies.: Über Probleme der Kinderanalyse. In: *H. Meng* (Hrsg.): Psychoanalyse und Alltag. München 1965, S. 51—65.
Rosenfeld, Eva: Social Stratification in a „Classless" Society. In: *American Sociological Review*, 1951, 766—774.
Dies.: Institutional Change in the Kibbutz. In: *Social Problems*, Vol. 5, 1957, Nr. 2, 110—136.
Dies.: The American Social Scientist in Israel: A Case of Role Conflict. In: *American Journal of Orthopsychiatry*, 1958, 563—571.
Roshwald, M.: Social Class Structure in a Fluctuating Community: A Study of an Aspect of the Jewish Community in Israel. In: *British Journal of Sociology*, 1955, 61—70.
Rosner, M.: Women in the Kibbutz: Changing Status and Concepts. In: *Asian and African Studies* (Annual of the Israel Oriental Society), 1967, 35—68.
Roth, Miriam: Gemeinsame erzieherische Arbeit mit den Eltern (hebr.). In: *Dies.:* Die Lehre vom Kindergarten (hebr.). Tel Aviv 1958.
Rov, Lea: Die Umgebung als Anreiz für das soziale Spiel des Kindes. Oranim (Avodat Gemer) 1965.
Sachs, Shimon: Der grüne Traum. Jugend in Israel. München 1966.
Sarell, M.: „Bewahrung" und „Erneuerung" in der zweiten Generation in den Kibbutzim (hebr.). In: *Megamot*, 1960, 99—123.
Schwartz, R.: Functional Alternatives to Inequality. In: *American Sociological Review*, 1955, 424—430.
Ders.: Democracy and Collectivism in the Kibbutz. In: *Social Problems*, Vol. 5, 1957, Nr. 2, 137—146.
Ders.: Some Problems of Research in Israeli Settlements. In: *American Journal of Orthopsychiatry*, 1958, 572—576.
Segal, M.: Essays über Erziehung (hebr.). Merchavia o. J.
Ders.: Theory and Aims of Collective Education. In: *Neubauer* 1965, S. 3—5.
Shafrir, N.: Geschiedene Eltern und deren Beziehungen zu ihren Kindern (hebr.). In: *Ofakim* 1960.
Shamir, Ch.: Eltern und Kinder in der „jungen Kindergesellschaft" (hebr.). In: *Hachinuch Hameshutaf* 52, 1963, 10—16.
Shapira, A./Madsen, M. C.: Cooperative and Competitive Behavior of Kibbutz and Urban Children in Israel. In: *Child Development*, 1969, 609—617.
Shatil, J.: L'Économie Collective du Kibboutz Israelienne. Paris 1960.
Ders.: Die Lebensform einer Kollektivsiedlung. In: *Archiv für öffentl. und freigemeinwirtsch. Unternehmen*, 1960.
Ders.: Criteria for Socio-Economic Efficiency of the Kibbutz. In: *Archiv für öffentl. und freigemeinnützige Unternehmen*, 1968/69, Nr. 1, S. 41—55.
Shepher, J.: Familism and Social Structure: The Case of the Kibbutz. In: *Journal of Marriage and the Family*, 1969, 567—573.
Simon, Ernst: Tradition und Zukunft in Israel. In: *Neue Sammlung*, 1966, 598—611.

Smilansky, M./Smilansky, S.: Intellectual Advancement of Culturally Disadvantaged Children: An Israeli Approach for Research and Action. In: *Internat. Zeitschrift für Erziehungswissenschaft,* 1967, 410—429.

Dies.: The Intellectual Development of Kibbutz-Born Children of „Oriental" (Middle Eastern and North African) Origin (Part 1). Jerusalem (The Henrietta Szold Institute) 1970.

Smilansky, M./Weintraub, Sh./Hanegbi, Y. (Hrsg.): Child and Youth Welfare in Israel. Jerusalem 1960. Darin Kap. 8 (S. 99—111): Education in the Collective Settlement.

Spiro, M. E.: Is the Family Universal? — The Israeli Case. In: *American Anthropologist,* 1954, 839—846. Abgedr. in: *N. W. Bell/E. F. Vogel* (Hrsg.): A Modern Introduction to the Family. New York 1960, S. 64—72.

Ders.: Education in a Communal Village in Israel. In: *American Journal of Orthopsychiatry,* 1955, 283—292.

Ders.: Kibbutz: Venture in Utopia. Cambridge (Mass.) 1956.

Ders.: The Sabra and Zionism: A Study in Personality and Ideology. In: *Social Problems,* Vol. 5, 1957, Nr. 2, 100—109.

Ders.: Children of the Kibbutz. Cambridge (Mass.) 1958. 2. Aufl. als Paperback, New York 1965.

Ders.: Is the Family Universal? — The Israeli Case. Addendum, 1958. In: Bell/Vogel 1960, S. 72—75.

Ders.: Social systems, personality, and functional analysis. In: *B. Kaplan* (Hrsg.): Studying Personality Cross-Culturally. Evanston 1961, S. 93—127.

Ders.: An overview and a suggested reorientation. In: *F. L. K. Hsu* (Hrsg.): Psychological Anthropology. Approaches to Culture and Personality. Homewood 1961, S. 59—92.

Stephens, W. N.: The Family in Cross-Cultural Perspective. New York 1963, S. 1—32.

Suhren, Renke: Kibbutz-Pädagogik. In: *Die Deutsche Schule,* 1958, 373—384.

Talmon-Garber, Y.: Social Differentiation in Cooperative Communities. In: *British Journal of Sociology,* 1952, 339—357.

Dies.: The Family in Israel. In: *Marriage and Family Living,* 1954.

Dies.: The Family in Collective Settlements. In: Transactions of the Third World Congress of Sociology, Vol. IV, 1956 a, S. 116—126.

Dies.: Differentiation in Collective Settlements. In: *Scripta Hierosolymitana,* Vol. 2. Jerusalem 1956 b, S. 153—178.

Dies.: Die Familie und die berufliche Plazierung der Zweiten Generation in den Kibbutzim (hebr.). In: *Megamot,* 1957, 369—392.

Talmon-Garber, Y.: Die Familie und die Kollektiverziehung im Kibbutz (hebr.). In: *Niv Hakvuzah* 1959 a.

Dies.: Social Structure and Family Size. In: *Human Relations,* 1959 b, 121—146.

Dies.: Die Familie und die Organisation der Übernachtung im Kibbutz (hebr.). In: *Niv Hakvuzah,* 1959 c, 19—68.

Dies.: Social Change and Family Structure. In: *International Science Journal,* 1962, 468—487.

Dies.: Mate Selection in Collective Settlements. In: *American Sociological Review,* 1964, 491—508.

Dies.: The Family in a Revolutionary Movement. The Case of the Kibbutz in Israel. In: *M. Nimkoff* (Hrsg.): Comparative Family Systems. Boston 1965 a, S. 259—286.

Dies.: Sex Role Differentiation in an Egalitarian Society. In: *T. G. Lasswell/J. Burma/S. Aronson* (Hrsg.): Life in Society. Introductory Readings in Sociology. Chicago 1965 b, S. 144—155.

Talmon-Garber, Y./Cohen, E.: Collective Settlements in the Negev. In: *Ben-David* 1964, S. 58—95.

Tamar, A.: Die Beziehungen zwischen Eltern und Kindern in der Kollektiverziehung (hebr.). In: *Ofakim,* 1960.

Tamir, Shlomo: Das Leben im Kibbutz. Jerusalem 1969.

Turnowsky-Pinner, M.: Die zweite Generation mitteleuropäischer Siedler in Israel. Tübingen 1962. Darin: Mitteleuropäische Einwanderer im Kibbutz, S. 97—132.

Vandervelde: Schaffendes Palästina. Von einem Sozialisten. Dresden 1930.

Viteles, H.: A History of the Co-operative Movement in Israel. A Source Book in 7 Volumes. — Book 1: The Evolution of the Co-operative Movement. London 1966. — Book 2: The Evolution of the Kibbutz Movement. London 1967. — Book 3: An Analysis of the Four Sectors of the Kibbutz Movement. London 1968.

Wagenaar, S.: Children of Israel. London 1962.

Weingarten, M.: Life in a Kibbutz. New York 1955.

Wilson, Stephen: Educational Changes in the Kibbutz. In: *Comparative Education,* 1969, 67—72.

Winograd, M.: The Development of the Young Child in a Collective Settlement. In: *American Journal of Orthopsychiatry,* 1958, 557—562.

Wolffheim, Nelly: Eltern und junge Kinder im Kibbutz. In: *Neue Sammlung,* 1963, 530—540. Abgedr. in: *N. Wolffheim:* Psychoanalyse und Kindergarten. München-Basel 1966, S. 264—278.

Wolman, B.: The Social Development of Israeli Youth. In: *Jewish Social Studies,* 1949, 283—306.

Woolf, M.: Die Erziehung in den Land-Gemeinschaftssiedlungen in Israel. In: *Pfister-Ammende, M.* (Hrsg.): Geistige Hygiene. Forschung und Praxis. Basel 1955.

Zentralrat der sozialistischen Kinderläden. Anleitung für eine revolutionäre Erziehung, Nr. 5: Kinder im Kollektiv. Berlin 1969. Darin (S. 21—25) Diskussion im Anschluß an den zit. Aufsatz von *D. Rapaport* über Kibbutz-Erziehung (*Rapaport* 1958).

Zohar, Zvi: Die Kollektiverziehung (hebr., Sammelband). Merchavia (Sifriat Poalim, Kibbutz Artzi Hashomer Hatzair) 1947.

Personenregister

Kursiv gesetzte Seitenzahlen verweisen auf das Literaturverzeichnis